全国房地产经纪人执业资格考试教材解读与实战模拟

房地产经纪相关知识

（第 2 版）

执业资格考试命题研究中心　编

江苏人民出版社

图书在版编目(CIP)数据

房地产经纪相关知识(第2版)/执业资格考试命题研究中心　编.
—南京:江苏人民出版社,2011.4
(全国房地产经纪人执业资格考试教材解读与实战模拟)
ISBN 978 - 7 - 214 - 06876 - 7

Ⅰ.①房…　Ⅱ.①执…　Ⅲ.①房地产业—经纪人—资格考试—中国—自学参考资料　Ⅳ.
①F299.233

中国版本图书馆 CIP 数据核字(2011)第 034980 号

房地产经纪相关知识(第2版)	执业资格考试命题研究中心　编

责任编辑:刘　焱　许闻闻
责任印制:彭李君
出　　版:江苏人民出版社(南京湖南路1号A楼　邮编:210009)
发　　行:天津凤凰空间文化传媒有限公司
销售电话:022 - 60262226
网　　址:http://www.ifengspace.cn
集团地址:凤凰出版传媒集团(南京湖南路1号A楼　邮编:210009)
经　　销:全国新华书店
印　　刷:天津泰宇印务有限公司
开　　本:787 mm×1092 mm　1/16
印　　张:13.75
字　　数:352 千字
版　　次:2011年4月第1版　2012年2月第2版
印　　次:2012年2月第2次印刷
书　　号:ISBN 978 - 7 - 214 - 06876 - 7
定　　价:38.00 元

(本书若有印装质量问题,请向发行公司调换)

编写委员会

内 容 提 要

　　本书是《全国房地产经纪人执业资格考试教材解读与实战模拟》系列丛书之一。本书根据历年考题的命题规律，经过详细分析，将问题按照知识点和考点加以归类，并对各考点的命题采分点做了总结，有针对性地设置习题，供广大考生有的放矢地复习、应考。

　　本书是从考生的角度汇编的学以致考的辅导材料，适合参加全国房地产经纪人执业资格考试的考生使用。

前　言

为帮助考生在繁忙的工作学习期间能更有效地正确领会 2012 年全国房地产经纪人执业资格考试大纲的精神,掌握考试教材的有关内容,有的放矢地复习、应考,同时也应广大考生的要求,我们组织有关专家根据最新修订的考试大纲,编写了《全国房地产经纪人执业资格考试教材解读与实战模拟》系列丛书。该系列丛书包括《房地产基本制度与政策》、《房地产经纪概论》、《房地产经纪实务》、《房地产经纪相关知识》四个分册。

本书的特点如下。

1. 化繁为简

在解决某些问题时,可能会有很多种方法可供考生选择,方法选择不当会造成解决问题的难易程度不同,本书会告诉考生应该在什么情况下选择什么方法。此外,教材中是按理论来讲解的,某些内容可能篇幅多,且不易掌握,本书将为考生介绍一些通俗易懂的方法,考生可依自己喜好有选择地进行掌握。

2. 重点突出

凡考试涉及的重点,在本书中都有不同程度的体现。

3. 引导学法

本书根据历年考试的出题规律有针对性地设置习题,为考生提供 2012 年考试的出题方向,把握学习的重点,并选择一些典型的例题进行详细的讲解,可以使考生在解答习题时有一个完整、清晰的解题思路。

4. 把握经典

本书根据考前专业辅导网站答疑提问频率的情况,对众多考生提出的有关领会辅导教材实质精神、把握考试命题规律的一些共性问题,有针对性、有重点地进行解答,并将问题按照知识点和考点加以归类,是从考生的角度进行学以致考的经典问题汇编,对广大考生具有很强的借鉴作用。

5. 体例独到

本书的编写体例适合所有参加 2012 年全国房地产经纪人执业资格考试的考生参考使用。

6. 通俗易懂

本书既能使考生全面、系统、彻底地解决在学习中存在的问题,又能让考生准确地把握考试的方向。作者旨在将多年积累的应试辅导经验传授给考生,对辅导教材中的每一部分都做了详尽的讲解,辅导教材中的问题都能在书中解决，完全适用于自学。

本书是在作者团队的通力合作下完成的，若能对广大考生顺利通过执业资格考试有所帮助，我们将感到莫大的欣慰。在此，我们祝所有参加房地产经纪人考试的考生通过努力学习取得优异成绩，成为合格的房地产经纪人。

为了配合考生的复习备考，我们配备了专家答疑团队，开通了答疑 QQ（1742747522）和答疑网站（www.wwbedu.com），以便随时答复考生所提问题。

由于时间和水平有限，书中难免有疏漏和不当之处，敬请广大读者批评指正。

编者
2012 年 2 月

目　　录

第一部分　命题规律与命题素材盘点

命题规律探究 ……………………………………………………………（1）

考试题型点拨 ……………………………………………………………（2）

必考知识盘点 ……………………………………………………………（5）

第二部分　教材解读与命题考点解析

第一章　法律和消费者权益保护 ……………………………………（10）

命题考点一　法律概述 …………………………………………………（10）

命题考点二　民法通则 …………………………………………………（11）

命题考点三　合同法 ……………………………………………………（17）

命题考点四　物权法 ……………………………………………………（23）

命题考点五　消费者权益保护法 ………………………………………（25）

第二章　建筑和房地产测绘 …………………………………………（27）

命题考点一　建筑的概述 ………………………………………………（27）

命题考点二　建筑构件 …………………………………………………（28）

命题考点三　建筑设备 …………………………………………………（29）

命题考点四　建筑识图 …………………………………………………（32）

命题考点五　房地产测绘 ………………………………………………（33）

第三章　建筑装饰装修和材料 ………………………………………（38）

命题考点一　建筑装饰装修的概述 ……………………………………（38）

命题考点二　外墙装饰装修 ……………………………………………（40）

命题考点三　室内装饰装修 ……………………………………………（43）

命题考点四　建筑装修材料 ……………………………………………（45）

第四章　环境和景观 …………………………………………………（48）

命题考点一　环境及环境污染的概述 …………………………………（48）

命题考点二　环境污染 …………………………………………………（49）

命题考点三　室内环境污染 ……………………………………………（53）

命题考点四 景观概述 ·· (54)

命题考点五 景观设计 ·· (55)

命题考点六 景观评价 ·· (56)

第五章 城市和城市规划 ·· (58)

命题考点一 城市和城市化 ·· (58)

命题考点二 城市用地评价 ·· (59)

命题考点三 城市规划常用术语和控制指标 ································· (60)

命题考点四 城乡规划体系 ·· (62)

命题考点五 城市居住区规划设计 ·· (62)

第六章 房地产市场和投资 ·· (64)

命题考点一 房地产市场 ··· (64)

命题考点二 房地产供给与需求 ·· (66)

命题考点三 资金的时间价值 ··· (69)

命题考点四 房地产投资分析 ··· (71)

第七章 房地产价格和估价 ·· (75)

命题考点一 房地产价格概述 ··· (75)

命题考点二 房地产价格和价值的种类 ·· (76)

命题考点三 房地产价格的影响因素 ··· (79)

命题考点四 房地产估价基本方法 ··· (81)

第八章 房地产金融和保险 ·· (87)

命题考点一 金融概述 ·· (87)

命题考点二 货币和汇率 ··· (88)

命题考点三 信用和利率 ··· (89)

命题考点四 房地产贷款 ··· (92)

命题考点五 房地产信托 ··· (97)

命题考点六 住房置业担保 ·· (99)

命题考点七 房地产保险 ··· (100)

第九章 统计和房地产统计指标 ·· (105)

命题考点一 统计的基本概念和术语 ··· (105)

命题考点二 统计数据的收集与整理 ··· (106)

命题考点三 统计指标 ·· (109)

命题考点四 时间序列分析 ··· (112)

命题考点五 指数 ·· (114)

命题考点六　房地产统计指标 ………………………………………………… (115)

第十章　消费心理和营销心理 …………………………………………… (118)

命题考点一　消费者的基本心理 …………………………………………… (118)

命题考点二　消费者的需要与动机 ………………………………………… (120)

命题考点三　消费者群体的心理与行为 …………………………………… (121)

命题考点四　营销过程心理 ………………………………………………… (122)

命题考点五　营销人员心理 ………………………………………………… (124)

第三部分　实战模拟试卷

实战模拟试卷(一) ……………………………………………………………… (128)

　实战模拟试卷(一)参考答案 ………………………………………………… (138)

实战模拟试卷(二) ……………………………………………………………… (139)

　实战模拟试卷(二)参考答案 ………………………………………………… (149)

实战模拟试卷(三) ……………………………………………………………… (150)

　实战模拟试卷(三)参考答案 ………………………………………………… (161)

实战模拟试卷(四) ……………………………………………………………… (162)

　实战模拟试卷(四)参考答案 ………………………………………………… (173)

实战模拟试卷(五) ……………………………………………………………… (174)

　实战模拟试卷(五)参考答案 ………………………………………………… (185)

实战模拟试卷(六) ……………………………………………………………… (186)

　实战模拟试卷(六)参考答案 ………………………………………………… (197)

第四部分　历年考题

2011 年度全国房地产经纪人执业资格考试试卷《房地产经纪相关知识》 ……………… (198)

　2011 年度全国房地产经纪人执业资格考试试卷《房地产经纪相关知识》参考答案 … (209)

第一部分　命题规律与命题素材盘点

命题规律探究

一、依纲靠本

全国房地产经纪人执业资格考试大纲是确定当年考试内容的唯一根据，而考试教材是对考试大纲的具体化和细化，考试大纲中要求掌握、熟悉、了解的比例为 7∶2∶1，考试时也是按此比例命题的，而且同一题型的考题顺序基本是按教材的顺序进行排序。此外，考题中不会出现现行法律法规及规范与教材有冲突的内容。

二、重实务轻理论

全国房地产经纪人执业资格考试的命题趋势主要体现其实务性，考题不仅越来越全面细致，而且更注重题干的复杂性和干扰项的迷惑性，命题者倾向于通过对具体实施过程的具体工作的阐述，利用相关理论来对其分析，目的在于考核考生运用基本理论知识和基本技能综合分析问题的能力。

三、陷阱设置灵活

陷阱的设置主要体现在以下几方面：一是直接将教材中的知识点的关键字眼提出来设置其他干扰选项；二是在题干中设置隐含陷阱，教材中以肯定形式表述的内容命题者在题干中会以否定形式来提问，教材中从正面角度阐述的内容命题者在题干中会从反面角度来提问；三是题干和选项同时设置陷阱，命题者会同时选择两个以上的知识点来构造场景。

四、体现知识的关联性

命题者通过某一确切的工程项目，在不同的知识点间建立起内在的逻辑关系，巧妙地设置场景，科学地设置题目。每一问题的解决需要兼顾两个以上的限制条件，这种题型就属于较难的题目。

考试题型点拨

一、概念型选择题

概念型选择题主要依据基本概念来命题，此类题在题干中提出一个基本概念，对基本概念的原因、性质、原则、分类、范围、内容、特点、作用、结果、影响、因素等进行选择，经常出现的主要标志性词语有"内容是"、"标志是"、"性质是"、"特点是"、"准确的理解是"等。备选项则是对这一概念的阐释，多数会在备选项的表述上采用混淆、偷梁换柱、以偏概全、以末代本、因果倒置手法。由于此类题多考查考试教材上的隐性知识，所以在做题时多采用逻辑推理法，要注意一些隐性的限制词，结合相关的知识结论来判断选项是否符合题意，这往往是解题的关键。

二、因果型选择题

因果型选择题，即考查原因和结果的选择题。此类题的基本结构大致有两种表现形式：一是题干列出了某一结果，备选项中列出原因，在试题中常出现的标志性词语有"原因是"、"目的"、"是为了"等；另一种是题干列出了原因，备选项列出的是结果，在试题中常出现的标志性词语有"影响"、"结果"等。因果型选择题在解题时需注意如下几点：一是要正确理解有关概念的含义；二是要注意相互之间的内在联系，全面分析和把握影响的各种因素；三是在做题时要准确把握题干与备选项之间的逻辑关系，弄清二者之间谁是因、谁是果。

三、否定型选择题

否定型选择题即要求选出不符合的选项，也称为逆向选择题。该题型题干部分采用否定式的提示或限制，如"不是"、"无"、"没有"、"不正确"、"不包括"、"错误的"、"无关的"、"不属于"等提示语。解答的关键是对其本质、原因、影响、意义、评价等有一个完整的、准确的认识；其次，此类题较多地考查对概念的理解能力。在做此类题时，要全面理解和把握概念的内涵和外延，在分析问题时要注意对逆向思维和发散性思维的培养。此类题的主要做题方法有：排除法（通过排除符合题干的选项，选出符合题意的选项）；推理法（若不能确定某个选项时，可以先假设此选项正确，然后再根据所学知识进行推理，分析其结论是否符合逻辑关系）；直选法（根据自己对事实的认识和理解，直接确定不符合的选项）。

四、组合型选择题

组合型选择题是将同类选项按一定关系进行组合，并冠之以数字序号，然后分解组成备选项作为选项；也可以构成否定形式，可根据题意从选项中选出符合题干的应该否定的一个组合选项。解答组合型选择题的关键是要有准确、扎实的基础知识，同时由于该题型的逻辑性较强，所以还要求具备一定的分析能力。解答此类题的方法主要是筛选法，而筛选法又分为肯定筛选法和否定筛选法。肯定筛选法是先根据试题要求分析各个选项，确定一个正确的选项，这样就可以排除不包含此选项的组合，然后一一筛选，最后得出正确答案。否定筛选法又称排除法，即确定一个或两个不符合题意的选项，排除包含这些选项的组合，得出正确答案。解答此类选择题也可采取首尾两端法（从头或从尾判断），即先确定不符合题干要求的选项，如能确定最早或最后一个，即使其中个别时间未掌握，也可能选出正确答案，大大提高命中率。能否准确、牢固地掌握时间概念是答好此种题型的关键。

五、程度型选择题

这类型选择题的题干多有"最主要"、"最重要"、"主要"、"根本"等表示程度的副词或形容词，其各备选项几乎都符合题意，但只有一项最符合题意，其他选项虽有一定道理，但因不够全面，或处于次要地位，或不合题意而不能成为最佳选项。解答该类型题的方法主要是运用优选法，逐个比较、分析备选项，找出最佳答案。谨防以偏概全的错误。

六、比较型选择题

比较型选择题是把具有可比性的内容放在一起，让考生通过分析、比较，归纳出其相同点或不同点。此类题在题干中一般都有"相同点"、"不同点"、"共同"、"相似"等标志性词语，有些题也有反映程度性的词语，如"最大的不同点"、"最根本的不同"、"本质上的相似之处"等。比较型选择题主要考查同学们的分析、归纳和比较能力。比较型选择题都是对教材内容的重新整合，所以备选项中的表述基本上都是教材中没有的，因此在做此类题时要善于运用理论进行分析判断。经常用的基本理论是共性和个性关系的原理，要从同中找异，从异中求同。解答比较型选择题最常用的是排除法。

七、计算型选择题

对于计算型的选择题，一般情况下计算量不会很大，如果对解决该问题的计算方法很明白，就可轻而易举地作答，而且备选项还可以起到验算的作用。如果对解决该问题的计算方法不太明白，则可以采取以下方法：估算法（有些计算型选择题，表面上看起来似乎要计算，但只要认真审题，稍加分析，便可以目测心算，得到正确答案。估算法是通过推理、猜测得出答案的一种方法）；代入法（有些题目直接求解比较麻烦，若将选项中的答案代入由题设条件推出的方程，可比较简单地选出正确答案）；比例法（根据题目所给的已知条件和有关知识列出通式，找出待求量和已知量的函数关系，即可求出正确答案）；极端法（有些题目中涉及"变小"或"变大"问题，如果取其变化的极端值来考虑，将会使问题简化。例如，将"变小"变为零来处理，很快即可得出正确答案）。

八、简答型综合分析题

这种题型表面看来是综合分析题，实际上是简答题。这种题型要求考生凭记忆将该部分内容再现，重点是考查记忆能力而不是考分析问题和解决问题的能力。简答型的综合分析题一般情节简单、内容覆盖面较小，要求回答的问题也直截了当，因此难度较小。由于主要是考查考生掌握基本知识的能力，只需问什么答什么就够了，不必展开论述，否则会浪费宝贵的时间。

九、判断型综合分析题

这种题型本质上已属于综合分析题，因为需要考生作出分析，只不过在回答问题时省略掉了分析的过程和理由，只要求写出分析的结果即可。一个综合分析题往往包含相关联的多个问题，判断题往往是第一问，然后接着再在判断的基础上对考生提出其他更为复杂的问题。由于判断正确与否是整个综合题解是否成功的前提，因此，一旦判断失误，相关的问题就会跟着出错，甚至整道题全部答错。所以这种题型是关键题型，不能因为分值少而马虎大意。对于这种判断型综合分析题，一般来讲，只要答出分析结论即可，如果没有要求回答理由，或没有问为什么，考生一般不用回答理由或法律依据。

十、分析型综合分析题

这是资格考试中最常见的一种综合分析题型。与简答型综合分析题相比，这种综合分析题的题干没有直接提供解答的依据，需要考生自己通过分析背景材料来找出解决问题的突破口。与判断型综合分析题相比，这种题型不仅要求答出分析结果，同时要求写出分析过程和计算过程。这种题型的提问方式主要有三种：一是在判断题型的基础上加上"为什么"；二是在判断题型的基础上加上"请说明理由"；三是以"请分析"来引导问题。典型的分析型综合题的情节较为复杂，内容涉及面也较广，要求回答的问题一般在一个以上，问题具有一定的难度，涉及的内容也不再是单一的。答题时要针对问题作答，并要适当展开。

十一、计算型综合分析题

该类题型有一定的难度，既要求考生掌握计算方法，又要理解其适用条件，还要提高计算速度和准确性。计算型综合分析题的关键是要认真仔细。

必考知识盘点

命题涉及知识点	重要考点清单
法律和消费者权益保护	法律和法规的含义
	中国现行法律体系
	法律的使用
	民法的概念和基本原则
	民事法律关系
	自然人、法人和合伙
	民事法律行为
	代理
	民事责任
	诉讼时效
	合同概述
	合同的订立、效力及履行
	违约责任
	买卖合同和租赁合同
	委托合同、居间合同和行纪合同
	物权概述
	所有权
	用益物权
	担保物权
	消费者权益的概念
	消费者的权利
	经营者的义务
	消费者权益争议的解决
建筑和房地产测绘	建筑的相关概念
	建筑物的分类
	对建筑物的基本要求
	建筑构造概述
	基础和地基
	墙体和柱
	门和窗
	地面、楼板和梁
	楼梯
	屋顶
	建筑给水、排水、采暖、通风和空调系统及设备

命题涉及知识点	重要考点清单
建筑和房地产测绘	建筑电气设备
	燃气供应系统及设备
	电梯
	设备层和管道井
	综合布线系统和楼宇智能化
	施工图中常见的表格和符号
	施工图的图纸目录
	施工图的设计总说明
	建筑、结构、设备施工图
	测绘中的基本概念
	地形图和房地产图
	土地面积、房屋面积测算
建筑装饰装修和材料	建筑装饰装修基本概念
	建筑装饰装修风格
	室内装饰装修风格
	室内装饰装修流派
	室外装饰装修风格
	室外装饰装修的基本要求
	外墙面装饰构造
	幕墙和玻璃幕墙
	建筑外立面的视觉、色彩
	室内装饰装修的基本要求
	室内装饰装修构造
	室内装饰装修色彩与质感
	建筑材料的概念和种类
	建筑材料的性质
	建筑装饰装修材料
环境和景观	环境的概念和分类
	环境污染物概述
	大气、环境噪声、水、固体废物、辐射污染
	室内环境污染概述
	室内环境污染的来源
	建筑材料的室内环境污染
	景观及相关概念
	景观的分类
	景观要素与景观功能

续表

命题涉及知识点	重要考点清单
环境和景观	景观设计的内涵、特点、要素和方法
	居住区环境景观设计
	景观评价的概述及方法
城市和城市规划	城市的概念和类型
	城市的地域范围
	城市功能分区
	城市土地利用类型
	城市化
	城市用地评价概述
	城市用地自然条件评价
	城乡规划体系概述
	城镇体系规划
	城市规划
	城市居住区的规模与规划布局形式
	城市居住区的组成要素与用地构成
	城市居住区规划布局的有关内容
	城市居住区综合技术经济指标
房地产市场和投资	房地产市场概述
	房地产市场竞争及波动
	房地产需求、供给、供求平衡、供求弹性
	资金时间价值的概念及存在原因
	单利和复利
	名义利率和实际利率
	资金时间价值的换算
	房地产投资的概念
	房地产投资项目经济评价概述
	现金流量分析技术
	房地产投资项目经济评价指标和方法
房地产价格和估价	房地产价格的概念和形成条件
	房地产价格的特征
	价值、使用价值和交换价值
	投资价值和市场价值
	成交价格、市场价格和理论价格
	总价格、单位价格和楼面地价
	名义价格和实际价格
	现房价格和期房价格

命题涉及知识点	重要考点清单
房地产价格和估价	起价、标价、成交价和均价
	评估价、保留价、起拍价、应价和成交价
	买卖价格、租赁价格、抵押价值、保险价值、计税价值和征收价值
	基准地价、标定地价和房屋重置价格
	补地价
	市场调节价、政府指导价和政府定价
	房地产价格的影响因素概述
	人口因素、居民收入因素和物价因素
	利率因素、汇率因素和房地产税收因素
	城市规划因素、交通管制因素和心理因素
	市场法、收益法、成本法
房地产金融保险	金融的概念和职能
	金融机构
	货币和汇率
	信用和利率
	房地产贷款概述
	个人住房贷款
	房地产贷款程序
	各种还款方式下的还款额计算
	信托的概念和职能
	房地产信托的概念和原则
	房地产信托资金的筹集
	房地产信托贷款业务
	住房置业担保的概念及程序
	保证合同和房屋抵押反担保合同的内容
	保险的概述和种类
	保险合同
	房地产贷款保险
统计和房地产统计指标	统计的概念和作用
	描述统计和推断统计
	总体、个体和样本
	标志和变量
	统计数据的搜集、整理
	统计指标的概念和分类
	总量指标、相对指标、平均指标及变异指标
	时间序列的概念和种类

续表

命题涉及知识点	重要考点清单
统计和房地产统计指标	时间序列的水平分析、速度分析
	时间序列的构成因素与模型
	长期趋势分析
	指数的概念和分类
	个体指数、综合指数及指数体系
	房地产统计指标与指标体系
	房地产的主要统计指标
消费心理和营销心理	心理学和心理现象
	消费者的心理活动过程
	消费者的个性心理特征
	消费者的需要、动机
	消费者群体的形成和细分
	不同年龄、不同性别、不同阶层消费者的心理与行为
	价格心理、广告心理
	营销场景与消费者心理
	现场营销心理
	营销人员与消费者心理互动
	营销人员的心理素质及其提高
	人际交往和人际关系
	房地产经纪人的心理压力及其应对

第二部分 教材解读与命题考点解析

第一章 法律和消费者权益保护

命题考点一 法律概述

一、法律、法规的含义和中国现行法律体系（表 1-1）

表 1-1   法律、法规的含义和中国现行法律体系

项目		内　　容
含义	法律	法律一词有广义和狭义两种含义。 广义的法律是指由立法机关或国家机关制定，国家政权保证执行的行为规则的总和，包括宪法、基本法律、普通法律、行政法规、地方性法规和规章等规范性文件。 狭义的法律在中国是指由全国人民代表大会及其常务委员会制定的法律
	法规	法规一词也有广义和狭义两种含义。 广义的法规是指法律、法令、条例、规则、章程等的合称。 狭义的法规在中国是指法律效力低于宪法和法律的规范性文件，包括国务院制定的行政法规和地方国家权力机关制定的地方性法规
中国现行法律体系	宪法	宪法是国家的根本法。它既具有一切法律的共同特点，又具有与其他法律不同的特征，主要是： （1）宪法的内容不同于其他法律； （2）宪法是制定其他法律的依据，一切法律都要以宪法为依据； （3）宪法具有最高的法律效力，一切法律、法规都不得同宪法相抵触
	法律	这里所讲的法律是狭义的法律，分为： （1）由全国人民代表大会制定的基本法律； （2）由全国人民代表大会常务委员会制定的其他法律或一般法律
	行政法规	行政法规是指国务院根据宪法和法律，按照法定程序制定的有关行使行政权力、履行行政职责的规范性文件
	地方性法规	地方性法规有广义和狭义两种含义。广义的地方性法规是指地方国家权力机关制定的规范性文件的总称，包括： （1）省、自治区、直辖市人民代表大会及其常务委员会根据本行政区域的具体情况和实际需要，在不同宪法、法律、行政法规相抵触的前提下，制定的地方性法规； （2）较大的市的人民代表大会及其常务委员会根据本市的具体情况和实际需要，在不同宪法、法律、行政法规和本省、自治区的地方性法规相抵触的前提下，制定的地方性法规。较大的市是指省、自治区的人民政府所在地的市，经济特区所在地的市和经国务院批准的较大的市； （3）经济特区所在地的省、市的人民代表大会及其常务委员会根据全国人民代表大会的授权决定，制定的在经济特区范围内实施的法规； （4）民族自治地方的人民代表大会依照当地民族的政治、经济和文化的特点，制定的自治条例和单行条例

续表

项目		内　容
中国现行法律体系	规章	规章也称为行政规章，是指国家行政机关根据法律和行政法规在其职权范围内制定的关于行政管理的规范性文件，分为部门规章和地方政府规章。 　　部门规章是指国务院各部、委员会、中国人民银行、审计署和具有行政管理职能的直属机构，根据法律和国务院的行政法规、决定、命令，在本部门的权限范围内，制定的规范性文件。 　　地方政府规章是指省、自治区、直辖市和较大的市的人民政府根据法律、行政法规和本省、自治区、直辖市的地方性法规，制定的规范性文件

二、法律的适用（表 1-2）

表 1-2　　　　　　　　　　　　　　法律的适用

项目	内　容
适用范围	法律的适用范围即法律的效力范围，包括以下内容。 　　(1) 法律在时间上的适用范围，是指法律在时间上所具有的效力，包括法律的生效和失效两个方面。法律开始生效的时间通常有两种情况：①自法律公布之日起生效；②法律公布之后经过一段时间再开始生效。一般来说，法律的效力自施行之日发生，至废止之日停止。 　　(2) 法律在空间上的适用范围，是指法律在地域上所具有的效力。制定法律的机关不同，法律适用的空间范围也不相同。宪法、法律、行政法规、部门规章适用于全国；地方性法规、地方政府规章只在该立法机关管辖区域内发生效力。 　　(3) 法律对人的适用范围，是指法律对哪些人具有效力，法律对人的效力存在有属人主义、属地主义两种不同理论
基本原则	法律适用的基本原则有： 　　(1) 上位法优先于下位法，是指在效力较高的法律与效力较低的法律相冲突的情况下，应适用效力较高的法律； 　　(2) 新法优先于旧法，是指同一事项已有新法公布施行时，旧法自然废止； 　　(3) 特别法优先于普通法，是指在效力相等的法律之间，特别法应优先于普通法适用； 　　(4) 法律文本优先于法律解释，法律文本是法律的书面条文的表现形式。法律解释是对法律条文的含义所作的解释，如果法律解释与法律文本的含义完全不符，或者数个解释机关彼此之间也相互冲突，则仍然应以法律文本为准； 　　(5) 强行法优先于任意法，是指对于某一事项，强行法已经作出规定的，任意法不得再发挥作用； 　　(6) 法不溯及既往，是指新的法律施行后，对它生效之前发生的事件和行为是否适用。如果适用，即具有溯及力；如果不适用，即不具有溯及力

命题考点二　民法通则

一、民法的概念和基本原则（表 1-3）

表 1-3　　　　　　　　　　　　　民法的概念和基本原则

项目	内　容
民法	民法是调整平等主体的公民之间、法人之间、公民和法人之间的财产关系和人身关系的法律规范的总称

续表

项目	内 容
民法	平等主体，是指作为民事主体来说，其权利能力一律平等。 财产关系，是指人们在产品的生产、分配、交换和消费过程中形成的具有经济内容的关系，包括财产归属关系和财产流转关系。 人身关系，是基于人格和身份所产生的，没有直接财产内容的社会关系，包括人格关系和身份关系
基本原则	民法的基本原则主要有： (1) 平等原则，是指民事主体在法律地位上是平等的，其合法权益应受到法律平等保护。它是民法的首要原则； (2) 自愿原则，是指民事权利义务的发生、变更和消灭都应是出自于当事人自己的意愿，民事主体有决定自己行动的自由，有权根据自己的意志享有权利和承担义务。自愿原则在合同法上体现得尤为明显； (3) 公平原则，是指民事主体在进行民事活动时，相互之间应公平对待； (4) 诚实信用原则，是一切正当社会行为所应遵守的道德准则，是道德规范在法律上的表现。强调人在行为时应讲究信用、恪守诺言、诚实不欺，在不损害他人和社会合法权利的前提下追求自己的利益； (5) 公序良俗原则，是公共秩序和善良风俗的简称； (6) 禁止滥用权利原则，禁止滥用权利的目的在于更好地保护私权

二、民事法律关系的概念、要素及内容（表1-4）

表1-4   民事法律关系的概念、要素及内容

项目	内 容
民事法律关系	民事法律关系是由民法规范调整的社会关系，即由民法确认和保护的社会关系
要素	民事法律关系的要素是指构成民事法律关系的必要因素，包括： (1) 主体，简称民事主体，是指参加民事法律关系，享有民事权利、承担民事义务者，包括自然人、法人和合伙组织，国家在一些场合也是民事法律关系的主体。一项民事法律关系中至少有两个主体； (2) 客体，是指民事权利和民事义务所指向的对象，包括物、行为、智力成果等。在民法上，客体也称为"标的"，如果客体为物，则习惯上称为"标的物"； (3) 内容，是指民事主体之间由法律确定并保证其实现的权利和义务，在违反义务时，还包括民事责任

三、民事权利的概念和分类（表1-5）

表1-5   民事权利的概念和分类

项目	内 容
民事权利	民事权利是权利的一种形式，是民法赋予自然人或法人在具体的民事法律关系中实施一定行为或者要求他方实施一定行为（或不实施一定行为）的权利

续表

项目	内 容
分类	根据权利的内容和性质，民事权利可分为财产权和人身权。财产权是指以财产利益为直接内容的权利，如物权、债权等，财产权受到侵害。人身权是指以人身所体现的利益为内容的、与权利人的人身不可分离的民事权利，如生命健康权、姓名权、肖像权等，一般不发生精神损害赔偿的问题，一般不能转让和继承。 根据权利的作用，民事权利可分为支配权、请求权、形成权和抗辩权。支配权是指对权利标的直接进行支配而不受他人非法干涉的权利，如物权、知识产权、人身权等。请求权是指权利主体请求他人为或不为一定行为的权利。形成权是指权利主体依自己的行为，使自己与他人之间的法律关系发生变动的权利，如撤销权、解除权、追认权、选择之债中的选择权等。抗辩权也称为异议权，是指不同意他人的请求，而提出证据以抗辩的权利

四、民事权利的取得、变动与保护（表1-6）

表1-6　　　　　　　　　民事权利的取得、变动与保护

项目	内 容
取得	民事权利的合法取得方式，可分为原始取得和继受取得两种。 原始取得是指根据法律规定，最初取得民事权利或不依赖于原权利人的意志而取得某项民事权利。 继受取得是指根据某种法律行为从原权利人那里取得某项民事权利
变动	民事权利变更： （1）根据当事人的约定而变更民事权利； （2）基于法律规定的原因而发生的权利变更。 民事权利的消灭： （1）绝对消灭； （2）相对消灭，即权利主体变更
保护	民事权利的保护方法有： （1）公力救济，即权利人通过民事诉讼或仲裁程序，请求人民法院或仲裁机关予以保护； （2）自力救济，即权利人自己采取各种合法手段来保护自己的权利不受侵犯

五、民事义务的概念和分类（表1-7）

表1-7　　　　　　　　　民事义务的概念和分类

项目	内 容
民事义务	民事义务是指民事法律关系的一方当事人依照法律的规定，必须实施一定行为或不实施一定行为，以满足民事权利主体实现其权利的要求。负有义务的主体应当履行义务，如不履行，就要承担民事责任
分类	以义务人行为的方式，民事义务可分为积极义务和消极义务。需要义务人以作为来完成的义务为积极义务；需要义务人以不作为来完成的义务为消极义务。 民事义务还可分为主要义务和附随义务、约定义务和法定义务等

六、自然人的概念及权利能力（表1-8）

表1-8　　　　　　　　　　　自然人的概念及权利能力

项目	内　容
自然人	自然人也称为公民，不仅包括本国公民，还包括外国人和无国籍人。凡是具有中华人民共和国国籍的自然人，都是中国的公民
民事权利能力	自然人的民事权利能力是指自然人依法享有民事权利和承担民事义务的资格。 　自然人从出生时起到死亡时止，具有民事权利能力，依法享有民事权利，承担民事义务。胎儿不具有民事权利能力，不得成为民事法律关系的主体，但《继承法》规定，遗产分割时，应当为胎儿保留必要的份额。 　自然人的民事权利能力因死亡而消灭。但死者的肖像权、名誉权、著作权等在一定期限内法律可能仍然会给予保护
民事行为能力	自然人的民事行为能力是指自然人以自己的行为依法享有民事权利、承担民事义务的资格，即民事主体独立实施民事法律行为的资格。 　法律根据自然人不同的认知能力，将自然人的民事行为能力分为： 　（1）完全民事行为能力人，是指能以自己的行为独立享有民事权利，承担民事义务的自然人。在中国包括18周岁以上，可以独立进行民事活动的中国公民和16周岁以上不满18周岁，以自己的劳动收入为主要生活来源的中国公民； 　（2）限制民事行为能力人，是指具有一定的行为能力，但行为能力受到限制的自然人。在中国，主要指10周岁以上的未成年人和不能完全辨认自己行为的精神病人； 　（3）无民事行为能力人，是指不具有独立实施民事法律行为资格的自然人，在中国，不满10周岁的未成年人和不能辨认自己行为的精神病人为无民事行为能力人，需要由其法定代理人代理其民事活动

七、监护的概述（表1-9）

表1-9　　　　　　　　　　　监护的概述

项目	内　容
监护	监护是指依法对无民事行为能力人和限制民事行为能力人的人身、财产和其他合法权益进行监督和保护的制度。它是一种职责，既包含权利，又有义务。 　监护主要有法定监护、指定监护、遗嘱监护和自愿监护
监护人与被监护人	依法进行保护和监督的人为监护人，被保护和监督的人为被监护人。无民事行为能力人和限制民事行为能力人的监护人是其法定代理人。 　未成年人的监护人是其父母；父母双方均死亡或者没有监护能力的，由有监护能力的祖父母、外祖父母、兄、姐或关系密切的其他亲属、朋友担任监护人。 　无民事行为能力或者限制民事行为能力的精神病人，由其配偶、父母、成年子女、其他近亲属担任监护人；关系密切的其他亲属、朋友愿意承担监护责任，经精神病人所在单位或者住所地的居民委员会、村民委员会同意后，也可以担任监护人

八、宣告失踪和宣告死亡（表1-10）

表1-10　　　　　　　　　　　宣告失踪和宣告死亡

项目	内　容
宣告失踪	公民下落不明满2年的，利害关系人可以向人民法院申请宣告其为失踪人。 　宣告失踪的主要意义在于对失踪人的财产进行代管和依法处理。失踪人的财产由其配偶、父母、成年子女或者关系密切的其他亲属、朋友代管

续表

项目	内　容
宣告失踪	被宣告失踪的人重新出现或者确知其下落，经本人或者利害关系人申请，人民法院应当撤销对其失踪宣告
宣告死亡	公民下落不明满4年的或因意外事故下落不明，从事故发生之日起满2年的，利害关系人可以向人民法院申请宣告其死亡。 宣告死亡会引起与生理死亡同样的法律后果。自人民法院宣告死亡判决生效之日，被宣告死亡人即丧失了民事主体资格，其民事权利能力终止；其财产转变为遗产，继承开始；其婚姻关系消灭等。 被宣告死亡的人重新出现或者有人确知其没有死亡，经本人或者利害关系人申请，人民法院应当撤销对其死亡宣告。有民事行为能力人在被宣告死亡期间实施的民事法律行为有效。被撤销死亡宣告的人有权请求返还财产，依照继承法取得其财产的公民或者组织，应当返还原物；原物不存在的，给予适当补偿

九、法人、合伙的概述（表1-11）

表1-11　　　　　　　　　　　　　法人的概述

项目	内　容
法人	法人是相对于自然人而言的一类民事主体，是具有民事权利能力和民事行为能力，依法独立享有民事权利并承担民事义务的组织。 成为法人的条件有：依法成立；有必要的财产或者经费；有自己的名称、组织机构和场所；能够独立承担民事责任。 凡具有国家规定的资金数额及设立的条件等，经国家主管机关批准，依法向法人登记机关登记，即能取得法人资格。 法人是一个法律上抽象的人格主体，它的行为只能依靠其机关的行为才能实现。法人的机关代表法人从事民事活动，由此产生的一切法律后果由法人承担
合伙	合伙是指两个以上的自然人、法人或者其他组织，根据合伙合同而共同出资、共同经营，依照合同约定或者法律规定承担责任的组织。 合伙企业有普通合伙企业和有限合伙企业两种

十、民事法律行为的概述（表1-12）

表1-12　　　　　　　　　　　　民事法律行为的概述

项目	内　容
民事法律行为	民事法律行为是指民事主体设立、变更、终止民事权利和民事义务的合法行为。其形式主要有口头形式、书面形式、视听资料形式、推定形式和默示形式等。法律规定采用书面形式的，应当采用书面形式
条件	民事法律行为成立的条件包括：行为人具有相应的民事行为能力；意思表示真实；不违反法律或者社会公共利益。 附条件的民事法律行为，条件的成立与否作为民事法律行为成立、变更、消灭的依据
无效的民事行为	无效的民事行为，从行为开始起就没有法律约束力。包括： （1）无民事行为能力人实施的

续表

项　目	内　　容
无效的民事行为	（2）限制民事行为能力人依法不能独立实施的； （3）一方以欺诈、胁迫或者乘人之危的手段，使对方在违背真实意思的情况下所为的； （4）恶意串通，损害国家、集体或者第三人利益的； （5）违反法律或者社会公共利益的； （6）经济合同违反国家指令性计划的； （7）以合法形式掩盖非法目的的

十一、代理的概述（表 1-13）

表 1-13　　　　　　　　　　　　　　代理的概述

项　目	内　　容
代理	代理是指在代理权限内，代理人以被代理人的名义进行民事活动，活动结果由被代理人承受的一种法律行为。在代理关系中，被代理人又称为本人，代理他人进行民事活动的人称为代理人，与代理人实施民事行为的人称为相对人
种类	按照代理产生的不同原因和方式，代理可分为： （1）委托代理，是指基于被代理人的委托而产生的代理，是代理中适用最广泛、最普遍的一种形式； （2）法定代理，是指依照法律规定直接产生的代理，主要是为无民事行为能力人或限制民事行为能力人行使权利、承担义务而设立的制度； （3）指定代理，是指依照法律规定因人民法院或者其他部门的指定而产生的代理
代理权和代理行为	民事法律行为的委托代理，可以采用书面形式，也可以采用口头形式。 代理人在行使代理权时应遵循如下原则。 （1）代理权应为维护被代理人的最大利益而行使。 （2）代理权不得滥用。包括：①代理人以被代理人的名义与自己进行民事法律行为；②代理人以被代理人的名义与自己同时代理的其他人进行民事法律行为；③与第三人恶意串通，损害被代理人的利益；④超越代理权限进行代理活动；⑤利用代理权从事违法活动。 没有代理权、超越代理权或者代理权终止后的代理行为，只有经过被代理人的追认，被代理人才承担民事责任。未经追认的行为，由行为人承担民事责任。本人知道他人以本人名义实施民事行为而不作否认表示的，视为同意

十二、民事责任与诉讼时效（表 1-14）

表 1-14　　　　　　　　　　　　　　民事责任与诉讼时效

项　目	内　　容
民事责任	民事责任是民事主体违反民事义务而依法应当承担的民事法律后果。 承担民事责任的方式主要有：停止侵害；排除妨碍；消除危险；返还财产；恢复原状；修理、重作、更换；赔偿损失；支付违约金；消除影响、恢复名誉；赔礼道歉
诉讼时效	诉讼时效是指权利人经过法定期间不行使自己的权利，即丧失了请求人民法院依诉讼程序强制义务人履行义务的权利。诉讼时效消灭的是一种请求权，而不消灭实体权利

续表

项目	内 容
诉讼时效	《民法通则》规定的诉讼时效期间包括以下内容。 (1) 从知道或者应当知道权利被侵害时起计算，一般诉讼时效期间为2年。 (2) 从知道或者应当知道权利被侵害时起计算，特殊诉讼时效期间为1年。主要有：①身体受到伤害要求赔偿的；②出售质量不合格的商品未声明的；③延付或者拒付租金的；④寄存财物被丢失或者损毁的。 (3) 不知道权利被侵害的，从权利被侵害之日起计算，诉讼时效期间为20年。 　诉讼时效期间的中止也称为暂停，是指在诉讼时效进行中，因不可抗力或者其他障碍不能行使请求权，暂时停止计算诉讼时效期间，以前经过的时效期间仍然有效，待阻碍诉讼时效进行的原因消除后，继续进行诉讼时效期间的计算。该原因必须发生在诉讼时效期间的最后6个月内。 　诉讼时效期间的中断也称为停止，是指在诉讼时效进行中，因发生一定的法定事由，致使已经过去的时效期间统归无效，不再计算，待诉讼时效中断的法定事由消除后，诉讼时效期间重新计算。中断的法定事由包括：当事人一方向人民法院提起诉讼；当事人一方提出请求履行义务；当事人一方同意履行义务三个方面

命题考点三　合同法

一、合同的概述（表 1-15）

表 1-15　　　　　　　　　　　合同的概述

项目	内 容
合同	合同也称为契约，是平等主体的自然人、法人、其他组织之间设立、变更、终止民事权利义务关系的协议。 　具有的特征：是平等主体之间的民事法律关系；是两方以上当事人的法律行为；是从法律上明确当事人之间特定权利和义务关系的文件；是具有相应法律效力的协议
基本原则	当事人应当依照一定的原则订立和履行合同，《合同法》规定的基本原则包括： (1) 平等、自愿； (2) 公平、诚实信用； (3) 守法
分类	根据法律是否设有规范赋予一个特定名称，合同分为典型合同和非典型合同。 根据法律是否规定合同必须符合一定的形式才能成立，合同分为要式合同和不要式合同。 根据合同当事人是否互相享有权利、承担义务，合同分为双务合同和单务合同。 根据合同当事人是否为从合同中得到的利益支付代价，合同分为有偿合同和无偿合同。 根据合同是自当事人意思表示一致时成立，还是在当事人意思表示一致后，仍须有实际交付标的物的行为才能成立，合同分为诺成合同和实践合同。 根据合同是否必须以其他合同的存在为前提而存在，合同分为主合同和从合同

二、合同的订立（表 1-16）

表 1-16　　　　　　　　　　　合同的订立

项目	内 容
内容	在不违反法律强制性规定的情况下，合同的内容由当事人约定，一般包括： (1) 当事人的名称或者姓名和住所

续表

项目	内 容
内容	（2）标的，即合同当事人的权利义务指向的对象； （3）数量； （4）质量； （5）价款或者报酬； （6）履行期限、地点和方式； （7）违约责任； （8）解决争议的方法
程序	当事人订立合同，应当具有相应的民事权利能力和民事行为能力。当事人依法可以委托代理人订立合同。订立合同主要采取要约和承诺的方式进行。 要约是指当事人一方向另一方提出合同条件，希望另一方接受的意思表示。发出要约的人称为要约人，接受要约的人称为受要约人。其应符合：内容具体确定；表明经受要约人承诺。 承诺是指受要约人同意接受要约的全部条件以缔结合同的意思表示。承诺必须由受要约人向要约人作出，受要约人以外的第三人无资格向要约人作出承诺。承诺必须在规定的期限内到达要约人才能生效

三、合同的效力和履行（表 1-17）

表 1-17 合同的效力和履行

项目	内 容
效力	合同的生效是指已经成立的合同开始发生以国家强制力保障的法律约束力，即合同发生法律效力。应具备的条件有： （1）当事人具有相应的民事行为能力； （2）意思表示真实； （3）不违反法律和社会公共利益。如果有一方以欺诈、胁迫手段订立合同，损害国家利益；恶意串通，损害国家、集体或者第三人利益；以合法形式掩盖非法目的；损害社会公共利益；违反法律、行政法规的强制性规定的，则合同确认为无效
履行	合同的履行是指债务人全面地、适当地完成其合同义务，债权人的合同债权得到完全实现。 合同生效后，当事人就质量、价款或者报酬、履行地点等内容没有约定或者约定不明确的，可以协议补充；不能达成补充协议的，按照合同有关条款或者交易习惯确定。当事人就有关合同内容不明确，按照合同有关条款或者交易习惯仍不能确定的，适用下列规定： （1）质量要求不明确的，按照国家标准、行业标准履行；没有国家标准、行业标准的，按照通常标准或者符合合同目的的特定标准履行； （2）价款或者报酬不明确的，按照订立合同时履行地的市场价格履行；依法应当执行政府定价或者政府指导价的，按照规定履行； （3）履行地点不明确，给付货币的，在接受货币一方所在地履行；交付不动产的，在不动产所在地履行；其他标的，在履行义务一方所在地履行； （4）履行期限不明确的，债务人可以随时履行，债权人也可以随时要求履行，但应当给对方必要的准备时间； （5）履行方式不明确的，按照有利于实现合同目的的方式履行； （6）履行费用的负担不明确的，由履行义务一方负担

四、违约责任（表1-18）

表1-18　　　　　　　　　　　　　　　　违约责任

项　目	内　　容
违约责任	违约责任也称为违反合同的民事责任，是指合同当事人一方或者双方不履行合同或者不适当履行合同，依照法律的规定或者按照当事人的约定应当承担的民事责任
违约形式	按照违约行为发生的时间，可分为预期违约和届期违约。 　预期违约也称为先期违约，是指在合同履行期到来之前，一方当事人无正当理由明确表示将不履行合同，或者自己的行为表示将不履行合同。 　届期违约也称为实际违约，是指在合同履行期到来之后，当事人不履行或不完全履行合同义务。届期违约行为的类型有：拒绝履行、迟延履行、不适当履行、部分履行
承担方式	法律规定的违约责任的承担方式主要有： 　（1）继续履行，也称强制继续履行、依约履行、实际履行，是指在一方违反合同时，另一方有权要求其依据合同约定继续履行； 　（2）采取补救措施； 　（3）赔偿损失，也称为违约赔偿损失，是指违约方因不履行或不完全履行合同义务而给对方造成损失，依照法律的规定或者按照当事人的约定应当承担赔偿损失的责任； 　（4）支付违约金，是指由当事人通过协商预先确定的、在违约发生后作出的独立于履行行为以外的给付； 　（5）定金罚则，《担保法》规定定金的数额不得超过主合同标的额的20%
定金与预付款 的区别	定金与预付款的区别：预付款是由双方当事人商定的在合同履行前所支付的一部分价款，合同履行时预付款要充抵价款，合同不履行时预付款应当返还。不存在制裁违约行为的问题，也不发生预付款的丧失和双倍返还。 　定金与违约金的区别：定金和违约金不能同时并用，只能选择其一适用。 　定金责任与赔偿损失的区别：定金责任不以实际发生的损害为前提，定金责任的承担也不能替代赔偿损失。在既有定金条款又有实际损失时，应分别适用定金责任和赔偿损失的责任，两者同时执行

五、买卖合同概述（表1-19）

表1-19　　　　　　　　　　　　　　　　买卖合同概述

项　目	内　　容
买卖合同	买卖合同是指出卖人转移标的物的所有权于买受人，买受人支付价款的合同。转移所有权的一方为出卖方，支付价款而取得所有权的一方为买受人或买方。 　买卖合同的基本特征是有偿合同，其实质是以等价有偿的方式转让标的物的所有权，这一点使其与赠与合同相区别。买卖合同是双务合同，买卖双方都享有一定的权利，承担一定的义务，且这种权利和义务存在对应关系，买方的权利就是卖方的义务，反之亦然。买卖合同是诺成合同，自双方当事人意思表示一致即可成立，不需要交付标的物。买卖合同是不要式合同，其成立和有效不需要具备一定的形式，但法律另有规定的除外
买卖合同当事人 的权利和义务	交付标的物是出卖人的首要义务，也是买卖合同最重要的合同目的。标的物的交付可分为现实交付和观念交付。出卖人的另一项主要义务是转移标的物的所有权。买受人的最终目的是获得标的物的所有权，出卖人应将标的物所有权转移给买受人，这也是买卖合同区别于其他涉及财产移转占有的合同的本质特性之一。 　买受人的主要义务是依合同的约定向出卖人支付价款，是买受人的主要义务；买受人的另一项义务是受领标的物；买受人还负有对标的物检查通知的义务

续表

项目	内 容
标的物所有权的转移和孳息归属	买卖合同的标的物，除法律另有规定或当事人另有约定外，自交付时起发生所有权转移。标的物交付前产生的孳息，归出卖人所有；交付之后产生的孳息，归买受人所有
标的物的风险责任承担	根据《合同法》规定，出卖人未按照约定交付有关标的物的单证和资料的，不影响标的物毁损、灭失风险的转移。因标的物质量不符合要求致使不能实现合同目的，买受人拒绝接受标的物或者解除合同的，标的物毁损、灭失的风险由出卖人承担
房屋买卖合同	法律对房屋买卖有下列特别规定，包括：房屋买卖合同需要采用书面形式，买卖双方需将买卖房屋的位置、面积、价金等书面约定；在城镇买卖房屋的所有权须经房屋登记机构登记后，才发生转移，如未登记，即使交付，也不发生权利转移效果；出卖共有房屋的，其他共有人享有同等条件下的优先购买权

六、租赁合同的概述（表 1-20）

表 1-20　　　　　　　　　　　　租赁合同的概述

项目	内 容
租赁合同	租赁合同是指出租人将租赁物交付承租人使用、收益，承租人支付租金的合同。 　　租赁合同约定的是转移租赁物的使用或收益权，而不是所有权。租赁合同终止时，承租人须返还租赁物，这是租赁合同区别于买卖合同的根本特征。租赁合同的另一特征是双务、有偿合同。此外，租赁合同还是诺成合同
内容和形式	租赁合同的内容包括租赁物的名称、数量、用途、租赁期限、租金以及其支付期限和方式、租赁物维修等条款。《合同法》第二百一十四条规定，租赁期限不得超过 20 年。 　　租赁期限为 6 个月以下的，可以由当事人自由选择合同的形式。无论采用书面形式还是口头形式，都不影响合同的效力。租赁期限 6 个月以上的，应当采用书面形式
种类	根据租赁物的不同，租赁可分为不动产租赁和动产租赁。 　　根据法律对租赁是否有特殊的规定，租赁可分为一般租赁和特殊租赁。 　　根据租赁合同是否确定期限，租赁可分为定期租赁和不定期租赁。租赁期间受法定期间（20年）的限制
当事人的权利和义务	出租人的义务主要有： 　　（1）依照合同约定的时间和方式交付租赁物； 　　（2）在租赁期间保持租赁物符合约定的用途； 　　（3）对出租物的瑕疵担保，当租赁物有瑕疵或存在权利瑕疵致使承租人不能依约使用收益时，承租人有权解除合同，承租人因此所受损失，出租人应负赔偿责任，但承租人订约时明知有瑕疵的除外。 　　承租人的义务主要有： 　　（1）按照约定的期限支付租金； 　　（2）按照合同约定的方法使用租赁物； 　　（3）妥善保管租赁物； 　　（4）不得擅自改善和增设他物； 　　（5）当租赁物有修理、防止危害的必要或者其他依诚实信用原则应通知的事由时，负有通知义务； 　　（6）租赁合同终止时，承租人应将租赁物返还出租人

七、委托合同的概述 (表 1-21)

表 1-21   委托合同的概述

项目	内 容
委托合同	委托合同是指委托人和受托人约定，由受托人处理委托人事务的合同。委托合同是建立在委托人与受托人相互信任基础上的，其标的是处理委托事务，一般是受托人以委托人的名义和费用处理委托事务。 委托合同的特征主要有： (1) 委托合同是典型的劳务合同； (2) 受托人以委托人的费用办理委托事务； (3) 委托合同具有人身性质，以当事人之间相互信任为前提； (4) 委托合同既可以是有偿合同，也可以是无偿合同； (5) 委托合同为诺成合同、不要式合同、双务合同
当事人的义务和责任	受托人的义务和责任主要有： (1) 办理委托事务的义务； (2) 遵守委托指示的义务； (3) 报告的义务； (4) 转移利益的义务； (5) 转移权利的义务。 委托人的义务和责任主要有： (1) 支付费用的义务； (2) 付酬义务； (3) 赔偿责任
种类	根据受托人的权限范围，委托合同可分为特别委托和概括委托。 根据受托人的人数，委托合同可分为单独委托和共同委托。 根据受托人产生的不同，委托合同可分为直接委托和转委托
终止	委托合同终止的原因可分为一般原因和特殊原因。一般原因是指合同所通存的终止原因，如委托事务处理完毕、委托合同履行已经不可能、委托合同的存续期间届满等。 特殊原因是指导致委托合同终止特有的原因，主要有以下两种： (1) 当事人一方解除委托合同，在委托合同中，合同的当事人双方均享有任意终止权，可以任意终止合同； (2) 当事人一方死亡、丧失民事行为能力或破产

八、居间合同的概述 (表 1-22)

表 1-22   居间合同的概述

项目	内 容
居间合同	居间合同是指居间人向委托人报告订立合同的机会或者提供订立合同的媒介服务，委托人支付报酬的合同。 居间合同的特征： (1) 居间合同是由居间人向委托人提供居间服务的合同； (2) 居间人对委托人与第三人之间的合同没有介入权； (3) 居间合同是双务、有偿、诺成合同
当事人的权利和义务	居间合同中居间人的权利实际上就是委托人的义务，主要有： (1) 居间人的报酬请求权。双方当事人约定居间人的报酬，居间人的报酬标准，国家有限制规定的，当事人约定的报酬额不能超过国家规定的最高标准

项目	内 容
当事人的权利和义务	(2) 居间人的费用偿还请求权。居间人所需费用，通常包括在报酬内，居间活动的费用一般由居间人负担，非经特别约定，居间人不得请求偿还费用。 居间人的义务主要有： (1) 报告订约机会或者提供订立合同媒介的义务； (2) 忠实义务； (3) 负担居间费用的义务。 委托人的义务主要有： (1) 支付居间报酬的义务； (2) 偿付费用的义务
订立合同时应当注意的问题	订立居间合同应注意的问题： (1) 委托人应当在合同中载明所委托居间人从事的活动内容； (2) 居间人应当如实向委托人说明自己能够做到什么程度、需要什么条件完成委托人的委托事项； (3) 合同中应当订明违约责任条款； (4) 居间合同的主体具有特殊性

九、行纪合同的概述（表 1-23）

表 1-23   行纪合同的概述

项目	内 容
行纪合同	行纪合同是指行纪人接受委托人的委托，以自己的名义为委托人从事贸易活动，委托人支付报酬的合同。接受委托的一方为行纪人，而另一方则为委托人。 行纪合同具有的特征： (1) 行纪合同的标的是行纪人为委托人进行贸易活动，通常表现为为委托人买入或卖出特定物品或财产的权利； (2) 行纪人以自己的名义为委托人从事贸易活动； (3) 行纪合同属于双务、有偿合同； (4) 行纪人的行纪行为具有限定性，即行纪合同的标的是行纪人为委托人进行的贸易活动； (5) 行纪合同是双方、有偿合同；行纪合同是诺成、不要式合同
当事人的权利和义务	行纪人的义务主要有： (1) 为委托人从事贸易活动； (2) 依委托人指示处理委托事务； (3) 妥善保管委托物； (4) 合理处分委托物； (5) 负担行纪费用的义务。 行纪人的权利主要有：(1) 请求报酬权；(2) 介入权；(3) 提存权。 委托人的义务主要有：(1) 及时受领委托物的义务；(2) 支付报酬的义务。 委托人的权利主要有：(1) 验收权；(2) 损害赔偿请求权

命题考点四　物权法

一、物权的概念及与债权的区别（表1-24）

表1-24　　　　　　　　　　　物权的概念与债权的区别

项目	内　　容
物权	物权是一种财产权，是指权利人在法律规定的范围内对一定的物享有直接支配并排除他人干涉的权利，包括所有权、用益物权和担保物权
区别	物权与债权的区别表现在： （1）权利性质上不同，物权为支配权，债权为请求权； （2）权利发生上不同，物权的发生实行法定主义，债权的发生实行任意主义； （3）权利效力范围不同，物权为绝对权，债权为相对权； （4）权利效力不同，物权具有支配力，债权的效力则是请求力； （5）在权利期限上不同，物权中有些权利是无期限的，如所有权，只要所有物存在，所有权就存在。债权则为有期限的权利，法律上不允许存在无期限的债权

二、物权的分类、效力及特征（表1-25）

表1-25　　　　　　　　　　　物权的分类、效力及特征

项目	内　　容
分类	物权主要可以分为： （1）不动产物权和动产物权； （2）自物权和他物权； （3）主物权和从物权； （4）所有权和限制物权
效力	物权除因种类不同而有各种不同的效力外，还有下列共同效力： （1）排他效力，是指同一标的物，不允许有性质不相容的两个物权同时并存； （2）优先效力，也称为物权的优先权，一般意义上，指就同一标的物，物权和债权并存时，物权优先于一般的债权； （3）追及效力，是指物权成立后，无论其标的物辗转落入何人之手，权利人均可追及标的物行使其权利
特征	物权的特征主要有： （1）物权法定原则，是指物权的种类和内容只能由法律确定，而不能由民事权利主体随意创设； （2）物权公示原则，各种物权变动取得必须以一种可以公开的能够表现物权变动的方式予以展示，而决定物权变动取得的效力； （3）物权优先原则，物权是债权产生的前提，在物权和债权同时存在的情况下，无论物权成立于债权之前或之后，物权优于一般的债权

三、所有权的概述（表 1-26）

表 1-26 所有权的概述

项目	内 容
所有权	所有权是指权利人依法对自己的财产享有全面支配的权利。完整的所有权包含占有、使用、收益和处分四项权能。占有、使用、收益、处分四项权能可以与所有权发生分离，而所有权人并不因此丧失其所有权，但其所有权因此而受到限制。 所有权分为国家所有权、集体所有权和私人所有权
不动产所有权	不动产所有权主要有土地所有权和房屋所有权。中国现行的不动产所有制，是土地只能为国家所有和集体所有，房屋可以私人所有，其中的住宅主要为私人所有。 中国的土地所有权只有国家所有权和集体所有权两种，房屋所有权则有国家所有权、集体所有权和私人所有权三种
业主的建筑物区分所有权	业主的建筑物区分所有权是指业主对建筑物内的住宅、经营性用房等专有部分享有其所有权，对专有部分以外的共有部分享有共有和共同管理的权利。 业主转让建筑物内的住宅、经营性用房，其对共有部分享有的共有和共同管理的权利一并转让
共有	共有是指两个以上权利主体（自然人、法人）对某项财产共同享有所有权。共有的权利主体称为共有人，客体称为共有财产或共有物，各共有人之间因财产共有形成的权利义务关系称为共有关系。 共有分为按份共有和共同共有。处分按份共有的财产，应经占份额 2/3 以上的按份共有人同意；处分共同共有的财产，应经全体共同共有人同意，但共有人之间另有约定的除外。因共有关系消灭而分割共有财产时，在不损害财产的经济价值的前提下，可以采取实物分割、变价分割及作价补偿的方式赔偿

四、用益物权的概述及种类（表 1-27）

表 1-27 用益物权的概述及种类

项目	内 容
用益物权	用益物权是指权利人依法对他人的财产享有占有、使用和收益的权利。 其具有的特征： （1）用益物权以对物的实际占有为前提，以使用、收益为目的； （2）用益物权是由所有权派生的物权； （3）用益物权是受限制的物权，只具有所有权权能中的部分权能； （4）用益物权是一项独立的物权； （5）用益物权一般以不动产为客体
种类	用益物权包括： （1）土地承包经营权，土地承包经营权人依法对其承包经营的耕地、林地、草地等享有占有、使用和收益的权利，有权从事种植业、林业、畜牧业等农业生产； （2）建设用地使用权，建设用地使用权人依法对国家所有的土地享有占有、使用和收益的权利，有权利用该土地建造建筑物、构筑物及其附属设施； （3）宅基地使用权，宅基地使用权人依法对集体所有的土地享有占有和使用的权利，有权依法利用该土地建造住宅及其附属设施； （4）地役权，地役权人有权按照合同约定，利用他人的不动产，以提高自己的不动产的效益

五、担保物权的概述及种类（表1-28）

表1-28　　　　　　　　　　　担保物权的概述及种类

项目	内容
担保物权	担保物权是指为了确保债务履行而设立的物权，当债务人不履行债务时，债权人依法享有就担保财产优先受偿的权利。 担保物权的特征： （1）担保物权以确保债务的履行为目的； （2）担保物权具有优先受偿的效力； （3）担保物权是在债务人或第三人的财产上设定的权利，是一种他物权； （4）担保物权是以担保物的交换价值为债务履行提供担保的，是以对所有人的处分权能加以限制而实现这一目的； （5）担保物权具有从属性和不可分性
种类	担保物权的种类包括： （1）抵押权，是指为担保债务的履行，债务人或者第三人不转移财产的占有，将该财产抵押给债权人，债务人不履行到期债务或者发生当事人约定的实现抵押权的情形，债权人就该财产优先受偿的权利； （2）质权，是指为了担保债务的履行，债务人或第三人将其动产或权利凭证移交债权人占有，当债务人不履行债务时，债权人有就其占有的动产或权利凭证的处分价款优先受偿的权利； （3）留置权，是指为了担保债务的履行，债权人按照合同的约定占有债务人的财产，在债务人逾期不履行债务时，债权人有留置该财产并就该财产优先受偿的权利

命题考点五　消费者权益保护法

一、消费者的权利（表1-29）

表1-29　　　　　　　　　　　消费者的权利

项目	内容
安全保障权	消费者在购买、使用商品和接受服务时享有人身、财产安全不受损害的权利。消费者有权要求经营者提供的商品和服务，符合保障人身、财产安全的要求
真情知悉权	消费者享有知悉其购买、使用的商品或者接受的服务的真实情况的权利
自主选择权	消费者享有自主选择商品或者服务的权利。消费者有权自主选择提供商品或者服务的经营者，自主选择商品品种或者服务方式，自主决定购买或者不购买任何一种商品、接受或者不接受任何一项服务。消费者在自主选择商品或者服务时，有权进行比较、鉴别和挑选
公平交易权	消费者享有公平交易的权利。消费者在购买商品或者接受服务时，有权获得质量保障、价格合理、计量正确等公平交易条件，有权拒绝经营者的强制交易行为
获取赔偿权	消费者因购买、使用商品或者接受服务受到人身、财产损害的，享有依法获得赔偿的权利
依法结社权	消费者享有依法成立维护自身合法权益的社会团体的权利
获得知识权	消费者享有获得有关消费和消费者权益保护方面的知识的权利
受尊重权	消费者在购买、使用商品和接受服务时，享有其人格尊严、民族风俗习惯得到尊重的权利
监督权	消费者享有对商品和服务以及保护消费者权益工作进行监督的权利

二、经营者的义务 (表 1-30)

表 1-30 经营者的义务

项目	内容
守法义务	经营者向消费者提供商品或者服务,应当依照《产品质量法》和其他有关法律、法规的规定履行义务。经营者和消费者有约定的,应当按照约定履行义务,但双方的约定不得违背法律、法规的规定
接受监督义务	经营者应当听取消费者对其提供的商品或者服务的意见,接受消费者的监督
保证消费者安全义务	经营者应当保证其提供的商品或者服务符合保障人身、财产安全的要求,对可能危及人身、财产安全的商品和服务,应当向消费者作出真实的说明和明确的警示,并说明和标明正确使用商品或者接受服务的方法以及防止危害发生的方法
真实信息告知义务	经营者应当向消费者提供有关商品或者服务的真实信息,不得作引人误解的虚假宣传
真实标志义务	经营者应当标明其真实名称和标记。租赁他人柜台或者场地的经营者,应当标明其真实名称和标记
出具单据义务	经营者提供商品或者服务,应当按照国家有关规定或者商业惯例向消费者出具购货凭证或者服务单据;消费者索要购货凭证或者服务单据的,经营者必须出具
质量保证义务	经营者应当保护在正常使用商品或者接受服务的情况下其提供的商品或者服务应当具有的质量、性能、用途和有效期限;但消费者在购买该商品或者接受该服务前已经知道其存在瑕疵的除外
售后服务义务	经营者提供商品或者服务,按照国家规定或者与消费者的约定,承担包修、包换、包退或者其他责任的,应当按照国家规定或者约定履行,不得故意拖延或者无理拒绝
禁止以告示等方式免责	经营者不得以格式合同、通知、声明、店堂告示等方式作出对消费者不公平、不合理的规定,或者减轻、免除其损害消费者合法权益应当承担的民事责任
禁止侵犯消费者人身权	经营者不得对消费者进行侮辱、诽谤,不得搜查消费者的身体及其携带的物品,不得侵犯消费者的人身自由

三、消费者权益争议的解决 (表 1-31)

表 1-31 消费者权益争议的解决

项目	内容
争议的解决	《消费者权益保护法》规定,消费者和经营者发生消费者权益争议的,可以通过以下途径解决: (1) 与经营者协商和解; (2) 请求消费者协会调解; (3) 向有关行政部门申诉; (4) 根据与经营者达成的仲裁协议提请仲裁机构仲裁; (5) 向人民法院提起诉讼

第二章 建筑和房地产测绘

命题考点一 建筑的概述

一、建筑的概念及建筑物的分类（表 2-1）

表 2-1　　　　　　　　　　　　　建筑的概念及建筑物的分类

项目		内　容
建筑物		建筑物有广义和狭义两种含义。 　广义的建筑物既包括房屋，也包括构筑物，是指人工建造的供人们进行生产、生活等活动的房屋或场所。 　狭义的建筑物主要是指房屋，不包括构筑物
建筑物的分类	建筑物的使用性质	建筑物按照使用性质，分为民用建筑、工业建筑和农业建筑三大类。 　民用建筑按照使用功能，分为居住建筑和公共建筑两类。居住建筑是指供家庭或个人居住使用的建筑；公共建筑是指供人们购物、办公、学习、旅行、体育、医疗等使用的非生产性建筑。 　工业建筑是指供工业生产使用或直接为工业生产服务的建筑。 　农业建筑是指供农业生产使用或直接为农业生产服务的建筑
	房屋层数或建筑总高度	房屋层数是指房屋的自然层数，建筑高度是指建筑物室外地面到其檐口或屋面面层的高度 　住宅按照层数，分为低层住宅、多层住宅、中高层住宅和高层住宅
	建筑结构	按照建筑结构，建筑物通常分为砖木结构、砖混结构、钢筋混凝土结构、钢结构和其他结构。 　按照结构类型，建筑物可分为砌体结构、框架结构、空间结构
	建筑施工方法	按照施工方法的不同，建筑物分为现浇、现砌式建筑；预制、装配式建筑；部分现浇现砌、部分装配式建筑
	建筑物耐火等级	建筑物的耐火等级是由组成建筑物的构件的燃烧性能和耐火极限决定的。根据材料的燃烧性能，将材料分为非燃烧材料、难燃烧材料和燃烧材料。用这些材料制成的建筑构件分别被称为非燃烧体、难燃烧体和燃烧体。 　耐火极限的单位为小时（h），是指从受到火的作用时起，到失去支持能力或发生穿透裂缝或背火一面的温度升高到 220 ℃时止的时间。 　建筑物的耐火等级分为一级、二级、三级、四级，其中一级的耐火性能最好，四级的耐火性能最差
	建筑设计使用年限	建筑设计标准要求建筑物应达到设计使用年限，是由建筑物的性质决定的
	房屋完损等级	房屋完损等级是根据房屋的结构、装修、设备三个组成部分的各个项目完好、损坏程度来划分的，分为完好房屋、基本完好房屋、一般损坏房屋、严重损坏房屋和危险房屋五类。 　房屋新旧程度（成新率）的判定标准是：（1）完好房屋：十、九、八成；（2）基本完好房屋：七、六成；（3）一般损坏房屋：五、四成；（4）严重损坏房屋及危险房屋：三成以下

二、建筑物的基本要求（表2-2）

表2-2 建筑物的基本要求

项目	内容
基本要求	作为使用人，对建筑物的要求概括起来是安全、适用、经济、美观。 安全是对建筑物最重要、最基本的要求。 适用的基本要求主要包括防水、保温、隔热、隔声、通风、采光、日照等方面良好，功能齐全，空间布局合理。 经济的基本要求是不仅一次性的购建价格不高，而且在使用过程中所需支出的费用也不高，即运营费用低，包括节省维修养护费，节约采暖、空调、照明的能耗等。 美观的基本要求是建筑造型和色彩使人有好感，特别是在外形方面不会让人产生不好的联想

命题考点二 建筑构件

一、建筑构件及构件的基本原理（表2-3）

表2-3 建筑构件及构件的基本原理

构件	内容
基础	基础是建筑物的组成部分，是建筑物地面以下的承重构件，它支撑着其上部建筑物的全部荷载，必须坚固、稳定而可靠
地基	不是建筑物的组成部分，是承受由基础传下来的荷载的土体或岩体。地基应具有足够的承载力；有均匀的压缩量，以保证均匀下沉；有防止产生滑坡、倾斜方面的能力
墙体和柱	墙体主要起承重、维护、分隔、装饰作用。 墙体应具有足够的强度和稳定性，满足工作面的性能，一定的隔声和防火，并能满足热工方面（保温、隔热、防止产生凝结水）的性能。 柱是建筑物中直立的起支持作用的构件
门和窗	门的主要作用是交通出入，分隔和联系建筑空间。窗的主要作用是采光、通风及观望。门和窗都应造型美观大方，构造坚固耐久，开启灵活，关闭紧严、隔声、隔热
地面	地面是指建筑物底层的地坪，主要作用是承受人、家具等荷载，并把这些荷载均匀地传给地基。常见的地面由面层、垫层和基层构成。面层是人们直接接触的表面，要求坚固耐磨、平整、光洁、防滑、易清洁、不起尘
楼板	楼板是分隔建筑物上下层空间的水平承重构件，主要作用是承受人、家具等荷载，并把这些荷载及自重传给承重墙或梁、柱、基础。 楼板应有足够的强度，能够承受使用荷载和自重；应有一定的刚度，在荷载作用下挠度变形不超过规定数值；应满足隔声要求，包括隔绝空气传声和固体传声；应有一定的防潮、防水和防火能力
梁	梁是跨过空间的横向构件，主要起结构水平承重作用，承担其上的楼板传来的荷载，再传到支撑它的柱或承重墙上。圈梁主要是为了提高建筑物整体结构的稳定性，环绕整个建筑物墙体所设置的梁

续表

构件	内　容
楼梯	楼梯是建筑物的垂直交通设施，供人们上下楼层、疏散人流或运送物品之用，一般由楼梯段、休息平台和栏杆、扶手组成
屋顶	屋顶是建筑物顶部起覆盖作用的围护构件，由屋面、承重结构层、保温隔热层和顶棚组成。其主要作用是抵御自然界的风、雨、雪以及太阳辐射、气温变化和其他外界的不利因素

命题考点三　建筑设备

一、建筑给水、排水系统及设备（表 2-4）

表 2-4　　　　　　　　　建筑给水、排水系统及设备

项目	内　容
给水系统	给水系统的作用是供应建筑物用水，满足建筑物对水量、水质、水压和水温的要求。其按供水用途，可分为生活给水系统、生产给水系统、消防给水系统三种
常用的供水方式	供水方式应当根据建筑物的性质、高度，用水设备情况，室外配水管网的水压、水量，以及消防要求等因素决定。常用的供水方式有： （1）直接供水方式，适用于室外配水管网的水压、水量能终日满足室内供水的情况。这种供水方式简单、经济且安全； （2）设置水箱的供水方式，适用于室外配水管网的水压在一天之内有定期的高低变化需设置屋顶水箱的情况； （3）设置水泵、水箱的供水方式，适用于室外配水管网的水压经常或周期性低于室内所需水压的情况； （4）分区、分压供水方式，适用于在多层和高层建筑中，室外配水管网的水压仅能供下面楼层用水，不能供上面楼层用水的情况
给水管道的布置	给水管道布置总的要求是管线尽量简短、经济，便于安装维修。给水管道的敷设有明装和暗装两种。目前给水管道的材料主要是塑料管材，其优点是耐腐蚀、耐久性好、易连接、不易渗漏
消防给水系统	在一般建筑物中，根据要求可设置消防与生活或生产结合的联合给水系统。对于消防要求高的建筑物或高层建筑，应设置独立的消防给水系统。 消火栓系统是最基本的消防给水系统，已在高层建筑物中广泛使用。在火灾危险性较大、燃烧较快、无人看管或防火要求较高的建筑物中，需装设自动喷淋消防给水系统，当火灾发生时，能自动喷水扑灭火灾，同时又能自动报警
排水系统的分类	建筑排水系统按其排放的性质，一般可分为生活污水、生产废水、雨水三类排水系统。排水系统力求简短，安装正确牢固，不渗不漏，使管道运行正常，通常由卫生器具和排水管道组成

二、建筑采暖、通风和空调系统及设备（表2-5）

表 2-5 　　　　　　　建筑采暖、通风和空调系统及设备

项目		内 　容
采暖系统的作用		通过散热设备不断地向房间供给热量，以补偿房间内的热耗失量，维持室内一定的环境温度
常用的采暖方式	区域供热	大规模的集中供热系统是由一个或多个大型热源产生的热水或蒸汽，通过区域供热管网，供给地区以至整个城市的建筑物采暖、生活或生产用热
	集中采暖	由热源（锅炉产生的热水或蒸汽作为热媒）经输热管道送到采暖房间的散热器或地热管中，放出热量后，经回水管道流回热源重新加热，循环使用
	局部供暖	将热源和散热设备合并成一个整体分散设置在各个采暖房间
采暖系统的类型		采暖系统分为热水采暖系统和蒸汽采暖系统。与热水采暖相比，蒸汽采暖热得快，冷得也快，多适用于间歇性的采暖建筑
通风系统		为了维持室内合适的空气环境湿度与温度，需要排出其中的余热余湿、有害气体、水蒸气和灰尘，同时送入一定质量的新鲜空气，以满足人体卫生或生产车间工艺的要求。 通风系统按动力，分为自然通风和机械通风；按作用范围，分为全面通风和局部通风；按特征，分为进气式通风和排气式通风
空调系统		空气调节是使室内的空气温度、相对湿度、气流速度、洁净度等参数保持在一定范围内的技术，是建筑通风的发展和继续。 空气调节工程一般可由空气处理设备，空气输送管道以及空气分配装置的各种风口和散流器，还有调节阀门、防火阀等附件组成。 按空气处理的设置情况分类，空调系统可以分为集中式系统、分布式系统、半集中式系统

三、建筑电气、燃气供应系统及设备（表2-6）

表 2-6 　　　　　　　建筑电气、燃气供应系统及设备

项目	内 　容
建筑室内配电	室内配电用的电压，最普通的为 220 V/380 V 三相四线制、50 Hz 交流电压。220 V 单相负载用于电灯照明或其他家用电器设备，380 V 三相负载多用于有电动机的设备。 室内配电设备包括： （1）导线，是供配电系统中一个重要组成部分，包括导线型号与导线截面的选择； （2）配电箱，是接受和分配电能的装置； （3）电开关，包括刀开关和自动空气开关，开关系统中一般还应设置熔断器，主要用来保护电气设备免受过负荷电流和短路电流的损害； （4）电表，用来计算用户的用电量，并根据用电量来计算应缴电费数额。选用电表时要求额定电流大于最大负荷电流； （5）防雷装置，建筑物的防雷装置一般由接闪器（避雷针、避雷带或避雷网）、引下线和接地装置三个部分组成，避雷针是作防雷用，其功能不在于避雷，而是接受雷电流，一般情况下，优先考虑采用避雷针，也可采用避雷带或避雷网

续表

项目	内　容
城市燃气供应方式	燃气是一种气体燃料，根据其来源，可分为天然气、人工煤气和液化石油气。 城市燃气一般采用管道供应，其供应系统由气源、供应管网及储备站、调压站等组成。 根据输送压力的不同，可分为低压管网（P≤5 kPa）、中压管网（5 kPa<P≤150 kPa）、次高压管网（150 kPa<P≤300 kPa）、高压管网（300 kPa<P≤800 kPa）
室内燃气供应系统	室内燃气供应系统由室内燃气管道、燃气表和燃气用具等组成。燃气经过室内燃气管道、燃气表再到达各个用气点。 室内燃气管道由引入管、立管和支管等组成，不得穿过变配电室、地沟、烟道等地方。 燃气表所在的房间室温应高于 0 ℃，一般直接挂装在墙上

四、电梯、设备层和管道井（表 2-7）

表 2-7　　　　　　　　　　电梯、设备层和管道井

项目	内　容
电梯	电梯是沿固定导轨自一个高度运行至另一个高度的升降机，是一种建筑物的竖向交通工具。 电梯的设置首先应考虑安全可靠，方便用户，其次才是经济。电梯及电梯厅应适当集中，位置要适中，以便各层和层间的服务半径均等。设置电梯应符合以下要求： （1）7 层以上（含 7 层）的住宅或住户入口层楼面距室外设计地面的高度超过 16 m 以上的住宅，必须设置电梯； （2）12 层以上（含 12 层）的住宅，设置电梯不应少于两台，其中宜配置一台可容纳担架的电梯； （3）高层住宅电梯宜每层设站，当住宅电梯非每层设站时，不设站的层数不应超过两层
设备层	设备层是指将建筑物某层的全部或大部分作为安装空调、给排水、电梯机房等设备的楼层。它在高层建筑中是保证建筑设备正常运行所不可缺少的。建筑高度在 30 m 以下的建筑，设备层通常设在地下室或顶层
管道井	管道井又称设备管道井，是指在高层建筑中专门集中垂直安放给排水、供暖、供热水等管道的竖向钢筋混凝土井。在高层建筑中，管道井以及排烟道、排气道等竖向管道，应分别独立设置

五、综合布线系统和楼宇智能化（表 2-8）

表 2-8　　　　　　　　　　综合布线系统和楼宇智能化

项目	内　容
综合布线系统	综合布线是由线缆和相关连接件组成的信息传输通道或导体网络。 综合布线系统具有兼容性、灵活性、可靠性、先进性和重构性的优点
楼宇智能化	楼宇智能化是以综合布线系统为基础，综合利用现代 4C 技术（现代计算机技术、现代通信技术、现代控制技术、现代图形显示技术），在建筑物内建立一个由计算机系统统一管理的一元化集成系统，全面实现对通信系统、办公自动化系统和各种建筑设备（空调、供热、给排水、变配电、照明、电梯、消防、公共安全）等的综合管理。 楼宇智能化系统主要由通信自动化、办公自动化及楼宇自动化三部分组成

命题考点四　建筑识图

一、施工图的概述（表 2-9）

表 2-9　　　　　　　　　　　施工图的概述

项目	内容
施工图	房屋建筑图是指将一幢拟建建筑物的内外形状和大小，以及各部分的结构、构造、装饰、设备等内容，按照有关规范规定，用正投影方法，详细准确地画出的图样。 　一套完整的施工图，根据其专业内容或作用不同，一般分为：图纸目录；设计总说明；建筑施工图（总平面图、平面图、立面图、剖面图和建筑详图）；结构施工图；设备施工图
常见的表格和符号	（1）标题栏，在标题栏中，工程名称是指某建设项目的名称；项目是指该建设项目中的具体工程；图名常用以表明本张图的主要内容。 　（2）比例尺，图上的（长度）距离和实际的（长度）距离的比叫做比例尺。比例尺的大小即是指比值的大小。 　（3）定位轴线，定位轴线是指确定各主要承重构件相对位置的基准线。定位轴线在施工图中是用细点画线绘制，在其端部用细实线画有圆圈，圆圈内的数字或字母为定位轴线的编号。 　（4）尺寸，施工图中均标注有尺寸，尺寸标注包括尺寸界线、尺寸线、尺寸起止符号和尺寸数字。图样上的尺寸均以尺寸数字为准，不得从图上直接量取。单位除标高及总平面以米（m）为单位外，其他均以毫米（mm）为单位，尺寸数字后一般不写单位。 　（5）标高，是用来表示建筑物某一部位的高度，用"▽"表示。标高数字注写在标高符号的左侧或右侧
设计总说明	施工图的设计总说明一般包括： 　（1）施工图的设计依据； 　（2）工程项目的设计规模和建筑面积； 　（3）工程地质、水文、气象、地震等资料； 　（4）工程项目的相对标高与总平面图绝对标高的对应关系； 　（5）室内、室外的用料说明，如砖、砂浆的强度等级； 　（6）墙身防潮层、屋面、室内外装修等的构造做法； 　（7）采用新技术、新材料或有特殊要求的做法说明； 　（8）门窗表。 以上各项内容，对于简单的工程，也可分别在各专业图纸上写成文字说明

二、建筑施工图（表 2-10）

表 2-10　　　　　　　　　　　建筑施工图

项目	内容
建筑施工图	建筑施工图表示建筑物的内部布置情况、外部形状，以及装修、构造、施工要求等
建筑总平面图	建筑总平面图是用来说明建筑场地内的建筑物、道路、绿化等的总体布置的平面图
建筑平面图	建筑平面图是假想用一水平的剖切面沿门窗洞位置将建筑物剖切后，对剖切面以下部分所作的水平投影图。它可反映出建筑物的平面形状、大小和布置；墙、柱的位置、尺寸和材料；门窗的类型和位置等

续表

项目	内　　容
建筑立面图	建筑立面图是平行于建筑物各方向外墙面的正投影图，用来表示建筑物的体型和外貌，并表明外墙面装饰要求等的图样
建筑剖面图	建筑剖面图是假想用一竖向的剖切面沿建筑物的某一部位将其剖切后，对剖切显露部分的正投影图。它用以表示建筑物内部的结构或构造形式、分层情况和各部位的联系、材料及其高度等
建筑详图	建筑详图是建筑细部的施工图，是建筑平面图、立面图、剖面图的补充

三、设备施工图（表 2-11）

表 2-11　　　　　　　　　　　　　　　设备施工图

项目	内　　容
给排水施工图	给排水施工图一般分为室内给排水和室外给排水两部分。室内部分表示一幢建筑物的给水和排水工程。室外部分则表示一个区域的给水和排水管网
采暖施工图	采暖施工图一般分为室内和室外两部分。室内部分表示一幢建筑物的采暖工程。室外部分则表示一个区域的采暖管网
通风施工图	通风施工图的组成主要包括通风系统布置图、系统轴测图及节点详图等
电气施工图	电气施工图主要有系统图和接线原理图。各系统一般根据建筑物的建造标准单独成图，或按强电、弱电等归类绘图

命题考点五　　房地产测绘

一、测绘中的基本概念（表 2-12）

表 2-12　　　　　　　　　　　　　　测绘中的基本概念

项目	内　　容
测绘和房地产测绘	测绘是测量和绘图的统称。测量是指用仪器测定地球表面各种自然物体和人造物体的形状、大小、空间位置等。绘图是指将测量所获取的地球表面各种自然物体和人造物体的形状、大小、空间位置等信息，按一定规则客观反映到图纸上。 　房地产测绘是对房屋和土地进行测绘，其目的是为房地产产权、产籍管理和房地产交易等提供基础数据和图档资料
平面位置和高程	测绘工作的基本任务是测定地面点的空间位置。地面点的空间位置由平面位置（坐标）和高程来确定。 　平面位置。测量的基准面是大地水准面，地面点的平面位置用该点在大地水准面上的位置来表示。水处于静止时的表面称为水准面；与水准面相切的平面称为水平面；海洋处于静止时的表面并延伸穿过整个大陆、岛屿所形成的闭合曲面称为大地水准面。 　高程。测量的基准线是铅垂线，即重力方向线。地面点到大地水准面的铅垂距离称为绝对高程，即"海拔"。水准面有无数多个，点到除大地水准面之外的任一水准面的铅垂距离，称为相对高程。地面上两点间高程之差，称为高差

续表

项目	内 容
丘和幢	在房屋用地调查与测绘中是以丘为单元分户进行的。丘是指地表上一块有界空间的地块。 房屋调查与测绘是以幢为单元分户进行的。幢是指一座独立的,包括不同结构和不同层次的房屋

二、地形图和房地产图 (表 2-13)

表 2-13 地形图和房地产图

项目	内 容
地形图及其内容	在测绘工作中,地形是地物和地貌的总称。地形图是按照一定的比例,用规定的符号表示地物、地貌的平面位置和高程的正射投影图。由于地形图具有现实性和可量测性的特点,决定了它是基础用图,可作为各种专题地图的底图。 地形图的主要内容有水系、地貌、居民地、交通线、境界线和土质植被等要素。 地形图比例尺的大小,与其内容的详细程度和精度有关。一幅地形图,当幅面一定时,比例尺越大,其图幅所包括的实地范围就越小,图上显示的地物和地貌的情况就越详细,精度也越高。 地物、地貌在地形图上是按照统一规范的符号表示的。地物一般用地物符号加注记表示,地物符号有比例符号、非比例符号和半比例符号。注记是用文字、数字或特有符号对地物加以说明。地貌一般用等高线表示。等高线是地面上高程相等的相邻点连接形成的闭合曲线。同一幅地形图中,等高线越密,地面坡度就越大;反之,地面坡度就越小
房地产图及其内容	房地产图是地籍图、宗地图和房产图的统称。 地籍图是地籍测量绘制的图件,是用来说明和反映地籍调查区域内各宗土地的分布、境界、位置和面积的,经过土地登记具有法律效力的专题地图。地籍图的特点是土地权属界线精确,具有法律效力和明显的专业性。是土地登记、统计和确认权属的法律依据。 宗地图是通过实地调查绘制的,是核发土地权属证书和地籍档案的附图。主要包括宗地的宗地号、地类号、宗地面积、界址点及界址点号、界址边长、邻宗地号及邻宗地界址示意线等内容。 房产图是房产产权、产籍管理的重要资料。按照房产管理的需要,房产图分为房产分幅平面图(简称分幅图)、房产分丘平面图(简称分丘图)和房产分户平面图(简称分户图)

三、土地面积的概念和种类 (表 2-14)

表 2-14 土地面积的概念和种类

项目	内 容
土地面积	土地面积主要是指与土地权属有关的土地面积,它主要有宗地面积和共有土地分摊面积。在这种情况下,所测土地面积通常是指地表面积在其水平面上相应的投影面积,即水平投影面积
种类	不计入宗地面积范围的有: (1)无明确使用权属的冷巷、巷道或间隙地; (2)市政管辖的道路、街道、巷道等公共用地

项目	内　　容
种类	（3）公共使用的河滩、水沟、排污沟； （4）已征收、划拨或者属于原房地产证记载范围，经规划部门核定需要作市政建设的用地； （5）其他按规定不计入宗地面积的

四、土地面积测算的方法（表 2-15）

表 2-15　　　　　　　　　　土地面积测算的方法

方法	内　　容
土地面积测算	土地面积测算的方法可分为图解法和解析法两大类。 从图上直接量算面积或由图上采集数据计算面积的称为图解法。 由实地采集计算元素（坐标、边长等）用数学公式或数学模型计算面积的称为解析法
几何图形法	在实地量算土地面积时，对于规则图形的土地，可直接量测这些图形的计算元素（主要是边长），用数学公式计算出面积。对于不规则的土地，可将它们分解为若干规则图形的土地，然后量测各图形的计算元素（主要是边长），用数学公式分别计算面积，再将这些面积加总
坐标法	坐标法的计算公式： $$S = \frac{1}{2}\sum_{i=1}^{n} X_i(Y_{i+1} - Y_{i-1}) \text{ 或 } S = \frac{1}{2}\sum_{i=1}^{n} Y_i(X_{i-1} - X_{i+1})$$ 式中　S——面积（m²）； 　　　X_i——第 i 个界址点的纵坐标（m）； 　　　Y_i——第 i 个界址点的横坐标（m）； 　　　i——界址点的序号，$i = 1, 2, \cdots, n$，按顺时针方向编号； 　　　n——界址点的个数。 取得坐标的基本方法有从实地取得和从图上取得两种
求积仪法	求积仪法是利用求积仪，在图上沿着所需量算面积的图形的轮廓线描绘而求得该图形的面积
求积透明膜片法	求积透明膜片法是在透明膜片上建立一组有单位面积的方格、网点或平行线等，然后将透明膜片蒙在所测图形上，通过计算图形内的方格、网点或平行线的数量，求得图形上的面积值，再根据图的比例尺，算出所测图形的实地面积值

五、房屋面积的种类和房屋面积测算一般规定（表 2-16）

表 2-16　　　　　　房屋面积的种类和房屋面积测算一般规定

项目	内　　容
种类	房屋面积主要有建筑面积、使用面积，成套房屋还有套内建筑面积、共有建筑面积、分摊的共有建筑面积，住宅还有居住面积，此外还有预测面积、实测面积、合同约定面积、产权登记面积

续表

项目	内容
一般规定	房屋测算的一般规定主要有： （1）房屋面积测算是指水平投影面积测算； （2）房产面积的精度分为三级； （3）房屋面积测算必须独立进行两次，其较差应在规定的限差以内，取简单算术平均数作为最后结果； （4）量距应使用经检定合格的卷尺或其他能达到相应精度的仪器和工具； （5）边长以米（m）为单位，取至 0.01 m；面积以平方米（m²）为单位，取至 0.01 m²

六、房屋建筑面积的测算（表 2-17）

表 2-17　　　　　　　　　　　房屋建筑面积的测算

项目	内容
一般规定	（1）计算建筑面积的房屋，应是永久性结构的房屋。 （2）计算建筑面积的房屋，层高应在 2.20 m 以上。 （3）同一房屋如果结构、层数不相同时，应分别计算建筑面积
计算全部建筑面积的范围	（1）单层房屋，按一层计算建筑面积；二层以上（含二层，下同）的房屋，按各层建筑面积的总和计算建筑面积。 （2）房屋内的夹层、插层、技术层及其楼梯间、电梯间等高度在 2.20 m 以上的部位计算建筑面积。 （3）穿过房屋的通道，房屋内的门厅、大厅，均按一层计算面积。门厅、大厅内的回廊部分，层高在 2.20 m 以上的，按其水平投影面积计算。 （4）属永久性建筑有柱的车棚、货棚等，按柱的外围水平投影面积计算。 （5）房屋天面上，属永久性建筑，层高在 2.20 m 以上的楼梯间、水箱间、电梯机房及斜面结构屋顶高度在 2.20 m 以上的部位，按其外围水平投影面积计算。 （6）有柱（不含独立柱、单排柱）或有围护结构的门廊、门斗，按其柱或围护结构的外围水平投影面积计算
计算一半建筑面积的范围	（1）与房屋相连有上盖无柱的走廊、檐廊，按其围护结构外围水平投影面积的一半计算。 （2）独立柱、单排柱的门廊、车棚、货棚等属永久性建筑的，按其上盖水平投影面积的一半计算。 （3）未封闭的阳台、挑廊，按其围护结构外围水平投影面积的一半计算。 （4）无顶盖的室外楼梯按各层水平投影面积的一半计算
不计算建筑面积的范围	（1）层高在 2.20 m 以下（不含 2.20 m，下同）的夹层、插层、技术层和层高在 2.20 m 以下的地下室和半地下室。 （2）突出房屋墙面的构件、配件、装饰柱、装饰性的玻璃幕墙、垛、勒脚、台阶、无柱雨篷等。 （3）独立烟囱、亭、塔、罐、池、地下人防干、支线。 （4）建筑物内的操作平台、上料平台及利用建筑物的空间安置箱、罐的平台
特殊情况下计算建筑面积的规定	（1）同一楼层外墙，既有主墙，又有玻璃幕墙的，以主墙为准计算建筑面积，墙厚按主墙体厚度计算。 （2）全封闭阳台、有柱挑廊、有顶盖封闭的架空通廊的外围水平投影超过其底板外沿的，以底板水平投影计算建筑面积。 （3）对倾斜、弧状等非垂直墙体的房屋，层高（高度）2.20 m 以上的部位计算建筑面积。房屋墙体向外倾斜，超出底板外沿的，以底板水平投影计算建筑面积。 （4）室外楼梯的建筑面积，按其在各楼层水平投影面积之和计算

七、屋建筑面积的测算（表 2-18）

表 2-18   成套房屋建筑面积的测算

项目		内　容
成套房屋建筑面积		分幢建筑面积是指以整幢房屋为单位的建筑面积。分层建筑面积是指以房屋某层或某几层为单位的建筑面积。分单元建筑面积是指以房屋某间或某几个套间为单位的建筑面积。分户建筑面积是指以一个套间为单位的建筑面积。分层建筑面积的总和，分单元建筑面积的总和，分户建筑面积的总和，均等于分幢建筑面积。成套房屋建筑面积通常是指分户建筑面积
成套房屋建筑面积的组成		成套房屋的建筑面积由套内建筑面积和分摊的共有建筑面积组成，即： 　　　　建筑面积＝套内建筑面积＋分摊的共有建筑面积 　　成套房屋的套内建筑面积由套内房屋使用面积、套内墙体面积、套内阳台建筑面积三部分组成，即： 　　　套内建筑面积＝套内房屋使用面积＋套内墙体面积＋套内阳台建筑面积
套内房屋使用面积的计算		套内房屋使用面积为套内房屋使用空间的面积，以水平投影面积按套内使用面积为套内卧室、起居室、过厅、过道、厨房、卫生间、厕所、贮藏室、壁柜等空间面积的总和；套内楼梯按自然层数的面积总和计入使用面积；不包括在结构面积内的套内烟囱、通风道、管道井均计入使用面积；内墙面装饰厚度计入使用面积计算
分摊的共有建筑面积的计算	类型	根据房屋共有建筑面积的不同使用功能（住宅、商业、办公等），应分摊的共有建筑面积分为幢共有建筑面积、功能共有建筑面积、本层共有建筑面积三大类
	内容	共有建筑面积的内容包括：作为公共使用的电梯井、管道井、楼梯间、垃圾道、变电室、设备间、公共门厅、过道、地下室、值班警卫室等，以及为整幢服务的公共用房和管理用房的建筑面积，以水平投影面积计算；套与公共建筑之间的分隔墙，以及外墙（包括山墙）水平投影面积一半的建筑面积。 　　不计入共有建筑面积的内容有：独立使用的地下室、车棚、车库；作为人防工程的地下室、避难室（层）；用作公共休憩、绿化等场所的架空层；为建筑造型而建，但无实用功能的建筑面积
	原则	产权各方有合法产权分割文件或协议的，按其文件或协议规定进行分摊。无产权分割文件或协议的，根据房屋共有建筑面积的不同使用功能，按相关房屋的建筑面积比例进行分摊
	计算公式	按套内建筑面积比例进行分摊，各套应分摊的共有建筑面积的计算公式为： $$\delta S_i = K \cdot S_i$$ $$K = \sum \delta S_i / \sum S_i$$ 式中　δS_i——各套应分摊的共有建筑面积（m²）； 　　　K——共有建筑面积的分摊系数； 　　　S_i——参加共有建筑面积分摊的各套内建筑面积（m²）； 　　$\sum \delta S_i$——应分摊的共有建筑面积（m²）； 　　$\sum S_i$——参加共有建筑面积分摊的各套内建筑面积之和（m²）
	分摊的方法	将房屋分为单一住宅功能的住宅楼，商业与住宅两种功能的商住楼，商业、办公等多种功能的综合楼三种类型。 　　住宅楼，以幢为单位，按各套内建筑面积比例分摊共有建筑面积。 　　商住楼，以幢为单位，根据住宅和商业的不同使用功能，将应分摊的共有建筑面积分为住宅专用的共有建筑面积，商业专用的共有建筑面积，住宅与商业共同使用的共有建筑面积。其中，住宅专用的共有建筑面积和商业专用共有建筑面积直接作为住宅和商业部分的共有建筑面积；住宅与商业共同使用的共有建筑面积，按住宅与商业的建筑面积比例分摊给住宅和商业。 　　综合楼，多功能综合楼共有建筑面积按各自的功能，参照上述商住楼分摊的方法进行分摊

第三章 建筑装饰装修和材料

命题考点一 建筑装饰装修的概述

一、建筑装饰装修基本概念（表3-1）

表3-1   建筑装饰装修基本概念

项目	内容
建筑装饰装修	建筑装饰装修是指为了保护建筑物的主体结构、完善建筑物的使用功能和美化建筑物，采用装饰装修材料或饰物，对建筑物的内外表面和空间进行的各种处理
分类	建筑装饰装修可分为建筑装饰和建筑装修。 建筑装修是建筑物主体结构工程以外为了满足功能需要所进行的装饰和修饰。建筑装饰则是为了满足视觉要求对建筑物进行的艺术加工。 根据装饰装修的建筑物部位不同，建筑装饰装修可分为室外装饰装修和室内装饰装修

二、建筑装饰装修风格的内涵及其影响因素（表3-2）

表3-2   建筑装饰装修风格的内涵及其影响因素

项目	内容
建筑装饰装修风格	建筑装饰装修风格是指建筑物通过装饰装修所表现出来的主要艺术特点或者个性。通常多表现在形式上，能积极或者消极地影响文化、艺术以及诸多的社会因素
影响因素	影响建筑装饰装修风格的因素可分为外在因素和内在因素。 外在因素包括民族特性、社会体制、生活方式、文化潮流、科技发展、风俗习惯、宗教信仰、气候特点、地理位置等。内在因素包括个人或群体创作与构思，从而一是决定了建筑装饰装修的内容、视觉上的愉悦感和文化内涵，使人们在心理和精神上得到平衡；二是体现艺术特点和创作个性，创造出功能合理、舒适优美、满足人们物质和精神生活需要的环境

三、室内装饰装修风格的类型（表3-3）

表3-3   室内装饰装修风格的类型

类型	内容
传统风格	传统风格常常给人以历史延续和地域文脉的感受，它使室内环境突出了民族文化渊源的形象特征。 在中国主要是以宫廷为代表的古典传统风格，其特点是高空间、大进深，造型讲究对称，色彩对比鲜明，但装饰装修费用较高且较缺乏现代气息，在住宅中只能点缀使用。 西方传统风格主要有：古罗马风格；哥特式风格；意大利风格；巴洛克风格；洛可可风格以及伊斯兰风格
现代风格	现代风格产生于19世纪末，重视功能和空间组织，崇尚合理的构成工艺，讲究材料自身的质地和色彩的配置效果，发展了非传统的以功能布局为依据的不对称的构图手法

续表

类型	内 容
后现代风格	后现代风格产生于 20 世纪 60 年代后，强调建筑及室内装饰装修应具有历史的延续性，讲究建筑形象特征、隐喻性和装饰性。 当代建筑装饰已突破现代主义的饰面装修工程范畴，出现了建筑装饰追求多样化、大众化和个性化趋向
自然风格	自然风格的室内装饰装修多用木料、织物、石材等天然材料，显示材料的纹理、清新和淡雅，强调要在审美上推崇自然、结合自然
混合型风格	混合型风格提倡室内装饰装修在总体上呈现多元化和兼容并蓄，在设计中不拘一格，运用多种体例，其特点是匠心独运，深入推敲了室内装饰装修的形体、色彩、材质等方面的总体构图和视觉效果

四、室内装饰装修流派的类型（表 3-4）

表 3-4 室内装饰装修流派的类型

类型	内 容
高技派	高技派也称为重技派，突出当代工业技术成就，并在建筑形体和室内环境设计中加以渲染，崇尚"机械美"，在室内暴露梁板、网架等结构构件以及暖通风管、线缆桥架等各种设备和管道，强调工艺技术与时代感
光亮派	光亮派也称为银色派，强调在室内装饰装修中突出新型材料及现代加工工艺的精密细致及光亮效果，往往在室内大量采用镜面及平曲面玻璃、不锈钢、磨光的花岗石、大理石和玉石等作为装饰面材，通常使用投射、折射等各类新型光源和灯具
白色派	白色派也称为平淡派，在室内装饰装修的特点是朴实无华，室内各界面乃至家具等常以白色为基调，简洁明确，不提倡装饰
新洛可可派	洛可可原为 18 世纪盛行于欧洲宫廷的一种建筑装饰风格，以精细轻巧和繁复的雕饰为特征，具有华丽而略显浪漫、传统中仍不失有时代气息的装饰氛围
风格派	风格派的室内装饰装修，在色彩及造型方面都具有极为鲜明的特征与个性，常以几何方块为基础，对建筑室内外空间采用内部空间与外部空间穿插统一构成为一体的手法，并以屋顶、墙面的凹凸和强烈的色彩对块体进行强调。 风格派对室内装饰和家具经常采用几何形体以及红、黄、青三原色，或以黑、灰、白等色彩相配置
超现实派	追求超越现实的艺术效果，在室内布置中通常采用异常的空间组织，曲面或具有流动弧线型的界面，造型奇特的家具与设备，有时还以现代绘画或雕塑来烘托超现实的室内环境气氛，较为适应具有视觉形象特殊要求的某些展示或娱乐的室内空间
装饰艺术派	起源于 20 世纪 20 年代法国巴黎，后传至美国等各地。装饰艺术派善于运用多层次的几何线型及图案，重点装饰建筑内外门窗线脚、檐口及建筑腰线、顶角线等部位

五、室外装饰装修风格的原则及其类型（表3-5）

表3-5   室外装饰装修风格的原则及其类型

项目	内 容
室外装饰装修	室外装饰装修也称为外立面装饰装修，是指建筑物的外部空间直接接触的界面以及其展现出来的形象和构造方式，包括屋顶在内的所有外围护部分
原则	室外装饰装修的原则主要有： （1）时代性原则； （2）地域性原则； （3）大众性原则； （4）经济性原则
类型 — 古典主义风格的外立面	中国古代建筑以木结构为代表，其主要特点是结构灵巧、风格优雅。古典建筑的外立面基本由台基、屋身、屋顶三大部分组成。台基一般由砖石砌成、承托着整个建筑物；屋身一般采取明间面阔略大、两侧面阔递减的方式；屋身墙体不承受屋顶重量，因此外墙可以灵活处理；屋顶是中国古典建筑最具特色的造型要素之一，对建筑物的美观和风格起着决定性作用。 西方古建筑的外立面主要分为：古希腊风格建筑的外立面，古罗马风格建筑的外立面，哥特式风格建筑的外立面，文艺复兴时期建筑的外立面，古典主义风格建筑的外立面
类型 — 现代主义风格建筑的外立面	现代主义风格建筑的外立面反映当代建筑工业化时代精神，建筑造型自由且不对称，外立面简洁、明亮、轻快
类型 — 后现代主义风格建筑的外立面	后现代主义起源于20世纪60年代的美国，活跃于20世纪七八十年代。后现代主义建筑注重地方传统，强调借鉴历史，建筑内容丰富
类型 — 生态建筑的外立面	自然环境是生态建筑存在的根本，并强度关注环保的同时，给使用者以足够关心。 具有环保、低碳、节能的新技术、新材料与建筑造型的创新均为生态建筑的外立面提供了广阔的空间

命题考点二　外墙装饰装修

一、室外装饰装修的基本要求（表3-6）

表3-6   室外装饰装修的基本要求

项目	内 容
基本要求	室外装饰装修的基本要求： （1）保护墙体、装饰立面； （2）与工程技术密切配合； （3）满足人们对建筑物的精神需要和艺术欣赏要求； （4）与整体环境保持一致； （5）要结合经济条件量力而行

二、外墙面装饰构造（表3-7）

表 3-7 外墙面装饰构造

构造	内 容
抹灰类	抹灰类外墙面装饰是中国传统的饰面做法，是用各种加色的、不加色的水泥砂浆或石灰砂浆、混合砂浆、石膏砂浆等做成的各种装饰抹灰层。其材料来源丰富、造价较低、施工操作简便，具有保护墙体、发挥墙体物理性能等功能。属于中、低档装饰，在墙面装饰中应用广泛。 抹灰的构造层次通常由底层、中间层和面层三部分组成。 按建筑标准及不同墙体，抹灰可分为普通抹灰，中级抹灰和高级抹灰
贴面类	贴面类外墙面装饰是指将各种天然的或人造板材通过构造连接或镶贴的方法形成墙体装饰面层。它具有坚固耐用、装饰性强、容易清洗等优点。常用的贴面材料可分为：天然石材、陶瓷制品及预制块材。 由于材料的形状、重量、适用部位不同，轻而小的块材可以直接镶贴，大而厚的块材一般须采用干挂或挂贴方式，高度低的部位也可采用粘贴方式
涂刷类	涂刷类外墙面装饰是指将建筑涂料涂刷于墙基表面并与之很好黏结，形成完整而牢固的膜层，以对墙体起到保护与装饰的作用。这种装饰具有工效高、工期短、自重轻、造价低等优点。 涂料类装饰外墙面构造做法：平整基层后满刮腻子，对墙面找平，用砂纸磨光，然后再用第二遍腻子进行修整，以保证坚实牢固、平整、光滑、无裂纹，潮湿房间的墙面可适当增加腻子的胶用量或选用耐水性好的腻子或加一遍底漆。待墙面干燥后便进行施涂，涂刷遍数一般为两遍，颜色要均匀一致。在同一墙面应使用同一批号的涂料。每遍涂料施涂厚度应均匀，且后一遍应在前一遍干燥后进行，以保证各层结合牢固，不发生皱皮、开裂
铺钉类	铺钉类外墙面装饰是指将各种装饰面板通过镶、钉、拼贴等构造手法固定于骨架上构成的墙面装饰，其特点是无湿作业，饰面耐久性好。 常用的面板有玻璃和金属薄板等。骨架多为木骨架和金属骨架
清水墙	清水墙是指墙面不加其他覆盖性装饰面层，只在墙面进行勾缝或模纹处理，利用墙面材料的质感和颜色，以取得装饰效果的一种墙体的装饰方法。这种装饰具有耐久性好、不易变色的特点。 清水墙饰面主要有砖墙、石墙和混凝土墙面

三、幕墙和玻璃幕墙（表3-8）

表 3-8 幕墙和玻璃幕墙

项目	内 容
幕墙	幕墙是建筑中一种将外墙和外窗合二为一的外围护墙的形式，是集防风、遮雨、保温、隔热、防噪声和防空气渗透等使用功能，并与建筑装饰功能有机融合为一体的外围护结构。 具有装饰效果明快开朗，总量轻、抗震性能好，施工简便、工期短、维修方便，使建筑增加有效使用面积的特点
玻璃幕墙的组成	玻璃幕墙一般由骨架材料、幕墙玻璃材料和填缝密封材料组成。 骨架的材料主要是各种型材，常用的有钢材、铝型材和不锈钢型材三大类。 幕墙玻璃材料主要为热反射玻璃，还有吸热玻璃、夹层玻璃、夹丝玻璃、浮法透明玻璃、中空玻璃和钢化玻璃等。 密封材料是用于幕墙面板安装及块与块之间缝隙处理的各种材料的总称，通常有填充材料、密封固定材料和防水密封材料三种

续表

项目	内 容
玻璃幕墙的结构类型	玻璃幕墙结构类型主要有： （1）全玻式玻璃幕墙； （2）型钢框架结构体系； （3）铝合金型材框架结构体系； （4）铝合金隐蔽框架结构体系； （5）不锈钢索玻璃幕墙
玻璃幕墙构造要求	玻璃幕墙作为一种围护或分隔结构，在用料方面的质量指标应符合：满足自身强度要求；满足空气渗透性能要求；满足保温隔热性能要求；满足平面内变形性能要求；满足玻璃幕墙保养与维修要求；满足其他性能要求

四、建筑外立面的视觉（表 3-9）

表 3-9   建筑外立面的视觉

项目	内 容
统一变化	统一变化规律是形式美规律中应遵循的最基本规律
比例尺度	建筑物的比例是对建筑物形象的整体和局部的量度的推敲，从而确定建筑物长、宽、高三个方向度量的比例关系
均衡稳定	均衡是指利用空间或形体的元素进行组合的基本方式，或者说均衡是直觉或概念上的等量状态。根据建筑立面设计的构图可分为对称均衡和非对称均衡两种形式。 稳定主要是指建筑造型在上下关系处理上所产生的艺术效果
节奏韵律	节奏韵律在建筑立面中是指立面构图中有组织的变化和有规律的重复，这些变化犹如乐曲中的节奏一般形成了韵律感，给人以视觉上美的感受。 使用韵律进行设计构图的方法可以归纳为：连续的韵律；渐变的韵律；交错的韵律
重点突出	重点突出是指在进行建筑立面构图时有意识地突出其中的某一部分，并以此为重点或视觉中心，而使其他部分明显地处于从属地位，使建筑立面产生主从分明、完整统一的效果

五、建筑外立面的色彩（表 3-10）

表 3-10   建筑外立面的色彩

项目	内 容
基本知识	色彩的要素主要包括色相、明度和纯度三个方面。 色调从色相来分，有红色调、黄色调、绿色调、蓝色调、紫色调等。从明度来分，有亮色调、中性色调、暗色调。从纯度来分，有清色调、浊色调（纯色加灰）
影响因素	建筑外立面色彩的影响因素包括： （1）地域因素； （2）个体因素； （3）建筑周边环境； （4）建筑功能

命题考点三 室内装饰装修

一、室内装饰装修的基本要求（表 3-11）

表 3-11 室内装饰装修的基本要求

基本要求	内　　容
室内各界面功能要求	室内墙面应能够遮挡视线，满足隔声、吸声、保温、隔热等要求；地面应耐磨，满足防滑、易清洁、防潮、防水、防静电等要求
室内界面物理要求	室内界面物理要求主要有： （1）满足空间的使用要求； （2）充分利用材料质感； （3）满足相应部位尺寸、性能要求； （4）满足建筑物理方面的特殊要求
审美要求	满足审美要求： （1）三个不同界面要服从于整体美观效果的要求； （2）充分利用材料质感； （3）充分利用色彩的效果，对人的生理、心理产生影响； （4）装饰构造要尽可能做到简洁、经济、合理

二、室内顶棚的种类和基本构造（表 3-12）

表 3-12 室内顶棚的种类和基本构造

项目		内　　容
种类		按照饰面与基层的关系，室内顶棚分为直接式顶棚与悬吊式顶棚
基本构造	直接式顶棚	直接式顶棚是在屋面板或楼板结构底面直接做饰面材料的顶棚，具有构造简单、构造层厚度小、施工方便、可取得较高的室内净空以及造价低等特点，但由于没有隐蔽管线，所以多用于普通建筑或空间高度受到限制的房间。 直接式顶棚按施工方法，可分为直接式抹灰顶棚、直接喷刷式顶棚、直接粘贴式顶棚、直接固定装饰板顶棚及结构顶棚
	悬吊式顶棚	悬吊式顶棚俗称吊顶，是指装饰面悬吊于屋面板或楼板下并与屋面板或楼板留有一定距离的顶棚。悬吊式顶棚可以结合灯具、通风口、音响、喷淋、消防设施等进行整体设计，形成变化丰富的立体造型，以改善室内环境，满足不同使用功能的要求。 悬吊式顶棚的类型很多。从外观上分类，有平滑式顶棚、井格式顶棚、阶梯式顶棚、悬浮式顶棚、锯齿式顶棚；按龙骨材料分类，有木龙骨悬吊式顶棚、轻钢龙骨悬吊式顶棚、铝合金龙骨悬吊式顶棚、金属网架吊顶；按饰面层与龙骨的关系分类，有活动装配式悬吊式顶棚、固定式悬吊式顶棚；按顶棚结构层的显露状况分类，有开敞式悬吊式顶棚、封闭式悬吊式顶棚；按顶棚面层材料分类，有木质悬吊式顶棚、塑料板悬吊式顶棚、石膏板悬吊式顶棚、矿棉板悬吊式顶棚、金属板悬吊式顶棚、玻璃板悬吊式顶棚、织物软网顶棚；按顶棚受力大小分类，有上人悬吊式顶棚、不上人悬吊式顶棚；按施工工艺的不同分类，有暗龙骨悬吊式顶棚和明龙骨悬吊式顶棚

三、室内墙体饰面的种类和基本构造（表 3-13）

表 3-13 室内墙体饰面的种类和基本构造

项目	内　　容
作用	室内墙体饰面具有保护墙体、改善墙体的物理性能、装饰功能的作用

续表

项目	内 容
种类	室内墙体饰面的常见种类： （1）抹灰类墙体饰面； （2）贴面类墙体饰面； （3）涂刷类墙体饰面； （4）裱糊类墙体饰面； （5）罩面板类墙体饰面
基本构造	按照构造层次，室内墙体饰面由抹灰底层、中间层和面层组成

四、室内地面的种类和基本构造（表3-14）

表3-14 室内地面的种类和基本构造

项目	内 容
作用	楼层地面一般应具有的性质有： （1）坚固性和耐久性； （2）安全性； （3）舒适感； （4）装饰性
种类	按照面层材料分类，有水泥砂浆地面、细石混凝土地面、水磨石地面、涂料地面等。 按照使用功能分类，有不发火地面、防静电地面、防油地面、防腐蚀地面、采暖地面等。 按照装饰效果分类，有美术地面、席纹地面和拼花地面等。 按照构造方法分类，有整体类地面、铺贴类地面、木竹类地面、橡胶塑胶类地面和其他地面等
基本构造	整体（现浇）类地面是指直接施工在混凝土垫层上的整体式面层，主要有：水泥砂浆地面、混凝土地面和水磨石地面。 铺贴类地面是指将块状材料粘贴在水泥砂浆找平层上的面层。按面层材料不同，铺贴类地面主要有陶瓷类地面和石材类地面。 木地板地面是指楼、地面采用木板铺设的地面，具有弹性好、耐磨、隔声、传热导系数小等优点。常见的木地板种类有：实铺式木地板地面、弹性木地板地面和复合地板地面。 其他地面构造主要包括：塑料地面、涂料地面和地毯地面

五、室内装饰装修色彩与质感（表3-15）

表3-15 室内装饰装修色彩与质感

项目	内 容
色彩的要点	（1）墙面的颜色。 （2）墙裙的颜色。 （3）踢脚线的颜色。 （4）地面的颜色。 （5）天棚的颜色。 （6）装修配件的颜色。 （7）家具的颜色

续表

项目	内 容
质感与选择	(1) 粗糙与光滑。 (2) 柔软与坚硬。 (3) 冷与暖。 (4) 光泽与透明度。 (5) 弹性。 (6) 纹理

命题考点四　建筑装修材料

一、建筑材料的概念和种类（表 3-16）

表 3-16　　　　　　　　　　　　建筑材料的概念和种类

项目	内 容
概念	建筑材料是建造和装饰建筑物所用的各种材料的统称。它是建筑工程的物质基础
种类	按化学材料分为无机材料、有机材料和混合材料。 按使用功能分为机构材料、墙体材料和功能材料

二、建筑材料的性质（表 3-17）

表 3-17　　　　　　　　　　　　建筑材料的性质

项目		内 容
材料的物理性质	质量	
	密度	材料在绝对密实状态下单位体积的质量，即材料的质量与材料在绝对密实状态下的体积之比
	表观密度	材料在自然状态下单位体积的质量，即材料的质量与材料在自然状态下的体积之比
	密实度	材料在绝对密实状态下的体积与在自然状态下的体积之比。凡是内部有孔隙的材料，其密实度都小于1。密实度又等于密度与表观密度之比。材料的密度与表观密度越接近，材料就越密实
	孔隙率	材料内部孔隙的体积占材料在自然状态下的体积的比例
	水	
	吸水性	材料在水中吸收水分的性质，可用材料的吸水率来反映。材料的吸水率与其孔隙率正相关
	吸湿性	材料在潮湿的空气中吸收水蒸气的性质，可用材料的含水率来反映
	耐水性	材料在饱和水作用下强度不显著降低的性质
	抗渗性	材料的不透水性，或材料抵抗压力水渗透的性质
	抗冻性	材料在多次冻融循环作用下不破坏，强度也不显著降低的性质
	温度	
	导热性	热量由材料的一面传至另一面的性质
	热容量	材料受热时吸收热量，冷却时释放热量的性质

续表

项目		内　容
材料的力学性质	强度	材料在外力作用下抵抗破坏的能力。材料在建筑物上所受的外力主要有拉力、压力、弯曲及剪力。材料抵抗这些外力破坏的能力分别称为抗拉、抗压、抗弯和抗剪强度
	弹性与塑性	弹性是指材料在外力作用下产生变形，外力去掉后变形能完全消失的性质。可恢复的变形，称为弹性变形。材料的塑性是指材料在外力作用下产生变形，外力去掉后变形不能完全恢复，但也不即行破坏的性质。不可恢复的残留变形，称为塑性变形
	脆性与韧性	脆性是指材料在外力作用下未发生显著变形就突然破坏的性质。脆性材料的抗压强度远大于其抗拉强度，所以脆性材料只适用于受压构件。 材料的韧性是指材料在冲击或振动荷载作用下产生较大变形尚不致破坏的性质
	硬度和耐磨性	材料的硬性是指材料表面抵抗硬物压入或刻画的能力。材料的耐磨性是指材料表面抵抗磨损的能力。材料的硬度愈大，耐磨性愈好

三、建筑装饰装修材料的概念和分类（表3-18）

表 3-18　　　　　　　　　　　建筑装饰材料的概念和分类

项目	内　容
建筑装饰装修材料	建筑装饰装修材料一般是指主体结构工程完工后，进行室内外墙面、顶棚、地面的装饰装修和室内外空间布置所需要的材料；是既起到装饰目的，又可以满足一定使用要求的功能性材料；是集材料特性、工艺、造型设计、色彩、美学于一体的材料
分类	按照建筑装饰装修材料的化学性质，可分为有机材料，无机材料和有机、无机复合材料。无机材料又可分为金属材料和非金属材料两大类。 按照建筑装饰装修材料的材质，可分为石材类、陶瓷类、皮革类、玻璃类、木质类、塑料类、有机和无机纤维类、涂料类、金属类、无机胶凝材料等。 按照装饰装修建筑物的部位不同，可分为外墙面装饰材料、内墙面装饰材料、地面装饰材料、顶棚装饰装修材料

四、建筑装饰装修材料的功能及其选择（表3-19）

表 3-19　　　　　　　　　　建筑装饰装修材料的功能及其选择

项目	内　容
功能	（1）装饰功能，一个建筑物的室内外装饰装修是通过建筑装饰材料的质感、线条和色彩来表现的。 （2）保护功能，选用材性适当的装饰材料，不仅对建筑物有良好的装饰功能，且能有效地提高建筑物的耐久性、降低维修费用。 （3）其他特殊功能，建筑装饰材料除了有装饰和保护功能外，还有改善室内使用条件（光线、温度、湿度）、吸声、隔声以及防火、防霉菌等作用
材料的选择	（1）满足使用功能。 （2）满足装饰效果。 （3）材料的安全性

续表

项目	内 容
材料的选择	(4) 有利于人的身心健康。 (5) 合理的耐久性。 (6) 经济性原则

五、室内常见装饰材料的选择（表3-20）

表3-20　　　　　　　　　　室内常见装饰材料的选择

项目	内 容
墙面材料	(1) 涂料是一种胶体溶液，将其涂抹在物体表面，经过一定时间的物理、化学变化，能与基体材料很好地黏结并形成完整而坚韧保护膜的物料。目前室内墙使用最多的涂料为乳胶漆。 (2) 壁纸也称墙纸，是用胶粘剂将裱糊于墙面或顶棚表面的材料，以成片或成卷方式供应。 (3) 瓷砖的花色品种多，按施工部位不同可分为外墙面砖、内墙面砖。外墙面砖质地坚硬，具有良好的耐久性和耐水性；内墙面砖一般都上釉，俗称瓷片，也称为瓷砖，内墙面砖色彩稳定、表面光洁、易于清洗，因此多用于浴室、厨房、卫生间的墙面。 (4) 陶瓷锦砖俗称马赛克，是由多种几何形状、各种颜色小块瓷片铺贴形成图案丰富、繁多的装饰砖。其特点主要是质地坚实、色泽美观、图案多样，而且耐酸碱、耐磨、耐水、耐压、易清洗
地面材料	(1) 实木地板是采用天然木材经烘干、烤漆等工序加工而成的铺地板材，具有舒适、豪华、保温隔热性能好、污染小等优点。 (2) 竹质地板是由天然竹料经加工处理代替天然木材制成地板，这种地板自然、清新、高雅，具有竹子坚硬、防水、耐磨、光滑度好等特点。 (3) 复合地板是以中、高密度纤维为基材，采用树脂处理，在其表面贴一层天然木纹板，经高温压制而成的新型地面装饰材料。具有表面光滑平整、结构均匀细密、强度高、耐磨损、简洁高雅等优点。 (4) 塑料地板色彩丰富，具有良好的耐磨、耐水和耐腐蚀性能，具有一定的柔软和弹性、保温性能好、易清洗、成本低。其缺点是易燃，有些品种在燃烧时产生有毒、有害的物质，危及人的生命和健康。 (5) 陶瓷地砖具有吸水率低、强度高、耐磨性好、装饰效果逼真等特点，有釉面砖、玻化砖、陶瓷锦砖、通体砖、亚光防滑地砖等。 (6) 用于室内装饰的石材有天然石材和人造石材。天然大理石具有花纹品种多、色泽鲜艳、质地细腻、抗压性强、吸水率小、耐磨、不变形等特点；人造石材是人造大理石和人造花岗石的总称，具有强度高、厚度薄、易黏结，且重量要比天然石材轻的特点
顶棚材料	常用的吊顶面层材料主要有石膏板、矿棉板、PVC板和铝合金板等。 石膏板质地洁白、美观大方，具有质量轻、强度高、防火、吸声、施工方便等特点，主要用于客厅、餐厅、卧室等无水汽的地方；矿棉板具有保温、隔热、吸声、防震等功能，可用于办公用房吊顶；PVC板具有轻质、不易燃、不吸尘、不破裂、易安装、价格低等优点，一般多适用于有水和潮气的浴室或卫生间；铝合金板是厨房、浴室等空间的理想吊顶面层材料，具有强度高、质量轻、结构简单、拆装方便、耐腐蚀等优点，因此用途比较广泛。 在室内吊顶面层中，用作金属装饰吊顶板的还有金属微孔板和彩色镀锌钢板、塑料复合钢板、彩色不锈钢板等薄板

第四章 环境和景观

命题考点一 环境及环境污染的概述

一、环境的概述（表 4-1）

表 4-1 环境的概述

项目	内 容
环境	围绕着某一事物（通常将其称为主体）并对该事物会产生某些影响的所有外界事物（通常将其称为客体），即环境是指某个主体周围的情况和条件。 以房地产使用人为主体的环境，是指人处于某一房地产中时，其周围直接或间接影响人的生活和发展的各种自然因素和社会因素的总体
分类	按照环境的属性，将环境分为自然环境、人工环境和社会环境。 自然环境按照环境要素，又可以分为大气环境、水环境、土壤环境、地质环境和生物环境等。 人工环境是指人类利用自然、改造自然所创造的物质环境，如乡村、城市、居住区、房屋、道路、绿地、建筑小品等。 社会环境是指由人与人之间的各种社会关系所形成的环境，包括政治制度、经济体制、文化传统、社会治安、邻里关系等

二、环境污染的概述（表 4-2）

表 4-2 环境污染的概述

项目	内 容
环境污染	环境污染是指有害物质或因子进入环境，并在环境中扩散、迁移、转化，使环境系统结构与功能发生变化，对人类及其他生物的生存和发展产生不良影响的现象。 环境污染是人类活动的结果
类型	按照环境要素，环境污染分为大气污染、水污染、土壤污染等。 按照污染物的性质，环境污染分为物理污染（声、光、热、辐射等）、化学污染（无机物、有机物）、生物污染（霉菌、细菌、病毒等）。 按照污染物的形态，环境污染分为废气污染、废水污染、噪声污染、固体废物污染、辐射污染等。 按照污染产生的原因，环境污染分为工业污染、交通污染、农业污染、生活污染等
环境污染源	环境污染源简称污染源，是指向环境排放有害物质或对环境产生有害影响的场所、设备和装置等。 环境污染源按照污染物产生的类型，可分为工业污染源、交通污染源、农业污染源和生活污染源等。 按照污染物排放的形式，可分为点源、线源和面源。 按照污染物排放的空间，可分为高架源和地面源。 按照污染源存在的时间，可分为暂时性污染源和永久性污染源

命题考点二 环境污染

一、大气污染的概念及其危害（表 4-3）

表 4-3 大气污染的概念及其危害

项目		内 容
大气污染		大气污染就是空气污染，是指人类向空气中排放各种物质，包括许多有毒有害物质，使空气成分长期改变而不能恢复，以致对人体健康产生不良影响的现象
大气污染物及其危害	颗粒	颗粒污染物又称总悬浮颗粒物，是指能悬浮在空气中，空气动力学当量直径（以下简称直径）$\leqslant 100~\mu m$ 的颗粒物。颗粒污染物主要有尘粒、粉尘、烟尘和雾尘。 颗粒污染物对人体的危害程度与其直径大小和化学成分有关。对人体危害最大的是飘尘，它可被人吸入，其中直径在 $0.5 \sim 5~\mu m$ 的飘尘可以直接到达肺细胞而沉积。颗粒污染物能散射和吸收阳光，使能见度降低，落到植物上，会堵塞植物气孔，影响农林作物生长。在重金属颗粒物中以铅的危害最重，它可通过血液到达大脑细胞，沉积凝固，危害人的神经系统，使人智力衰退、记忆力锐减，形成痴呆症或引起中毒性神经病
	气态	气态污染物是指以气体形态进入大气的污染物。气态污染物的种类很多，主要有： （1）硫氧化物，主要是二氧化硫、三氧化硫，以二氧化硫的数量最多，危害也最大。二氧化硫是无色、有刺激性臭味、有毒、有腐蚀性的气体，在浓度低时主要是刺激上呼吸道；在浓度高时刺激呼吸道深部，对骨髓、脾等造血器官也有刺激和损伤作用； （2）氮氧化物，主要是一氧化氮和二氧化氮。二氧化氮对呼吸器官有刺激作用，可引起慢性支气管炎和慢性肺水肿，同时，二氧化氮也是一种腐蚀剂； （3）一氧化碳，在城市大气污染物中一氧化碳含量最多，约占大气污染物总量的 1/3，它大部分来自汽车尾气。在一氧化碳高浓度环境中滞留 $1 \sim 2~h$，可使人头痛、恶心甚至昏迷；即使在低浓度下，长时间的停留也会有很大的害处； （4）碳氢化合物，是空气中的一类重要的污染物，包括甲烷、乙烷、乙烯等。碳氢化合物与空气中的氮氧化物在阳光作用下形成光化学烟雾，光化学烟雾有强烈的刺激作用，能引发哮喘、诱发肺癌，中毒严重者呼吸困难、视力减退、头晕目眩、手足抽搐；长期吸入光化学烟雾，能引起人体动脉硬化，加速人的衰老，此外它还能加速橡胶制品的老化，腐蚀建筑物和衣物
大气污染源	种类	（1）工业污染源。产生大气污染的企业主要有钢铁、有色金属、火力发电、水泥、石油炼冶以及造纸、农药、医药等企业。钢铁企业的大气污染物以硫氧化物污染和粉尘污染为主；烧石灰、金属冶炼等都是粉尘污染的大户；有色金属企业以硫氧化物污染为主。 （2）交通污染源。交通污染源一般都是移动污染源，主要是各种机动车辆、飞机、轮船等排放有毒有害物质进入大气。主要污染物为碳氢化合物、一氧化碳、氮氧化物和含铅污染物。 （3）生活污染源。生活污染源主要有：生活燃料的污染，居民使用煤炭等燃料取暖或做饭因燃烧不充分而产生的烟气；居住环境的污染，主要为建筑材料和家具释放的甲醛、苯、氨氡等有机化合物，石棉以及氡等；其他生活污染，如城市垃圾、厕所、污水沟等
	影响	大气污染源情况的影响可从源强和源高两方面来看。 源强是指污染物的排放速率，与污染物的浓度成正比，即源强越大，污染越严重。 源高是指污染源排放的高度。一般来说，离污染源越远，污染物的浓度越低，但对于高架源来说，地面污染物的浓度在离高价源很近处很低，随着距离的增加逐渐增加，达到一个最大值后又逐渐减小

二、环境噪声污染的概念及其危害（表 4-4）

表 4-4   环境噪声污染的概念及其危害

项目	内　容
环境噪声污染	环境噪声是指干扰人们休息、工作和学习的声音。包括振幅和频率杂乱、断续或统计上无规律的声振动。 环境噪声污染的特征：是能量污染、是感觉公害、具有局限性和分散性
类型	按照噪声产生的机理，噪声分为机械噪声、空气动力噪声和电磁性噪声三类。 按照噪声随时间的变化情况，噪声分为稳态噪声和非稳态噪声两类。稳态噪声的强度不随时间变化；非稳态噪声的强度随时间变化，又可分为瞬时的、周期性起伏的、脉冲的和无规则的噪声
危害	环境噪声污染的危害主要表现在： （1）对听力的损伤，长期在强噪声环境中工作，听觉疲劳不能恢复，内耳感觉器官发生器质性病变，造成噪声性耳聋或噪声性听力损失； （2）对睡眠的干扰，睡眠是人消除疲劳、恢复体力和维持健康的一个重要条件，当睡眠受噪声干扰而辗转不能入睡时，久而久之，就会引起失眠、耳鸣多梦、疲劳无力和记忆力衰退等； （3）对人体的生理影响，噪声作用于人的中枢神经系统，使人的基本生理过程——大脑皮层的兴奋和抑制平衡失调，可以产生头痛、昏厥、耳鸣、多梦等症状，称为神经官能症； （4）对人体心理的影响，噪声容易使人疲劳，会影响精力集中和工作效率； （5）对儿童的影响，噪声污染会影响儿童的智力发育，吵闹环境中儿童智力发育比安静环境中低 20%
污染源	环境噪声污染源主要有： （1）工业噪声，主要是工厂开工时发出的噪声，工业噪声的发生源分气动源和机械动源； （2）交通噪声，是由交通运输工具（汽车、火车、飞机、船舶等）发出的噪声，其特点是声源面广而不固定，交通噪声日益成为城市的主要噪声，城市中 50%～70%的噪声来自交通运输工具； （3）社会生活噪声，主要是指社会人群活动产生的噪声； （4）建筑施工噪声，是建筑工地的各种施工机械产生的噪声，这种噪声具有突发性、冲击性、不连续性等特点，容易引起人们的烦躁

三、城市五类区域的环境噪声最高限制（表 4-5）

表 4-5   城市五类区域的环境噪声最高限制

环境噪声标准	使用范围
0 类标准	适用于疗养区、高级别墅区、高级宾馆区等特别需要安静的区域，位于城郊和乡村的这一类区域分别按严于 0 类标准 5 dB（分贝）执行
1 类标准	适用于以居住、文教机关为主的区域，乡村居住环境可参照执行 1 类标准
2 类标准	适用于居住、商业、工业混杂区
3 类标准	适用于工业区
4 类标准	适用于城市中的道路交通干线道路两侧区域，穿越城区的内河航道两域；穿越城区的铁路主、次干线两侧区域的背景噪声（指不通过列车时的噪声水平）限值也执行 4 类标准

四、水污染的概念及其危害（表4-6）

表4-6 水污染的概念及其危害

项目		内 容
水污染		水污染是指因某些物质的介入，而导致水体化学、物理、生物或者放射性等方面特性的改变，从而影响水的有效利用，危害人体健康或者破坏生态环境，造成水质恶化的现象。 水污染可分为地表水污染、地下水污染和海洋污染
水污染物及其危害	植物营养物	植物营养物主要是指氮、磷、钾、硫及其化合物。 天然水体中过量的营养物质主要来自农田施肥、农业废弃物、城市生活污水及某些工业废水，这些会使水质恶化，危害人体健康和影响渔业发展
	酚类化合物	酚有毒性，水遭受酚污染后，将严重影响水产品的产量和质量。人体经常摄入，会产生慢性中毒，发生呕吐、腹泻、头痛头晕、精神不振等症状。 酚的来源主要是冶金、煤气、炼焦、石油化工、塑料等工业排放的含酚废水
	氰化物	氰化物是剧毒物质，水中氰化物主要来自化学、电镀、煤气、炼焦等工业排放的含氰废水。 一般人误服 0.1 g 左右的氰化钾或氰化钠就会立即死亡
	酸碱	酸碱废水能破坏水的自净功能，腐蚀管道和船舶。水体如果长期遭受酸碱污染，会引起周围土壤酸碱化。 酸性废水主要来自矿山排水和各种酸洗废水、酸性造纸废水等，碱性废水主要来自碱法造纸、人工纤维、制碱、制革等工业废水
	放射性物质	水体所含有的放射性物质构成一种特殊的污染，总称为放射性辐射污染。污染水的最危险的放射性物质是锶、铯等，这些物质半衰期长，经水和食物进入人体后，可引起遗传变异和癌症。 放射性物质的主要来源于原子能核电站排放废水；核武器试验；放射性同位素在化学、冶金、医学、农业等部门的广泛应用
	病原微生物	病原微生物有病菌、病毒和寄生虫三类。 水中病原微生物主要来自生活污水和医院废水，制革、屠宰、洗毛等工业废水，以及牲畜污水
污染源	工业污染源	工业废水的数量大、种类多、成分复杂，是城市水污染的主要来源。在工业生产过程中排放的废水、污水、废液等，统称为工业废水。 量大、面广、含污染物多、成分复杂，在水中不易净化，处理比较困难是工业废水的特点
	生活污染源	生活污染源是指由人类消费活动所产生的污水。生活污染源主要是由城市化造成的。 含氮、磷、硫高，含大量合成洗涤剂，含有多种微生物是生活污染源的特点
	农业污染源	农业污染源是指由于农业生产而产生的水污染源，如降水所形成的径流和渗流把土壤中的氮、磷和农药带入水体。 农业污染源的特点是面广、分散、难于治理

五、固体废物的概念及其危害（表4-7）

表4-7 固体废物的概念及其危害

项目	内 容
固体废物	固体废物是指在生产和消费过程中被丢弃的固体或泥状物质，包括从废水、废气中分离出来的固体颗粒

续表

项目		内　容
种类		按照废物的形状，可分为颗粒状废物、粉状废物、块状废物和泥状废物（污泥）。 按照废物的化学性质，可分为有机废物和无机废物。 按照废物的危害状况，可分为有害废物和一般废物。 按照废物的来源，可分为城市垃圾、工业固体废物、农业废弃物和放射性固体废物
城市垃圾及其危害		城市垃圾主要包括城市居民的生活垃圾、商业垃圾、建筑垃圾、市政维护和管理中产生的垃圾，但不包括工厂排出的工业固体废物。 城市垃圾中的废物许多属于有机物，能够腐烂而产生臭味，在焚化时，会散发毒气和臭气，危害人体健康
工业固体废物及其危害	煤渣和粉煤灰	煤渣是从工业和民用锅炉及其设备燃煤所排出的废渣，又称炉渣。大量煤渣弃置堆积，不仅占用土地，还可放出含硫气体污染大气，危害环境。 粉煤灰是煤燃烧所产生的烟气中的细灰，一般是指燃煤电厂从烟道气体中收集的细灰，又称飞灰、烟灰。如果不处理或处理不够，则会造成大气尘污染，排入河湖等中还会造成水污染，危害环境
	有色金属渣	有色金属渣是指有色金属矿物在冶炼过程中产生的废渣，包括赤泥、铜渣、铅渣、锌渣、镍渣等。 有色金属渣如堆置在露天，不仅占用大量土地，受风吹雨淋，还会对土壤、水、大气造成污染，有的有色金属渣含有铅、砷、镉、汞等有害物质
	铬渣	铬渣是在生产金属铬和铬盐过程中产生的工业废渣。 铬渣中含有剧毒的六价铬等，如果露天堆放，受雨雪淋浸，渗入地下或进入河流中，则严重污染环境，危害人体健康
	化工废渣	化工废渣种类繁多，以塑料废渣、石油废渣为主。 化工废渣中有毒物质最多，对环境污染最严重

六、辐射污染的概述及危害（表 4-8）

表 4-8   辐射污染的概述及危害

项目		内　容
辐射污染		辐射污染可分为电磁辐射污染和放射性辐射污染两大类。 电磁辐射是指能量以波的形式发射出去，放射性辐射是指能量以波的形式和粒子一起发射出去
电磁辐射污染	光污染	光污染是指人类活动造成的过量光辐射对人类生活和生产环境形成不良影响的现象，可分为可见光污染和不可见光污染。不可见光污染又可分为红外光污染和紫外光污染。 可见光污染包括灯光污染，眩光污染，视觉污染和其他可见光污染
	其他电磁污染	除光之外的其他电磁辐射污染，通常称为电磁辐射污染，简称电磁污染，主要是指人为发射的和电子设备工作时产生的电磁波对人体健康产生的危害。电磁辐射对人体的危害程度随着电磁波长的缩短而增加。危害程度表示为：微波＞超短波＞短波＞中波＞长波，其中，中、短波频段俗称高频辐射

续表

项目	内 容
放射性辐射污染	放射性辐射污染是指排放出的放射性污染物造成的环境污染和人体危害。 主要来源于宇宙线、地球上的天然放射性源、人类活动增加的辐射、核燃料的"三废"排放和医疗照射引起的放射性。 放射性辐射通过人体时，能够与细胞发生作用，通过某个途径影响细胞的分裂，使细胞受到严重的损伤以至出现生殖、死亡、细胞减少、功能丧失，或者放射性污染造成致癌和致突变作用

命题考点三 室内环境污染

一、室内环境污染的概述及其来源（表 4-9）

表 4-9 室内环境污染的概述及其来源

项目	内 容
室内环境污染	室内环境污染问题比室外环境污染问题更重要的原因主要是： （1）室内环境是人们接触最频繁、最密切的环境； （2）室内环境污染物的种类日益增多； （3）室内环境污染物越来越不易扩散
来源	根据各种污染物形成的原因和进入室内的不同渠道，室内环境污染有室外来源和室内来源两个方面。 室外来源的污染物主要来自于地层中固有的，如氡及其子体；地基在建房前已遭受工农业生产或生活废弃物的污染，如受农药、化工燃料、汞、生活垃圾等污染，而未得到彻底清理即在其上建造房屋；该房屋原已受污染，原使用者迁出后未进行彻底清理，使后迁入者遭受危害。 室内来源的污染物主要来自建筑材料

二、建筑材料的室内环境污染及危害（表 4-10）

表 4-10 建筑材料的室内环境污染及危害

项目	内 容
无机材料和再生材料	无机建筑材料以及再生的建筑材料影响人体健康比较突出的问题是辐射
合成隔热板材	合成隔热板材是一类常用的有机隔热材料，具有质轻、保温等性能，主要的品种有聚苯乙烯泡沫塑料、聚氯乙烯泡沫塑料等，这些材料存在一些在合成过程中未被聚合的游离单体或某些成分，它们在使用过程中会逐渐逸散到空气中，如遇到高温还会发生分解，释放出许多气态的有机化合物质，造成室内环境污染
吸声及隔声材料	常用的吸声及隔声材料都可向室内释放多种有害物质，如石棉、甲醛、酚类、氯乙烯等，可产生使人不舒服的气味，出现眼结膜刺激、接触性皮炎、过敏等症状，甚至更严重的后果

续表

项目	内　容
壁纸和涂料	壁纸装饰对室内环境的影响主要是壁纸本身的有毒物质造成的。纯羊毛壁纸可导致人体过敏；化纤纺织物壁纸可释放出甲醛等有害气体，污染室内空气；塑料壁纸在使用过程中由于其含有未被聚合游离单体以及塑料的老化分解，可向室内释放各种挥发性有机污染物。 涂料的组成一般包括膜物质、颜料、助剂以及溶剂。其中，涂料的溶剂是室内重要的污染源，成膜在使用中可向空气中释放甲醛、氯乙烯、苯等有害物质，颜料和助剂也含有多种重金属有害物质
人造板材及人造板家具	人造板材在生产过程中需要加入胶黏剂进行黏结，家具的表面还要涂刷各种油漆，这些胶黏剂和油漆中都含有大量的挥发性有机物，使用时，有机物就会不断释放到室内空气中，造成室内环境污染

命题考点四　景观概述

一、景观及其相关概念（表 4-11）

表 4-11　　　　　　　　　　景观及其相关概念

项目	内　容
景观	"景"是自然环境和人工环境在客观世界所表现的一种形象信息，"观"是这种形象信息通过人的感觉（视觉、听觉等）传导到大脑皮层，产生一种实在的感受，或者产生某种联系与情感。因此，景观应包括客观形象信息和主观感受两个方面。 对于某宗房地产来说，景观可理解为该宗房地产的配景或背景，包括周围的园林绿化、建筑小品以及由此向四周远望所能看见的外围状况
园林	园林是指在一定的地域范围内，运用艺术设计和工程技术手段，通过利用和改造原有地形和地貌（如筑山叠石、挖池理水）、种植树木花草、营造建筑和布置园路等途径创作而成的美的自然环境和游憩境域。一个园林空间是由地形、建筑、树木等围合形成的。 园林的主要作用是作为人们游憩、观光的场所，它对人的心理和精神具有十分有益的作用。 园林景观的特点包括：园林景观是固定在某处的标志性景观；美是园林景观的标志；园林景观是心理和生理的共同表现；所有园林景观需要进行护理
环境	环境通常指的是环绕于人们周围的各种客观事物，包括各种自然因素和社会因素，它们既可以实体形式存在，也可以非实体形式存在

二、景观的分类（表 4-12）

表 4-12　　　　　　　　　　景观的分类

分类	内　容
自然景观	自然景观是指未经人类活动所改变的水域、地表起伏和自然植物所构成的自然地表景象及其给予人的感受。 自然景观按照类型，可分为草原景观、森林景观等
人文景观	人文景观是指被人类活动改变过的自然景观，即自然景观加上人工改造所形成的景观及印象。 人文景观涉及的范围比自然景观广泛

三、景观要素与景观功能（表 4-13）

表 4-13	景观要素与景观功能
项目	内　容
景观要素	景观要素包括自然景观要素和人工景观要素。 自然景观要素主要指自然风景。人工景观要素（包括文化景观要素）主要包括各种建筑物；清晰的城市结构；宽阔的林荫道系统等
景观功能	景观功能是指人们如何观赏或使用景观的问题。重点在于其内部各个功能要素之间的相互作用关系。确定景观功能，是景观定位需要解决的核心问题

命题考点五　景观设计

一、景观设计的概述（表 4-14）

表 4-14	景观设计的概述
项目	内　容
景观设计	景观设计是指在某一地域范围内创造一个具有形态、形式因素构成的较为独立的，具有一定社会文化内涵及审美价值的景物。它是人类社会发展到一定阶段的产物，也是历史悠久的造园活动发展的必然结果
宗旨	景观设计的宗旨是为了给人们创造休闲、活动的空间，创造舒适、宜人的环境，使人、建筑物、社区、城市以及人类的生活同地球和谐相处。 最终目的是使人与人之间、人与自然之间相互和谐
特点	景观设计的特点具有两个属性：一是自然属性；二是社会属性
要素	景观设计的要素包括地形地貌，植被，道路，水体，铺装和设施等景观
方法	景观设计的方法包括构思、构图、对景与借景、添景与障景、引导与示意、渗透和延伸、尺度与比例、质感与机理、节奏与韵律等

二、居住区环境景观设计（表 4-15）

表 4-15	居住区环境景观设计
项目	内　容
原则	居住区环境景观设计的原则包括：社会性原则；经济性原则；生态原则；地域性原则；历史性原则
绿化种植景观设计	绿化种植景观设计内容包括中心公共绿地、居住区公园（居住区级）、小游园（小区级）和组团绿地（组团级），以及儿童游戏场和其他的块状、带状公共绿地等
道路景观设计	道路景观设计内容包括居住区道路、小区路、组团路、宅前小路和园路等
场所景观设计	场所景观设计内容包括健身运动场、休闲广场、游乐场等
硬质景观设计	硬质景观是相对种植绿化这类软质景观而确定的名称，泛指用质地较硬的材料组成的景观。硬质景观主要包括雕塑小品、便民设施、音响设施、围墙及栅栏、挡墙、坡道、台阶等

续表

项目	内容
水景景观设计	水景景观以水为主。水景设计应结合场地气候、地形及水源条件。 水景景观设计内容包括：驳岸、景观桥、木栈道、庭院水景、瀑布跌水、溪流、生态水池/涉水池、涉水池、游泳池、人工海滩浅水池、喷泉等

命题考点六　景观评价

一、景观评价概述（表 4-16）

表 4-16　　　　　　　　　　景观评价概述

项目	内容
概念	景观评价是指根据特定的需要，按照一定的程序，采用科学的方法，对某一景观的价值高低或者好坏程度进行判断的活动
内容	景观评价的内容非常广泛。从拟取得房地产者的角度来看，景观评价主要是对景观的美学价值进行评价，主要从景观的视觉美学角度出发，评价景观的视觉质量，进而可得出景观的美学等级，如很美、美、一般、差、很差
正负向美学特征	大多数人能感知的景观正向美学特征有： （1）合适的空间尺度； （2）有序而又不整齐划一； （3）多样性和复杂性； （4）清洁性； （5）安静性； （6）景观要素的运动与生命的活力等。 景观负向美学特征有： （1）尺度的过大或过小； （2）杂乱无章； （3）空间组分不协调； （4）清洁性和安静性的丧失； （5）出现废弃物和垃圾等
指导意义	生态美学原则对于这种景观评价也有指导意义，包括： （1）最大绿色原则； （2）活力、健康原则； （3）清新、洁净原则； （4）独特性与吸引力原则； （5）多样、有序原则； （6）观察、体验自然的愉悦原则

二、景观评价方法（表 4-17）

表 4-17　　　　　　　　　　　　　　景观评价方法

方法	内　容
调查分析法	调查分析法的应用范围较广，通过评价区域内所有与景观有关的要素，来确定景观价值。景观调查要素包括文化、建筑、历史、地貌、植被、水体、色彩、邻近景观、奇特性等。 　调查分析法的主要优点是能在大范围进行评价，且可在不同景观类之间进行比较；主要缺点是对每个要素的评分标准必须作详细规定
民意测验法	民意测验法实际上是一种实验心理学的方法，通过提问进行统计、汇总，来评价某一景观。根据问题的性质，可分为自由式和限定式两种。 　其最大的优点就是承认并利用了景观的优美程度是主客观两者结合的产物这一特点
认知评判法	认知评判法与民意测验法相似，也是通过统计公众的观感来确定景观的优美程度，只是认知评判法更直观、更概括。它有一个突出的特点，是利用照片、幻灯片，必要时甚至用草图作为直接的评价对象

第五章 城市和城市规划

命题考点一 城市和城市化

一、城市的概念和类型（表5-1）

项目	内容
城市	按性质和人口规模，通常将居民点分为城市和乡村两大类。其中，城市是一定数量的非农人口和非农产业的集聚地，是国家或一定区域的政治、经济、文化中心。中国的居民点系列具体为：村—乡镇—建制镇—市
类型	按照城市人口规模，可将城市分为大城市、中等城市和小城市。 按照城市职能，首先将城市分为具有综合职能的城市和以某种职能为主的城市，然后再进一步细分为各种各样职能的城市。在城市众多职能中，最突出的职能构成是城市性质按照城市行政等级，从低到高分别是建制镇、县级市、地级市、副省级市和直辖市。 还有按照城市所处的地理位置，城市的地形条件，城市的平面几何形状，城市的内部结构等来进行分类的

表 5-1 · 城市的概念和类型

二、城市的地域范围（表5-2）

表 5-2 · 城市的地域范围

范围	内容
城市行政区	城市行政区是指城市行政管辖的全部地域。中国城市的行政管辖范围一般都远远大于城市居民点的实体地域范围。 按行政区划，城市行政区可分为市区和郊区两部分。市区是城市的核心，集中了大量的非农人口和第二、第三产业，也是全市的政治、经济、文化中心。市区的外围称为郊区，其主要功能是城市的副食品生产基地
城市建成区	城市建成区是指城市行政区内实际已成片开发建设、市政公用设施和公共设施基本具备的地区。该地区范围内绝大部分是城市建设用地。 建成区能真实反映城市用地规模的大小，采用这一概念便于城市之间人口规模、用地规模的比较
城市规划区	城市规划区通常大于城市建成区，小于或等于城市行政区

三、城市的功能分区及城市土地利用类型（表5-3）

表 5-3 · 城市的功能分区及城市土地利用类型

项目	内容
城市功能区	城市中各种物质要素按不同功能进行分区布置，一些物质要素集中布置在一定的区域范围，便形成了各种功能区。常见的城市功能区有：中心商务区（CBD）；商业区；居住区；工业区；仓储区；文教区；风景区；综合区；卫星城；开发区等

续表

项目	内　容
城市土地利用类型	中国城市土地利用按城市中土地使用的主要性质可划分为居住用地；公共设施用地；工业用地；仓储用地；对外交通用地；道路广场用地；市政公用设施用地；绿地；特殊用地；水域和其他用地；保留地等

四、城市化的概念及类型（表 5-4）

表 5-4　　　　　　　　　　　城市化的概念及类型

项目	内　容
城市化	城市化又称城镇化，是指人类生产和生活方式由乡村型向城市型转化的历史过程，表现为乡村人口向城市人口转化以及城市不断发展和完善的过程。城市化的具体内涵包括： （1）依附于农村土地的农业劳动力越来越多地向城镇非农产业转移； （2）分散的农村人口逐步向各种类型的城镇地域空间集聚； （3）城镇建设促进城镇物质环境的改善和城镇景观地域的拓展或更新； （4）城市文明与城市生活方式的传播和扩散
类型	从城市中心来考察城市发展过程，城市化有两大阶段：一是向城市中心集聚的向心型城市化（又称集中型城市化）；二是从城市中心向外扩展或扩散的离心型城市化（又称分散型城市化）。城市发展的初中期主要是向心型的，城市发展的中后期主要是离心型的。 　　按照城市离心扩散方式的不同，可将城市化分为外延型城市化和飞地型城市化。外延型城市化是最常见的一种城市化类型，在大中小各级城市的边缘地带都可以看到这种外延现象；飞地型城市化一般在大城市的情况下才出现

命题考点二　城市用地评价

一、城市用地评价的概念和内容（表 5-5）

表 5-5　　　　　　　　　　城市用地评价的概念和内容

项目	内　容
城市用地评价	城市用地评价是根据城市发展的要求，对可能作为城市建设用地的自然条件和开发的区位条件所进行的工程评估及技术经济评价，为正确选择城市用地提供科学依据
内容	城市用地评价中的工程评估，是对可能作为城市建设用地的自然条件的工程评估，通常根据地下水位的深度、洪水淹没范围、地基承载力、地形坡度等自然条件，评估用地适于建设的优劣程度。一般分为：适宜城市建设用地；基本适宜城市建设用地；不适宜城市建设用地

二、城市用地自然条件评价（表 5-6）

表 5-6　　　　　　　　　　城市用地自然条件评价

项目	内　容
水文及水文地质条件	地下水位过高，会严重影响建筑物基础的稳定性，这种土地一般不宜作为城市建设用地。 城市水源有地面水和地下水。在地下水源丰富的地区，应优先选择地下水作为水源；地下水源不足时，可考虑以地面水源补充，但要注意水源保护，防止水体污染

续表

项 目	内 容
水文及水文地质条件	一般要求百年一遇洪水位以上 0.5~1 m 的地段，才可作为城市建设用地；地势过低或经常受洪水威胁的地段，不宜作为城市建设用地，否则必须修筑堤坝等防洪设施。堤坝以内的河滩地不能作为城市建设用地，但可辟作绿地
工程地质条件	在城市建设中，选择承载力大的岩土作为建筑地基，不仅可以使建筑物安全稳固，还可节省大量用于加强地基承载力的投资。 地震是一种破坏性极大的自然灾害，位于活动断裂带的地区，发生破坏性地震的频率最高。根据一次地震释放能量大小，将地震划分为不同的等级，称为地震震级。释放能量越大，地震震级也越大；地震发生后在地面上造成的影响或破坏的程度，称为地震烈度。地震烈度分为 12 度，地震烈度越高，建筑物受破坏的程度越严重。 对工程建设产生严重影响的地质、地貌现象称为工程地质病害，常见的工程地质病害有冲沟、滑坡与塌方、地下溶洞。不稳定的滑坡体本身，以及处于滑坡体下滑方向的地段，地下溶洞的上方均不宜作为城市建设用地
地形条件	地形条件是指地面起伏的形状，它主要影响城市的选址、空间形态，对道路交通、景观等也有影响。 不同建设工程对坡度的要求不同，其中铁路站场和机场用地要求最高，其次是工业用地，居住用地受坡度的限制相对较小，最大坡度可为 10%。 山地、丘陵地区，朝南的方向称为阳坡，这里日照充足，通风良好，是理想的居住用地；朝北的山坡称为阴坡，其气候特点是日照时间短、温度低，有时会产生涡风，不宜作为居住用地
气候条件	气候是一定地区里经过多年观察所得到的概括性的气象情况。 气温是指空气的温度，人感到舒适的气温范围一般为 18~20 ℃。 日照时数是指太阳直射光线照射到建筑物外墙面或室内的时间。中国大部分地区处于中纬度地区，建筑物布置以南和偏南向为宜。 风是地面大气的水平移动，包括风向和风速两个方面。风向是风吹来的方向，表示风向最基本的一个指标是风向频率（简称风频）；风速是指空气流动的速度，表示风速最基本的一个指标是平均风速，它是一定时期内某一风向的风速的平均值。风向频率越高，其下风地带受污染的机会越多；风速越大，大气污染物的浓度越低。利用风玫瑰图可知，大气有污染的工业应布置在全年最小风频风向的上风侧，居住区应布置在其下风侧
降水与湿度	降水是降雨、降雪、降雹、降霜等气候现象的总称。降水量的大小和降水强度对城市较为突出的影响是排水设施。 城市市区一般因有大量建筑物、构筑物覆盖，相对湿度要比城市郊区小

命题考点三　城市规划常用术语和控制指标

城市规划常用术语和控制指标（表 5-7）

表 5-7　　　　　　　　　城市规划常用术语和控制指标

项 目	内 容
容积率	容积率是指一定地块内总建筑面积与建筑用地面积的比值，即： $$容积率 = \frac{总建筑面积}{建筑用地面积}$$ 容积率是反映和衡量地块开发强度的一项重要指标

续表

项目	内　容
建筑密度	建筑密度是指一定地块内所有建筑物的基底总面积占建筑用地面积的比率，即： $$建筑密度（\%）=\frac{建筑基底总面积}{建筑用地面积}\times100\%$$ 建筑密度是控制地块容量和环境质量的重要指标
绿地率	绿地率是指城市一定地区内各类绿地（公共绿地、宅旁绿地、公共服务设施所属绿地和道路绿地）面积的总和占该地区总面积的比率（%）。绿地率是衡量环境质量的重要指标
日照间距系数	日照间距系数是指根据日照标准确定的房屋间距与遮挡房屋檐高的比值
用地红线	用地红线是指经城市规划行政主管部门批准的建设用地范围的界线
道路红线	道路红线是指城市道路用地的规划控制线，即城市道路用地与两侧建筑用地及其他用地的分界线。一般情况下，道路红线即为建筑红线，任何建筑物（包括台阶、雨罩）不得越过道路红线
建筑后退红线距离	建筑后退红线距离是指建筑控制线与道路红线或道路边界、地块边界的距离
城市绿线	城市绿线是指城市各类绿地范围的控制线。城市绿线范围内的用地不得改作他用；在城市绿线范围内，不符合规划要求的建筑物、构筑物及其他设施应当限期迁出
城市紫线	城市紫线是指国家历史文化名城内的历史文化街区和省、自治区、直辖市人民政府公布的历史文化街区的保护范围界线，以及历史文化街区外经县级以上人民政府公布保护的历史建筑的保护范围界线。 在城市紫线范围内禁止进行： （1）违反保护规划的大面积拆除、开发； （2）对历史文化街区传统格局和风貌构成影响的大面积改建； （3）损坏或者拆毁保护规划确定保护的建筑物、构筑物和其他设施； （4）修建破坏历史文化街区传统风貌的建筑物、构筑物和其他设施； （5）占用或者破坏保护规划确定保留的园林绿地、河湖水系、道路和古树名木等； （6）其他对历史文化街区和历史建筑的保护构成破坏性影响的活动
城市黄线	城市黄线是指对城市发展全局有影响的、城市规划中确定的、必须控制的城市基础设施用地的控制界线。 在城市黄线范围内禁止进行： （1）违反城市规划要求，进行建筑物、构筑物及其他设施的建设； （2）违反国家有关技术标准和规范进行建设； （3）未经批准，改装、迁移或拆毁原有城市基础设施； （4）其他损坏城市基础设施或影响城市基础设施安全和正常运转的行为
城市蓝线	城市蓝线是指城市规划确定的江、河、湖、库、渠和湿地等城市地表水体保护和控制的地域界线。 在城市蓝线内禁止进行： （1）违反城市蓝线保护和控制要求的建设活动； （2）擅自填埋、占用城市蓝线内水域； （3）影响水系安全的爆破、采石、取土； （4）擅自建设各类排污设施； （5）其他对城市水系保护构成破坏的活动

命题考点四　城乡规划体系

一、城乡规划体系与城镇体系规划 （表5-8）

表5-8　　　　　　　　城乡规划体系与城镇体系规划

项目	内　容
城乡规划体系	城乡规划包括城镇体系规划、城市规划、镇规划、乡规划和村庄规划。 　　任何单位和个人都应当遵守经依法批准并公布的城乡规划，服从规划管理，并有权就涉及其利害关系的建设活动是否符合规划的要求向城乡规划主管部门查询
城镇体系规划	城镇体系规划有全国城镇体系规划、省域城镇体系规划、市域（镇域）城镇体系规划和县域城镇体系规划

二、城市规划 （表5-9）

表5-9　　　　　　　　　　城市规划

项目	内　容
城市总体规划	城市总体规划是对一定时期内城市发展目标、发展规模、土地利用、空间布局以及各项建设的综合部署和实施措施，是引导和调控城市建设，保护和管理城市空间资源的重要依据和手段。 　　城市总体规划由城市人民政府组织编制，其内容包括：城市的发展布局，功能分区，用地布局，综合交通体系，禁止、限制和适宜建设的地域范围，各类专项规划等
城市详细规划	城市详细规划是以城市总体规划或分区规划为依据，对一定时期内城市局部地区的土地利用、空间环境和各项建设用地所作的具体安排。 　　城市详细规划分为控制性详细规划和修建性详细规划。控制性详细规划是以城市总体规划或分区规划为依据，确定建设地区的土地使用性质和使用强度的控制指标、道路和工程管线控制性位置以及空间环境控制的规划要求。修建性详细规划是依据控制性详细规划确定的指标，编制具体的、操作性的规划，作为各项建筑和工程实施设计及施工的依据

命题考点五　城市居住区规划设计

一、城市居住区的规模与规划布局形式 （表5-10）

表5-10　　　　　　　城市居住区的规模与规划布局形式

项目	内　容
城市居住区的规模	城市居住区，一般称居住区，泛指不同居住人口规模的居住生活聚居地。居住区的规模，通常以居住人口规模作为主要标志。 　　居住区按居住户数或人数规模，分为居住区、居住小区、居住组团三级
规划布局形式	居住区的规划布局形式，有居住区—小区—组团、居住区—组团、小区—组团、独立式组团等多种类型

二、城市居住区的组成要素与用地构成（表 5-11）

表 5-11　　　　　　　　　城市居住区的组成要素与用地构成

项目	内容
组成要素	居住区的组成要素也是居住区的规划因素，主要有住宅、公共服务设施、道路和绿地。 　　公共服务设施是居住区配套建设设施的总称，简称公建。 　　居住区内道路分为居住区（级）道路、小区（级）路、组团（级）路和宅间小路四级。 　　居住区内绿地有公共绿地、宅旁绿地、公共服务设施所属绿地和道路绿地，包括满足当地植树绿化覆土要求、方便居民出入的地下建筑或半地下建筑的屋顶绿地，不包括其他屋顶、晒台的人工绿地
用地构成	居住区规划总用地包括居住区用地和其他用地两类。 　　居住区用地包括住宅用地、公共服务设施用地（也称公建用地）、道路用地和公共绿地四项 　　其他用地是指规划范围内除居住区用地以外的各种用地，包括非直接为本区居民配套建设的道路用地、其他单位用地、保留的自然村或不可建设用地等

三、城市居住区规划布局的内容及综合技术经济指标（表 5-12）

表 5-12　　　　　　　城市居住区规划布局的内容及综合技术经济指标

项目		内容
目的		居住区规划布局的目的，是要求将规划构思及规划因素（住宅、公建、道路和绿地等），通过不同的规划手法和处理方式，全面、系统地组织、安排、落实到规划范围内的恰当位置，使居住区成为有机整体，为居民创造良好的居住生活环境
居住区的规划布置	住宅	住宅应布置在居住区内环境条件优越的地段。面街布置的住宅，其出入口应避免直接开向城市道路和居住区（级）道路。住宅布置主要应有利于住宅冬季的日照、防寒、保温与防风沙的侵袭，老年人住宅宜靠近相关服务设施和公共绿地
	公共服务设施	居住区公共服务设施是为满足居民物质和文化生活的需要而配套建设的。所配套建设的项目多少、面积大小及空间布局等，决定着居住生活的便利程度和质量。 　　以人均公建面积（公共服务设施建筑面积）和人均公建用地面积为衡量居住区公共服务设施配套建设水平的指标。 　　公共服务设施应合理设置，避免烟、气（味）、尘及噪声对居民的干扰
	道路	居住区内道路担负着分隔地块和联系不同功能用地的双重职能，其布置应有利于居住区内各类用地的划分和有机联系。 　　居住区内主要道路至少应有两个方向与外围道路相连，以保证居住区与城市有良好的交通联系。 　　居住区内必须配套设置居民汽车（含通勤车）停车场、停车库
	绿地	居住区内绿地对改善居民生活环境和城市生态环境都具有重要作用，改善小气候，净化空气，遮阳、隔声、防风、防尘、杀菌、防病，提供户外活动场地、美化环境等功能。 　　绿地率是指居住区用地内各类绿地面积的总和占居住区用地面积的比率（%），是衡量居住区内绿地状况的指标
综合技术经济指标		居住区的技术经济指标是从量的方面衡量和评价居住区规划质量和综合效益的重要依据。 　　居住区技术经济指标有必要指标和可选用指标之分。其中，建筑密度和绿地率是反映居住区环境质量的主要指标。居住区的空地率习惯上以总建筑密度来反映，即以居住用地为单位（100%），居住区的空地率＝100%－总建筑密度。住宅建筑净密度和总建筑密度越低，其对应的空地率就越高，为环境质量的提高提供了更多的用地条件

第六章　房地产市场和投资

命题考点一　房地产市场

一、房地产市场概述（表 6-1）

表 6-1　房地产市场概述

项目	内　容
房地产市场	从市场营销的角度来定义：市场是指某种商品的所有现实买主和潜在买主的需求总和，即： 市场＝人口＋购买能力＋购买动机 市场可能是有形的，也可能是无形的。构成一个市场，至少需要具备三个要素： （1）存在可供交换的房地产商品； （2）存在着提供房地产商品的卖方和具有购买欲望与购买能力的买方； （3）交换价格符合买卖双方的利益要求。 房地产市场是指所交易的商品是房地产或房地产权益的市场，交易包括买卖、互换、租赁、抵押等
特点	房地产具有不可移动、独一无二、寿命长久、供给有限、价值量大、用途多样、相互影响、易受限制、保值增值等特性，其中主要的特点有： （1）交易的房地产实物不能进行空间位置上的移动，只能是房地产权益（如房屋所有权、土地使用权）的转移； （2）供求状况、价格水平和价格走势等在不同地区各具特色，是一个地区性市场。通常以一个城市为一个市场； （3）容易出现垄断和投机； （4）较多地受法律、法规、政策等的影响和限制
分类	按照房地产流转次数，分为房地产一级市场、房地产二级市场和房地产三级市场。 按照房地产市场区域范围，分为整体房地产市场和区域房地产市场。 按照房地产交易目的，分为房地产使用市场和房地产投资市场。 按照房地产的用途（功能），分为居住房地产市场和非居住房地产市场

二、房地产市场竞争的概述（表 6-2）

表 6-2　房地产市场竞争的概述

项目	内　容
市场竞争	房地产市场竞争是指在房地产市场上交易双方为各自利益的最大化而进行的努力。具体有卖方与买方之间的竞争，卖方与卖方之间的竞争，以及买方与买方之间的竞争
市场结构	市场结构是描述市场竞争状态的经济学术语，又称为市场类型。 根据同一市场上竞争程度的不同，通常分为： （1）完全竞争市场，是竞争不受任何阻碍和干扰的市场，其必须具备：①所买卖的商品具有同质性，不存在差别；②单个买者或卖者都不能影响市场价格，只能是价格的接受者；③市场信息完全，买者和卖者都掌握当前价格的完整信息，并能预测未来的价格；④买者和卖者都可以自由进出市场；⑤买者和卖者无串通共谋行为，也没有政府干预

项目	内　容
市场结构	（2）垄断竞争市场，是既有垄断又有竞争、以竞争为主的市场。具有卖者和买者都比较多；产品存在差异，即产品在质量、功能、外观、品牌、服务等方面存在差别；市场信息比较完全的特点； （3）寡头垄断市场，是少数几个生产者的产量和市场份额即占该市场的绝大部分或者全部的市场； （4）完全垄断市场，是由一个卖者或一个买者控制的市场，又可分为卖方垄断、买方垄断和双边垄断，一般所讲的完全垄断，多指卖方垄断，其特点有：只有一个卖者，而买者很多；产品无相近的替代品；新生产者不能进入市场，潜在竞争与实际竞争一样是不存在的。 垄断生产者是市场价格的制定者，可以通过控制价格来调整市场需求

三、房地产市场波动（表6-3）

表6-3　　　　　　　　　　　房地产市场的波动

项目	内　容
市场周期	从长期来看，房地产市场会呈现出一种有规律的上升和下降的周期性交替变化。即每隔一段时间出现市场行情的上涨或下跌。 房地产市场周期大体有上升期、高峰期、衰退期、低谷期等四个阶段。 （1）上升期，需求不断增加，房屋（房地产）供不应求。需求的增加多发生在人口大量迁入、经济复苏、收入增加等时期。这一时期可描述为"消费需求夹杂着投资需求增加的时期"。其特点表现在租金和售价几乎同步上涨；二手房屋的价格上涨；在初期房屋空置率略高于正常水平，随后不断下降，直到后期恢复正常。 （2）高峰期，需求继续增加，但在此阶段的后期，开始减少。这一时期可描述为"投资需求夹杂着消费需求增加的时期"。其主要特征有：售价以比租金快得多的速度上涨；新房换手快，交易量大；大批房地产开发项目开工；房屋空置率也经历了在上升期的基础上继续下降到该阶段后期开始上升的过程。 （3）衰退期，价格上升到顶点，投资需求减少，房地产供给大于需求，价格出现下降。其主要特征有：新房销售困难；投资者纷纷设法将自己持有的房地产脱手，旧房交易量大；售价以比租金快得多的速度下降；房屋空置率上升。 （4）低谷期，需求继续减少，新的供给不再产生或很少产生。这一时期的主要特征为：市场极为萧条，交易量很小；房地产开发项目开工率低；消费需求依市场惯性减少，租金下降
市场泡沫	"泡沫"在经济方面指的是一种价格运动现象，即价格泡沫，具体是指一种资产或一系列资产的价格在一个连续过程中的快速上涨，从而价格远离价值。 房地产"泡沫"表现为地价、房价人为地、不合理地持续上涨，且其上涨速度远远超过了整个经济的增长速度。群体的非理性预期和过度的投机炒作是房地产"泡沫"形成的主要原因。其中，对房地产价格看涨的共同预期是形成房地产"泡沫"的基础。 可以将购买房地产的需求归纳为消费需求，投资需求，投机需求和跟风需求四类。 判断房地产是否有泡沫的方法，是看房地产市场价格是否持续、越来越高地背离其理论价格。简单的衡量指标有房价与房租之比、入住率等。其中，房产租售比更能反映真实的房地产供求状况

命题考点二　房地产供给与需求

一、房地产需求的概述（表6-4）

表6-4　　　　　　　　　　　　房地产需求的概述

项目	内　容
房地产需求	房地产需求是指消费者在某一特定的时间内，在每一价格水平下，对某种房地产所愿意而且能够购买（或承租）的数量。其形成的条件有两个：一是消费者愿意购买，二是消费者有能力购买
影响因素	（1）该种房地产的价格水平。一般来说，价格越高需求量越小。需求量与价格成负比的关系，经济学家称之为需求规律。吉芬物品是指某种生活必需品，在某种特定的条件下，消费者对这种商品的需求与其价格成同方向变化。 （2）消费者的收入水平。当消费者的收入增加时，就会增加对商品的需求；相反，就会减少对商品的需求。 （3）消费者的偏好。当消费者对某种房地产的偏好程度增强时，该种房地产的需求就会增加；相反，需求就会减少。 （4）相关物品的价格水平。当一种房地产自身的价格保持不变，而与它相关的物品的价格发生变化时，该种房地产的需求也会发生变化。 （5）消费者对未来的预期。消费者的需求不仅取决于其现在的收入和房地产目前的价格水平，还取决于消费者对未来收入和房地产未来价格的预期。当消费者预期房地产价格未来会上升时，就会增加对房地产的现期需求；相反，就可能持币待购，减少对房地产的现期需求。 由上可知，当一种房地产的价格低时，当消费者的收入高时，当消费者对该种房地产的偏好程度增强时，当该种房地产的替代品价格高或互补品价格低时，当消费者预期未来的收入会增加或该种房地产的价格未来会上升时，消费者对该种房地产的当前需求通常更多；反之，消费者对该种房地产的当前需求通常会减少
需求曲线	房地产的需求曲线表示房地产的需求量与其价格之间的关系——某种房地产的需求量如何随着该种房地产价格的变动而变动。 根据习惯，以纵坐标轴表示某种房地产的价格（P），横坐标轴表示该种房地产的需求量（Q），在价格较高时需求量减少，在价格较低时需求量增加，就可得到的一条向右下方倾斜的需求曲线（D）

二、房地产供给的概述（表6-5）

表6-5　　　　　　　　　　　　房地产供给的概述

项目	内　容
房地产供给	房地产供给是指房地产开发商和拥有者（房地产出售者或出租者）在某一特定的时间内，在每一价格水平下，对某种房地产所愿意而且能够提供出售（或出租）的数量。形成供给的条件有：房地产开发商和拥有者愿意供给；房地产开发商和拥有者有能力供给。 房地产在某一时间的潜在供给量为： 潜在供给量＝存量－拆毁量－转换为其他种类房地产量＋其他种类房地产转换为该种房地产量＋新竣工量

续表

项目	内 容
影响因素	对房地产供给起作用的因素有: (1) 该种房地产的价格水平,一般来说,价格越高供给量越多,供给量与价格正相关的这种关系,被称为供给规律; (2) 该种房地产的开发成本,在房地产价格不变的情况下,当其开发成本上升,房地产的供给就会减少; (3) 该种房地产的开发技术水平,开发技术水平的提高可以降低开发成本,增加开发利润; (4) 房地产开发商和拥有者对未来的预期,如果房地产开发商和拥有者对未来的预期看好,就会使未来的房地产供给增加,同时会减少房地产的现期供给。 由上可知,当一种房地产的价格高时,当该种房地产的开发成本低或开发技术水平提高时,当房地产开发商和拥有者预期未来该种房地产的价格会下降时,该种房地产的当前供给通常会增加;反之,该种房地产的当前供给通常会减少
供给曲线	房地产的供给曲线表示房地产的供给量与其价格之间的关系——某种房地产的供给量如何随着该种房地产价格的变动而变动。 一般,以纵坐标轴表示某种房地产的价格(P),横坐标轴表示该种房地产的供给量(Q),在价格较低时供给量减少,在价格较高时供给量增加,就可得到一条向右上方倾斜的供给曲线(S)

三、房地产供求平衡 (表 6-6)

表 6-6 房地产供求平衡

项目	内 容
房地产的均衡价格	房地产的均衡价格是房地产的市场需求曲线与市场供给曲线相交时的价格,也就是房地产的市场需求量与市场供给量相等时的价格。当市场价格偏离均衡价格时,会出现需求量与供给量不相等的非均衡状态。一般来说,在市场力量作用下,这种供求不相等的非均衡状态会逐渐消失,偏离的市场价格会自动地回复到均衡价格水平
均衡价格理论	均衡价格理论是价格原理的核心内容,它表明:均衡是市场价格运行的必然趋势,如果市场价格由于某种因素或者某些因素的影响而脱离了均衡价格,则必然会出现过剩或短缺,导致卖者之间或买者之间的竞争,形成价格下降或上升的压力和趋势,并最终趋向于均衡价格。此外,在理论上可以将房地产的供求状况分为 4 种类型: (1) 全国房地产总的供求状况; (2) 本地区房地产的供求状况; (3) 全国本类房地产的供求状况; (4) 本地区本类房地产的供求状况。 与其他可移动的商品不同,房地产由于不可移动及变更用途困难,决定某一房地产价格水平高低的供求状况,主要是本地区本类房地产的供求状况

四、房地产供求弹性的概述 (表 6-7)

表 6-7 房地产供求弹性的概述

项目	内 容
弹性	弹性是对作为因变量的经济变量的相对变化,对于作为自变量的经济变量的相对变化的反应程度(或敏感程度)的一种度量即: $$弹性 = \frac{作为因变量的经济变量的相对变化}{作为自变量的经济变量的相对变化}$$

续表

项目		内　容
需求弹性	价格弹性	房地产需求的价格弹性，简称为房地产需求弹性，用来表示在一定时期内一种房地产需求量的相对变化对于该种房地产自身价格的相对变化的反应程度，它是房地产需求量变化的百分比与其价格变化的百分比之比，即： $$房地产需求的价格弹性 = \frac{房地产需求量变化的百分比}{房地产价格变化的百分比}$$ 一般用正数来衡量需求的价格弹性
	收入弹性	房地产需求的收入弹性，表示消费者对某种房地产需求量的相对变化对于消费者收入量的相对变化的反应程度。它是房地产需求量变化的百分比与消费者收入量变化的百分比之比，即： $$房地产需求的收入弹性 = \frac{房地产需求量变化的百分比}{消费者收入量变化的百分比}$$
	人口弹性	房地产需求的人口弹性，表示房地产需求量的相对变化对于人口数量的相对变化的反应程度。它是房地产需求量变化的百分比与人口数量变化的百分比之比，即： $$房地产需求的人口弹性 = \frac{房地产需求量变化的百分比}{人口数量变化的百分比}$$
	交叉价格弹性	房地产需求的交叉价格弹性，是指某种房地产因另一种房地产或商品价格变化1%所引起的其需求量的百分比变化，即： $$房地产需求的交叉价格弹性 = \frac{一种房地产需求量变化的百分比}{另一种房地产或商品价格变化的百分比}$$
	价格预期弹性	房地产需求的价格预期弹性，是房地产需求量变化的百分比与预期的其未来价格变化的百分比之比，即： $$房地产需求的价格预期弹性 = \frac{房地产需求量变化的百分比}{预期的房地产价格变化的百分比}$$
供给弹性	价格弹性	房地产供给的价格弹性，简称为房地产供给弹性，表示在一定时期内一种房地产供给量的相对变化对于该种房地产价格的相对变化的反应程度。它是房地产供给量变化的百分比与其价格变化的百分比之比，即： $$房地产供给的价格弹性 = \frac{房地产供给量变化的百分比}{房地产价格变化的百分比}$$ 房地产供给的价格弹性一般以正数表式
	要素成本弹性	房地产供给的要素成本弹性，表示房地产供给量的相对变化对于要素价格的相对变化的反应程度。它是房地产供给量变化的百分比与要素价格变化的百分比之比，即： $$房地产供给的要求成本弹性 = \frac{房地产供给量变化的百分比}{要素价格变化的百分比}$$

五、弹性数值的类型 （表6-8）

表 6-8　　　　　　　　　　　　　　　　弹性数值的类型

弹性数值	类　型
弹性＞1	富有弹性
弹性＜1	缺乏弹性
弹性＝1	单一弹性
弹性为无穷大	完全弹性
弹性＝0	完全无弹性

命题考点三　资金的时间价值

一、资金时间价值的概念及存在原因（表6-9）

表6-9　　　　　　　　　　资金时间价值的概念及存在原因

项目	内　容
资金时间价值	资金时间价值又称货币的时间价值，其核心思想是现在的资金比将来的资金有更高的价值
存在原因	从经济理论上讲，资金存在时间价值的原因主要有： （1）资金增值，将资金投入到生产或流通领域，随着时间的推移而产生增值； （2）机会成本，是指在互斥的选择中，选择其中一个而非另一个时所放弃的收益； （3）承担风险，收到资金的不确定性通常随着收款日期的推远而增加，即未来得到钱不如现在就立即得到钱保险； （4）通货膨胀，通货膨胀是指商品和服务的货币价格总水平的持续上涨现象，现代市场经济一般是通货膨胀的

二、单利和复利的概念及计算（表6-10）

表6-10　　　　　　　　　　单利和复利的概念及计算

项目		内　容
利息和利率		资金的时间价值是同量资金在两个不同时点的价值之差，用绝对量来反映为利息额，用相对量来反映为利息率（通常简称利率）。利率是指单位时间内的利息与本金的比率，即： $$利率=\frac{单位时间内的利息}{本金}\times100\%$$ 计算利息的单位时间称为计息周期，通常为年。 计算利息的方式有单利和复利两种
计算	单利	单利是指每期均按原始本金计算利息，在单利计息的情况下，每期的利息是常数。 用 P 表示本金，i 表示利率，n 表示计息周数，I 表示总利息，F 表示计息期末的本利和，则计算公式为： $$I=P\times i\times n$$ $$F=P(1+i\times n)$$
	复利	复利是指以上一期的利息加上本金为基数计算当期利息的方法。不仅原始本金要计算利息，利息也要计算利息。 复利的本利和计算公式为： $$F=P(1+i)^n$$ 复利的总利息计算公式为： $$I=P[(1+i)^n-1]$$
单利和复利的换算		要使单利计息与复利计息两不吃亏的利率公式为： $$i_1=\frac{(1+i_2)^n-1}{n}$$ 或者 $$i_2=(1+i_1{}^n\times n)^{1/n}-1$$

三、名义利率和实际利率的概念和计算（表 6-11）

表 6-11　　　　　　　　　　名义利率和实际利率的概念和计算

项目	内　容
名义利率和实际利率	当利率的时间单位与计息周期不一致时，就出现了名义利率和实际利率（又称为有效利率）的问题
名义利率的计算	假设名义年利率为 r，一年中计息 m 次，则每次计息的利率为 r/m，至 n 年末时，则名义利率下的本利和为：$$F = P(1+r/m)^{n \times m}$$
换算	名义利率和实际利率的换算可通过令一年末名义利率与实际利率的本利和相等来进行，则有：$$P(1+i) = P(1+r/m)^m$$ 由上述等式可以得出名义利率与实际利率的关系：$$i = (1+r/m)^m - 1$$

四、资金时间价值的概述（表 6-12）

表 6-12　　　　　　　　　　资金时间价值的概述

项目	内　容
基本说明	P 表示现值，是指相对于将来值的任何以前时间的价值。 F 表示将来值（又称未来值、终值），是指相对于现值的任何以后时间的价值。 i 表示利率（或称折现率）。 n 表示计息的周期数。 A 表示等额年金，是指一系列每年相等的金额。 G 表示按一定数额递增的年金的逐年增加额。 s 表示按一定比率递增的年金的逐年增长率
假设条件	（1）资金时间价值换算中采用的是复利。 （2）利率的时间单位与计息周期一致，为年。 （3）本年的年末为下一年的年初。 （4）现值 P 是在当前年度开始时发生的。 （5）将来值 F 是在当前以后的第 n 年年末发生的。 （6）年金 A 是在每年年末发生的。 （7）第一个等差额 G 和增长率 s 是在第二年年末发生的
基本关系	现值＋复利利息＝将来值

五、资金时间价值的换算公式（表 6-13）

表 6-13　　　　　　　　　　资金时间价值的换算公式

项目	内　容
现值转换为将来值	$$F = P(1+i)^n$$ 式中，$(1+i)^n$ 称为"一次支付终值系数"，通常用 $(F/P, i, n)$ 来表示

续表

项目	内　容
将来值转换为现值	$$P=F\frac{1}{(1+i)^n}$$ 式中，$\frac{1}{(1+i)^n}$ 称为"一次支付现值系数"，通常用 $(P/F, i, n)$ 来表示
等额年金转换为将来值	$$P=A\frac{i\ (1+i)^n-1}{i}$$ 式中，$\frac{(1+i)^n-1}{i}$ 称为"等额序列终值系数"，通常 $(F/A, i, n)$ 来表示
将来值转换为等额年金	$$A=F\frac{i}{(1+i)^n-1}$$ 式中，$\frac{i}{(1+i)^n-1}$ 称为"偿债基金系数"，通常用 $(A/F, i, n)$ 来表示
等额年金转换为现值	$$P=A\frac{(1+i)^n-1}{i\ (1+i)^n}$$ 式中，$\frac{(1+i)^n-1}{i\ (1+i)^n}$ 称为"等额序列现值系数"，通常用 $(P/A, i, n)$ 来表示
现值转换为等额年金	$$A=P\frac{i\ (1+i)^n}{(1+i)^n-1}$$ 式中，$\frac{i\ (1+i)^n}{(1+i)^n-1}$ 称为"资金回收系数"，通常用 $(A/P, i, n)$ 来表示
按一定数额递增的年金转换为现值	$$P=A_1\frac{(1+i)^n-1}{i\ (1+i)^n}+\frac{G}{i}\left[\frac{(1+i)^n-1}{i\ (1+i)^n}-\frac{n}{(1+i)^n}\right]$$ 式中，$\frac{1}{i}\left[\frac{(1+i)^n-1}{i\ (1+i)^n}-\frac{n}{(1+i)^n}\right]$ 称为"等差序列现值系数"，通常用 $(P/G, i, n)$ 来表示
按一定比率递增的年金转换为现值	$$P=\frac{A_1}{i\text{-}s}\left[1-\left(\frac{1+s}{1+i}\right)^n\right]\cdots(i\neq s)$$ $$P=\frac{A_1\times n}{(1+i)}\cdots(i=s)$$ 式中，$\frac{1}{i-s}\left[1-\left(\frac{1+s}{1+i}\right)^n\right]$ 称为"等差序列现值系数"，通常用 $(P/s, i, n)$ 来表示
永续等额年金转换为现值	$$P=A=\frac{1}{I}$$
不规则年金转换为现值	$$P=\frac{A_1}{(1+i)}+\frac{A_2}{(1+i)^2}+\frac{A_3}{(1+i)^3}+\cdots+\frac{A_n}{(1+i)^n}=\sum_{t=1}^{n}\frac{A_t}{(1+i)^t}$$

命题考点四　房地产投资分析

一、房地产投资的概念（表 6-14）

表 6-14　　　　　　　　　　　房地产投资的概念

项目	内　容
房地产投资	投资的预期收益主要是经济收益，也包括神会效益，甚至是任何"好处"

项目	内　容
房地产投资	广义的投资包含投机，投机也可以说是一种特殊的投资。投资、投机、赌博三者有时很难区分，投资较看重长期的时间介入，而且强调理性的分析与评估，背后隐含着合理的风险与收益；投机较看重短期的时间介入，缺乏理性的分析与评估，主要凭直觉或非正规渠道的信息作判断，背后隐含着不正常的风险与收益；赌博是没有时间因素的介入，无法进行理性的分析与评估，背后隐含着极大的风险，并且长期平均收益为负值
特征	(1) 投资必须有投入。 (2) 投资必须求回报。 (3) 投资具有时间性。 (4) 投资具有风险性
阶段	(1) 寻找投资机会。 (2) 评价投资机会（也称为投资方案评价、投资项目评价）。 (3) 选择投资方案（也称为投资决策，其结果为投资和不投资两种）。 (4) 实施投资方案
类型	房地产投资可分为直接投资和间接投资两大类。 其中直接投资主要有： (1) 购买现房（如现成的写字楼、铺面或住宅）、场地或期房后出租； (2) 购买房地产后出租一段时间（如若干年），然后再转卖； (3) 购买房地产后等待一段时间，涨价后再转卖； (4) 购买房地产后自用一段时间（如若干年），然后再转卖； (5) 购买土地、在建工程或旧房后进行开发、续建、装修改造等，然后出售、出租、直接经营

二、房地产投资项目经济评价概述（表 6-15）

表 6-15　　　　　　　　房地产投资项目经济评价概述

项目	内　容
房地产投资项目经济评价	房地产投资项目经济评价是房地产投资的最重要环节之一，它为房地产投资决策提供依据。 任何一项投资都包含着收益和风险两个基本因素，即预期收益的大小，预期收益的持续时间和预期收益获取的可靠性（也称为安全性、确定性、可能性、稳定性等）
分类	根据风险偏好，可将投资者分为三类： (1) 投机型的投资者，如通常所说的冒险家、赌徒； (2) 保守型的投资者，通常的做法是将资金存入银行获取利息； (3) 普通投资者，大多数投资者属于这一类
具体步骤	(1) 估计相关的现金流量。 (2) 计算有关的评价指标。 (3) 将评价指标与可接受的标准进行比较，得出评价结论

三、现金流量分析技术（表 6-16）

表 6-16　　　　　　　　　　现金流量分析技术

项目	内　容
现金流量	现金流量是指一个项目（方案或企业）在某一特定时期内收入或支出的资金数额。 现金流量分为现金流入量、现金流出量和净现金流量

续表

项目	内　容
现金流量	现金流入量具体是指由于投资项目实施而引起的资金收入的增加或资金支出的减少；现金流出量具体是指由于投资项目实施而引起的资金支出的增加或资金收入的减少；净现金流量是指某一时点上的正现金流量与负现金流量的代数和，即： 净现金流量＝现金流入量－现金流出量
现金流量图	为便于计算而将现金流入、现金流出及其量值的大小、发生的时点用图形描绘出来的图即是现金流量图。 　　现金流量图一般用水平线表示时间，水平线划分为长短相同的间隔代表时间单位，即计息周期，通常为年。以 0 表示时间序列的起点，依次向右延伸，从 1 到 n 分别代表各计息周期的终点。最后用带箭头的垂直线段代表现金流量，箭头向上表示现金流入，箭头向下表示现金流出。以垂直线的长短来表示现金流量的绝对值大小，即现金流量越大，垂直线越长
现金流量表	现金流量表是将现金流量用表格的形式表现出来。现金的收支按发生的时间列入相应的时期

四、房地产投资项目经济评价指标和方法（表 6-17）

表 6-17　　　　　　　　　　房地产投资项目经济评价指标和方法

项目	内　容
财务净现值	财务净现值（$FNPV$）通常简称净现值，是指按设定的折现率计算的项目计算期内各年净现金流量的现值之和。计算公式为： $$FNPV = \sum_{t=0}^{n} (CI\text{-}CO)_t (1+i_c)^{-t}$$ 式中　$FNPV$——项目在起始点时的财务净现值； 　　　　CI——现金流入量； 　　　　CO——现金流出量； 　　$(CI-CO)_t$——第 t 年的净现金流量； 　　　　n——计算期年数； 　　　　i_c——设定的折现率。 　　计算净现值的方式主要有两种：一是先计算项目计算期内各年的净现金流量，然后计算各年净现金流量的现值之和，即得到了财务净现值；二是先分别计算项目计算期内各年现金流入量的现值之和及现金流出量的现值之和，然后由现金流入量的现值之和减去现金流出量的现值之和，即得到了财务净现值。 　　财务净现值是评价项目盈利能力的绝对指标，如果 $FNPV \geqslant 0$，则表明项目的盈利能力达到或者超过了按设定的折现率计算的盈利水平，因而可以接受。如果 $FNPV < 0$，则应被淘汰
财务内部收益率	财务内部收益率（$FIRR$）通常简称内部收益率，是指项目在整个计算期内各年净现金流量现值累计等于零时的折现率。它是评价项目盈利能力的动态指标，$FIRR$ 是通过试错法与线性内插法相结合的方法来求取，计算公式为： $$FIRR = i_1 + \frac{(i_2\text{-}i_1) \times |NPV_1|}{|NPV_1| + |NPV_2|}$$ 式中　i_1——当净现值为接近于零的正值时的折现率； 　　　i_2——当净现值为接近于零的负值时的折现率； 　NPV_1——i_1 时的净现值（正值）； 　NPV_2——i_2 时的净现值（实际为负值，但在此取其绝对值）。 　　折现率 i_1 与 i_2 之差值一般不应超过 $1\% \sim 2\%$，如果 $FIRR \geqslant i_c$，则表明项目的盈利能力达到或者超过了所要求的收益率，因而可以接受。如果 $FIRR < i_c$，则应被淘汰

项目	内　　容
区别	财务内部收益率法与财务净现值法的主要区别在于财务净现值是一个数额，财务内部收益率是一个比率；财务净现值法需要预先设定一个折现率，而这个折现率在事先通常是很难确定的；财务内部收益率法则不需要预先设定一个折现率
投资回收期	投资回收期（P_t）是指以项目的净收益偿还项目全部投资所需要的时间，是用于衡量投资项目投资回收速度的评价指标。一般以年为单位，从项目建设起始年算起。其计算公式为： $$P_t = \frac{累计净现金流量开始}{出现正值的年份数} - 1 + \frac{上年累计净现金流量的绝对值}{当年净现金流量值}$$ 投资回收期越短，表明项目的盈利能力和抗风险能力越好。如果 $P_t \leqslant P_c$，则表明项目的盈利能力达到或者超过了所要求的收益率，因而是可以接受的；如果 $P_t > P_c$，则应被淘汰

第七章　房地产价格和估价

命题考点一　房地产价格概述

一、房地产价格的概念和形成条件（表7-1）

表7-1　　　　　　　　　　　房地产价格的概念和形成条件

项目	内容
房地产价格	房地产价格是和平地获得他人的房地产所必须付出的代价——货币、实物、无形资产或其他经济利益。通常用货币表示，也可以用实物等非货币形式来偿付
形成条件	房地产要有价格就需要具备有用性、稀缺性和有效需求三个条件。 有用性是指物品能够用来满足人们的某种需要，经济学上称为有使用价值。 稀缺性是指物品的数量没有多到使每个人都可以随心所欲地得到它，是相对缺乏，而不是绝对缺乏。 有效需求是指对物品的有支付能力支持的需要——不但愿意购买而且有能力购买。需要不等于有效需求，有支付能力支持的需要才是有效需求

二、房地产价格的特征（表7-2）

表7-2　　　　　　　　　　　房地产价格的特征

项目	内容
共同点	房地产价格与一般物品价格的共同之处在于：都是价格，用货币来表示；都有波动，受供求因素的影响；都是按质论价，优质高价，劣质低价
特征	房地产价格与一般物品价格的不同表现在： （1）房地产价格受区位的影响很大，一宗房地产的区位是该宗房地产与其他房地产或事物在空间方位和距离上的关系，除了其地理坐标位置，还包括它与重要场所的距离。房地产的区位可以分为位置（或坐落）、交通、环境和配套设施四个方面。其中，最常见、最简单的是用距离来衡量区位的好坏； （2）房地产价格实质上是房地产权益的价格，房地产由于不可移动，在交易中可以转移的不是其实物，而是其所有权、使用权或其他权益； （3）房地产价格容易受交易者的个别情况的影响，房地产价格通常随交易的需要而个别形成，并容易受买卖双方的个别情况（如议价能力，卖方急需现金，买方的偏好、财力、感情冲动等）的影响； （4）房地产价格既有交换代价的价格，又有使用代价的租金，一是其本身有一个价格，经济学上称为源泉价格，即交换代价的价格；二是使用它一定时间的价格，经济学上称为服务价格，即使用代价的租金； （5）房地产价格形成的时间通常较长，房地产因为具有独一无二的特性，相互之间难以比较，加上价值较大，在非房地产市场过热导致"抢购"的情况下，人们对房地产交易通常很谨慎，难以在短时间内达成

命题考点二 房地产价格和价值的种类

一、价值、使用价值和交换价值的概念（表 7-3）

表 7-3 价值、使用价值和交换价值的概念

项目	内 容
价值	在经济学里，广义的价值有使用价值和交换价值之分
使用价值	使用价值是指物品能满足人们某种需要的效用
交换价值	交换价值是指一种商品同另一种商品相交换的量的关系或比例，即交换价值表现为一定数量的其他商品，通常用货币来衡量
关系	任何一种物品能够成为商品，首先必须是有用物。没有使用价值是物品不能成为商品。使用价值是交换价值的前提，没有使用价值就没有交换价值；但是，没有交换价值不一定没有使用价值

二、投资价值和市场价值（表 7-4）

表 7-4 投资价值和市场价值

项目	内 容
投资价值	房地产的投资价值，是指某个特定的投资者（如某个具体的购买者）基于个人的需要或意愿，对该房地产所评估出的价值
市场价值	房地产的市场价值，是指该房地产对于一个典型的投资者（市场上抽象的一般投资者，他代表了市场上大多数人的观点）的价值
区别	市场价值来源于市场参与者的共同价值判断，是客观的、非个人的价值；投资价值是对特定的投资者而言的，是建立在主观的、个人因素基础上的价值。在某一时点，市场价值是唯一的，而投资价值会因投资者的不同而不同。 投资价值与市场价值的不同在于投资者对房产地产未来收益能力的估计不同。 投资者评估的房地产的投资价值大于或等于该房地产的市场价格，是其投资行为（或交易）能够实现的基本条件。当投资价值大于市场价格时，说明值得投资（购买）；反之，说明不值得投资（购买）

三、成交价格、市场价格和理论价格（表 7-5）

表 7-5 成交价格、市场价格和理论价格

项目	内 容
成交价格	简称成交价，是指在一笔房地产交易中交易双方实际达成交易。成交价格是一个已经完成的事实，应对其形成机制，即卖方要价、买方出价和买卖双方成交价三者的关系有所了解： （1）卖方要价也可称为供给价格，是站在卖方的角度，指卖方出售房地产时所愿意接受的价格

续表

项目	内 容
成交价格	（2）买方出价也可称为需求价格，是站在买方的角度，指买方购买房地产时所愿意支付的价格； （3）卖方要价和买方出价都只是买卖双方中某一方所愿意接受的价格。 在实际交易中，一笔成功的房地产交易，买方最高出价≥买卖双方成交价≥卖方最低要价。 成交价格可能是正常的，也可能是不正常的，因此，可以将成交价格区分为正常成交价格和非正常成交价格
市场价格	市场价格是指某种房地产在市场上的一般、平均水平价格，是该类房地产大量成交价格的抽象结果
理论价格	理论价格是经济学假设的"经纪人"的行为和预期是理性的，或真实需求与真实供给相等的条件下形成的价格。 一方面，价格是由供给力量与需求力量的相互作用决定的；另一方面，供给量与需求量又受价格的影响，通过价格调节达到均衡。市场价格和理论价格相比，市场价格是短期均衡价格，理论价格是长期均衡价格。市场价格的正常波动是由真实需求与真实供给相互作用造成的

四、总价格、单位价格和楼面地价（表7-6）

表7-6　　　　　　　　　　总价格、单位价格和楼面地价

项目	内 容
总价格	总价格简称总价，是指某一宗或某一区域范围内的房地产整体的价格，一般不能完全反映房地产价格水平的高低
单位价格	单位价格简称单价，其中土地单价是指单位土地面积的土地价格，土地与建筑物合在一起的房地产单价通常是指单位建筑物面积的价格。单价一般可以反映房地产价格水平的高低，它由货币和面积两方面构成
楼面地价	楼面地价是一种特殊的土地单价，是按照土地上的建筑物面积均摊的土地价格。楼面地价与土地总价的关系为： $$楼面地价=\frac{土地总价}{总建筑面积}$$ 楼面地价、土地单价、容积率三者之间的关系为： $$楼面地价=\frac{土地总价}{总建筑面积}\times\frac{土地总面积}{土地总面积}=\frac{土地总价}{容积率}$$

五、名义价格和实际价格（表7-7）

表7-7　　　　　　　　　　名义价格和实际价格

项目	内 容
名义价格	名义价格是表面的价格，能直接观察到
实际价格	需要在名义价格的基础上进行计算或者处理才能得到

六、现货价格和期货价格 (表7-8)

表7-8 现货价格和期货价格

项目	内　　容
现货价格	现货价格是指在交易达成后立刻或在短期内（可视为在交易达成的同时）进行商品交割的价格
期货价格	期货价格是指在交易达成后按约定在未来某个日期进行商品交割的价格
关系	房地产也有类似的现货交易和期货交易及现货价格和期货价格。期房价格与现房价格之间的关系是： 期房价格＝现房价格－预主从期房达到现房期间现房出租的净收益的折现值－风险补偿

七、租赁价格、抵押价值、计税价值和房屋重置价格 (表7-9)

表7-9 租赁价格、抵押价值、计税价值和房屋重置价格

项目	内　　容
租赁价格	租赁价格通常称为租金，是房屋所有权人或土地使用权人作为出租人将其房地产出租给承租人使用，由出租人向承租人收取或承租人向出租人支付的货币或实物、无形资产和其他经济利益。 　　真正的房租构成因素应当包括地租；房屋折旧费（建筑结构、设施设备和装饰装修的折旧费）；房屋维修费；管理费；投资利息；保险费；房地产税（目前属于这种性质的税有城镇土地使用税、房产税）；租赁费用；租赁税费；利润
抵押价值	房地产抵押价值是在抵押期间的各个时点，将抵押房地产拍卖、变卖后最可能所得的价款扣除法定优先受偿后的余额。 　　法定优先受偿款是假定实现抵押权时，法律法规规定优先于本次抵押贷款受偿的款额，包括已抵押担保的债权数额、拖欠建设工程价款和其他法定优先受偿款，但不包括诉讼费用、拍卖费用、估价费用、营业税及附加等拍卖、变卖的费用和税金
计税价值	计税价值也称为课税价值，有些场合称为计税租金，是为税务机关核定计税依据提供参考而评估的房地产价值或租金。 　　房产税的计税依据是房产原值一次减除10%～30%后的余值或房产的租金收入，因此，房产税的计税价值是评估的房产原值或房产租金
房屋重置价格	房屋重置价格是指不同区域、不同用途、不同建筑结构、不同档次或等级的房屋，在某一基准日期建造它所发生的必要支出及应当获得的利润

八、补地价的概述 (表7-10)

表7-10 补地价的概述

项目	内　　容
补地价	补地价是指建设用地使用权人因改变国有建设用地使用权出让合同约定的土地使用条件等而需向国家缴纳的地价款、土地使用权出让金、土地收益等。需要补地价的情形主要有： （1）改变土地用途、容积率等土地使用条件； （2）延长土地使用期限（包括建设用地使用权期间届满后的续期）； （3）转让、出租、抵押以划拨方式取得建设用地使用权的房地产

续表

项目	内 容
计算公式	对于改变土地用途、容积率等土地使用条件的，补地价的数额理论上等于批准变更时新旧土地使用条件下的土地市场价格之差额，即： 补地价＝新土地使用条件下的土地市场价格－旧土地使用条件下的土地市场价格 对于单纯提高容积率，改变土地用途并提高容积率的补地价来说，补地价的数额为： 补地价（单价）＝新楼面地价×新容积率－旧楼面地价×旧容积率 补地价（总价）＝补地价（单价）×土地总面积 如果楼面地价不随容积率的改变而改变，则： 补地价（单价）＝楼面地价×（新容积率－旧容积率） 或者 $$补地价（单价）＝\frac{旧容积率下的土地单价}{旧容积率}（新容积率－旧容积率）$$ 或者 $$补地价（单价）＝\frac{新容积率下的土地单价}{新容积率}（新容积率－旧容积率）$$

九、市场调节价、政府指导价和政府定价（表 7-11）

表 7-11　　　　　　　市场调节价、政府指导价和政府定价

项目	内 容
市场调节价	市场调节价是指由经营者自主制定，通过市场竞争形成的价格
政府指导价	政府指导价是指由政府价格主管部门或者其他有关部门，按照定价权限和范围规定基准价及其浮动幅度，指导经营者制定的价格。对实行政府指导价的房地产，因经营者应在政府指导价规定的幅度内制定价格，所以估价结果不得超出政府指导价规定的幅度
政府定价	政府定价是由政府价格主管部门或者其他有关部门，按照定价权限和范围制定的价格。对实行政府定价的房地产，经营者应执行政府定价

命题考点三　房地产价格的影响因素

一、房地产价格的影响因素概述（表 7-12）

表 7-12　　　　　　　房地产价格的影响因素概述

项目	内 容
影响因素	(1) 不同的影响因素或者其变化，引起房地产价格变动的方向是不尽相同的。 (2) 不同的影响因素或者其变化，引起房地产价格变动的程度是不尽相同的。 (3) 不同价格影响因素的变化与房地产价格变动之间的关系是不尽相同的。 (4) 有些影响因素对房地产价格的影响与时间无关，有些影响因素对房地产价格的影响与时间有关。 (5) 各种影响因素对同一类型房地产价格的影响方向和影响程度不是一成不变的。 (6) 同一影响因素在不同地区对房地产价格的影响可能是不相同的。 (7) 各种影响因素在不同水平上的变化对房地产价格的影响是不相同的

项目	内 容
影响因素	（8）某些影响因素对房地产价格的影响可以用数学公式或数学模型来量化，但更多因素对房地产价格的影响却难以用数学公式或数学模型来量化

二、人口因素的概述（表 7-13）

表 7-13 **人口因素的概述**

项目	内 容
人口数量	房地产价格与人口数量的关系成正比发展，其中人口增长是引起人口数量变化的一个重要因素，人口增长率是反映人口增减速度的主要指标。即某一地区的人口增长率是该地区一年内人口增长的绝对数与其同期年平均总人数之比。计算公式为： $$人口增长率 = \frac{本年人口增长绝对数}{年平均总人数} \times 1000‰$$ 人口增长又可分为人口自然增长和人口机械增长。 $$人口自然增长率 = \frac{本年出生人数 - 本年死亡人数}{年平均总人数} \times 1000‰$$ $$人口机械增长率 = \frac{本年迁入人数 - 本年迁出人数}{年平均总人数} \times 1000‰$$ 在人口数量因素中，反映人口数量的相对指标是人口密度。一方面，人口高密度地区有可能刺激商业、服务业等的发展；另一方面，人口密度过高会导致生活环境恶化，有可能降低房地产价格
人口结构	人口结构是指一定时期内人口按照性别、年龄、家庭、职业、文化、民族等因素的构成状况。 随着家庭人口规模小型化，即家庭平均人口数的下降，家庭数量增多，所需要的住宅总量将增加，住宅价格有上涨的趋势
人口素质	人们的文化教育水平、生活质量和文明程度，可以引起房地产价格的变化，随着社会的发展，对居住环境的要求也逐渐提高，从而增加对房地产的需求，导致房地产价格升高

三、居民收入、物价、房地产税收、心理等影响因素（表 7-14）

表 7-14 **居民收入、物价、房地产税收、心理等影响因素**

项目	内 容
居民收入	居民收入对房地产价格的影响，要看现有的收入水平及边际消费倾向的大小而定。所谓边际消费倾向，是指收入每增加一个单位所引起的消费变化，即新增加消费占新增加收入的比例。 如果居民收入的增加是低收入者的收入增加，其增加的收入大部分或全部会用于衣食等基本生活的改善，这对房地产价格的影响不大。如果居民收入的增加是中等收入者的收入增加，其增加的收入此时依消费顺序会大部分甚至全部用于提高居住水平，从而会促使居住房地产价格上涨。如果居民收入的增加是高收入者的收入增加，增加的收入可能大部分甚至全部用于储蓄或其他投资，这对房地产价格的影响也不大；如果他们利用剩余的收入从事房地产置业投资或投机，则会影响房地产价格

续表

项目	内　容
物价	反映一般物价变动的指标主要有居民消费价格指数和生产资料价格指数。在我国的统计资料中，房地产被列入固定资产投资，因此，居民消费价格指数和生产资料价格指数只是起到间接影响的作用。物价的普遍波动表明货币购买力的变动，即币值发生变动。此时物价变动，房地产价格也随之变动，在其他条件不变的情况下，两者的动向应一致，物价变动就相当于房地产价格的变动。 　不论一般物价总水平是否变动，其中，建筑材料价格（特别是水泥、建筑钢材、木材的价格）、建筑构配件价格、建筑设备价格、建筑人工费的上涨，都会增加房地产的开发建设成本，从而可能推动房地产价格上涨。 　房地产价格与地价的关系：一是成本决定论，地价上涨导致房价上涨；二是需求带动论，由市场供求决定，地价水平取决于房价水平；三是相互影响论，房价与地价在一定范围内是相互作用、相互影响的关系。在有较多土地供应者的情况下，房价是主动的，地价是被动的，即地价水平主要取决于房价水平。在房地产开发用地由政府独家垄断供应的情况下，土地一级市场上的地价水平在很大程度上影响着新建商品房的价格水平
房地产税收	房地产税收的影响可以分为： 　（1）房地产开发环节的税收，增加房地产开发环节的税收，会增加房地产开发建设成本，从而会推动房地产价格上升；相反，会使房地产价格下降； 　（2）房地产交易环节的税收，增加买方的税收，如提高契税税率，会抑制房地产需求，从而会使房地产价格下降；而增加卖方的税收，如收取土地增值税，会使房地产价格上升； 　（3）房地产保有环节的税收，相当于商品使用环节的税收，例如开征物业税，实际上就是增加了持有房地产的成本，会使自用需求倾向于购买较小面积的房地产，并会抑制房地产投资和投机，从而减少房地产需求，使房价下降
心理	心理因素对房地产价格的影响有时是不可忽视的，影响房地产价格的心理因素主要有： 　（1）购买或出售时的心态； 　（2）个人欣赏趣味（偏好）； 　（3）时尚风气、跟风或从众心理； 　（4）接近名家住宅心理； 　（5）讲究风水或吉祥号码

命题考点四　房地产估价基本方法

一、市场法的概述（表 7-15）

表 7-15　　　　　　　　　　　　市场法的概述

项目	内　容
市场法	市场法是选取一定数量发生过交易且符合一定条件的与估价对象相似的房地产与估价对象进行比较，对它们的成交价格进行适当的处理来求取估价对象价值的方法。 　选取的发生过交易且符合一定条件的与估价对象相似的房地产，通常称为可比实例
适用对象	市场法适用的对象是数量较多且经常发生交易的房地产，如住宅、写字楼、商铺、标准厂房、房地产开发用地等。 　对于数量、发生交易很少，可比性很差的房地产难以用市场比较法估价

二、市场法估价的基本步骤（表 7-16）

表 7-16　　　　　　　　　　　市场法估价的基本步骤

基本步骤		内　　容
搜集交易实例		用市场法估价，首先需要拥有大量真实的交易实例，这样才能把握正常的市场价格行情，评估出客观合理的价值。 搜集交易实例的内容，一般包括： （1）交易实例房地产基本状况； （2）交易双方； （3）成交日期； （4）成交价格； （5）付款方式； （6）交易情况
选取可比实例		用于参照比较的交易实例，称为可比实例。 选取的可比实例应符合四个基本要求： （1）可比实例应是与估价对象相似的房地产； （2）可比实例的成交日期应尽量接近估价时点； （3）可比实例的交易类型应与估价目的吻合； （4）可比实例的成交价格应尽量为正常市场价格。 一般选取 3 个以上（含 3 个）、10 个以下（含 10 个）可比实例即可
对可比实例成交价格做适当的处理	建立比较基准	选取了可比实例之后，需要进行换算处理，使它们之间的口径一致、相互可比，并统一到需要求取的估价对象的价格单位上来，为后续进行修正、调整建立共同的基础。建立比较基准包括：（1）统一房地产范围；（2）同意付款方式；（3）统一价格单位。 房地产成交价格一般通过折现计算：统一单价方面采用单位面积上的价格；不同币种价格间的换算，以价格所对应的日期当时的汇率为依据，以"元"为货币单位。 房地产交易中的换算公式： $$建筑面积下的价格＝套内建筑面积下的价格×\frac{套内建筑面积}{建筑面积}$$ $$建筑面积下的价格＝使用面积下的价格×\frac{使用面积}{建筑面积}$$ $$套内建筑面积下的价格＝使用面积下的价格×\frac{使用面积}{套内建筑面积}$$
	交易情况修正	对可比实例成交价格进行的修正，称为交易情况修正。 进行交易情况修正时，可能使可比实例成交价格偏离正常市场价格的因素有： （1）利害关系人之间的交易； （2）急于出售或急于购买的交易； （3）交易双方或某一方对市场行情缺乏了解的交易； （4）交易税费非正常负担的交易； （5）受债权债务关系影响的交易等。 修正法中的价格公式为： $$正常成交价格－应由卖方缴纳的税费＝卖方实际得到的价格$$ $$正常成交价格＋应由买方缴纳的税费＝买方实际付出的价格$$ 其中，应由买（卖）方缴纳的税费＝正常交易价格×应由买（卖）方缴纳的税费比率 应由卖方缴纳的税费比率： $$正常成交价格＝\frac{卖方实际得到的价格}{1－应由卖方缴纳的税费比率}$$ 应由买方缴纳的税费比率： $$正常成交价格＝\frac{买方实际付出的价格}{1＋应由买方缴纳的税费比率}$$

续表

基本步骤		内　容
对可比实例成交价格做适当的处理	市场状况调整	交易日期调整实质上是房地产市场状况对房地产价格的影响进行调整，故又可称之为房地产市场状况调整，简称市场状况调整。市场状况调整的关键是把握估价对象或可比实例这类房地产的市场价格自某个时期以来的涨落变化情况。 调整的具体方法，可以采用价格指数或价格变动率，也可以采用时间序列分析
	房地产状况调整	进行房地产状况调整，是将可比实例在成交日期时的房地产状况下的价格，调整为估价对象在估价时点时的房地产状况下的价格。 房地产状况调整可以分为区位状况调整、权益状况调整和实物状况调整。 房地产状况调整总的思路是：如果可比实例房地产状况好于估价对象房地产状况，则应对可比实例价格做减价调整；反之，则应做增价调整
求取比准价格		经过修正和调整后，就把可比实例房地产的成交价格变成了估价对象房地产在估价时点的价值。最后采用简单算术平均、加权算术平均等方法把它们综合成一个价格，以此作为市场法的估价结果

三、收益法的概述（表 7-17）

7-17　　　　　　　　　　　　收益法的概述

项目	内　容
收益法	收益法是预测估价对象的未来收益，然后利用报酬率或资本化率、收益乘数将未来的收益转换为价值来求取估价对象价值的方法。 收益法是以预期原理为基础的。房地产的价值主要取决于：未来净收益的大小；获得净收益期限的长短；获得净收益的可靠性
适用对象	有收益或有潜在收益的房地产，不限于估价对象本身现在是否有收益，只要估价对象所属的这类房地产有获取收益的能力即可。 对于行政办公楼、学校、公园等公用、公益性房地产的估价，收益法大多不适用

四、报酬资本化的主要计算公式（表 7-18）

表 7-18　　　　　　　　　　报酬资本化的主要计算公式

条件	计算公式	含义
收益期限为有限年且净收益每年不变	$V=\dfrac{A}{Y}\left[1-\dfrac{1}{(1+Y)^n}\right]$	式中　V——房地产的收益价格； A——房地产的净收益； Y——房地产的报酬率或折现率； n——房地产的收益期限，是自估价时点起至未来可以获得收益的时间，通常为收益年限
收益期限为无限年且净收益每年不变	$V=\dfrac{A}{Y}$	
净收益在前若干年有变化	$V=\sum\limits_{i=1}^{t}\dfrac{A_i}{(1+Y)^i}+\dfrac{A}{Y(1+Y)^t}\left[1-\dfrac{1}{(1+Y)^{n-t}}\right]$	
预知未来若干年后的价格	$V=\sum\limits_{i=1}^{t}\dfrac{A_t}{(1+Y)^i}+\dfrac{V_t}{(1+Y)^t}$	

五、收益法的基本步骤（表 7-19）

表 7-19 收益法的基本步骤

基本步骤		内　容
预测估价对象的未来收益	未来收益	用于收益法中转换为价值的未来收益主要有潜在毛收入、有效毛收入、净运营收益、税前现金流量和期末转售收益。 潜在毛收入是假定房地产在充分利用、无空置（即100％出租）情况下的收入。 有效毛收入是由潜在毛收入扣除空置等造成的收入损失后的收入。 净运营收益通常简称净收益，是由有效毛收入扣除运营费用后得到的归属于房地产的收入。 税前现金流量是从净收益中扣除抵押贷款还本付息额后的数额。 期末转售收益是在房地产持有期末转售房地产可以获得的净收益
	获取收益的方式	收益性房地产获取收益的方式，主要有出租和营业两种。据此，净收益的测算途径可分为两种：一是基于租赁收入测算净收益，二是基于营业收入测算净收益。 出租的房地产的净收益通常为租赁收入扣除由出租人负担的费用后的余额。包括租金收入和租赁保证金或押金的利息收入。出租人负担的费用，一般为维修费、管理费、保险费、房地产税、租赁费用、租赁税费
报酬率的求取		报酬率即折现率，是与利率、内部收益率同类性质的比率，为投资回报与所投入资本的比率。投资回收是指所投入资本的回收，即保本。投资回报是指所投入资本全部回收之后所获得的额外资金，即报酬。投资回报不包含投资回收。 投资既要获取收益，又要承担风险。报酬率与投资风险正相关，风险大的投资，其报酬率也高，反之则低。 求取报酬率的方法主要有累加法和市场提取法。累加法的公式为： 报酬率＝无风险报酬率＋投资风险补偿＋管理负担补偿＋缺乏流动性补偿－投资带来的优惠 市场提取法是利用与估价对象房地产具有类似收益特征的可比实例房地产的价格、净收益等资料，选用相应的报酬资本化法公式，反求出报酬率
直接资本化法		直接资本化法是将估价对象未来某一年的某种预期收益除以适当的资本化率或者乘以适当的收益乘数来求取估价对象价值的方法。 利用资本化率将年收益转换为价值的直接资本化法的常用公式是： $$V = \frac{NOI}{R}$$ 式中　V——房地产价值； 　　　NOI——房地产未来第一年的净收益； 　　　R——资本化率。 利用收益乘数将年收益转换为价值的直接资本化法公式为： 房地产价值＝年收益×收益乘数
收益乘数		收益乘数是房地产的价格除以其某种年收益所得的倍数，即： $$收益乘数 = \frac{价格}{年收益}$$ 收益乘数具体有毛租金乘数、潜在毛收入乘数、有效毛收入乘数和净收益乘数。其中，毛租金乘数法的优点是：方便易行；比较客观；避免了误差的累计。其缺点是：忽略了房地产租金以外的收入及忽略了不同房地产空置率和运营费用的差异

六、成本法的概述（表7-20）

表7-20　　　　　　　　　　　　　　　　成本法的概述

项目	内　容
成本法	成本法是求取估价对象在估价时点的重新购建价格和折旧，然后将重新购建价格减去折旧来求取估价对象价值的方法。 　重新构建价格是指假设在估价时点重新取得全新状况的估价对象的必要支出，或者从新开发建设全新状况的估价对象的必要支出及应得利润
适用对象	成本法特别适用于那些既无收益又很少发生交易的房地产估价，单纯的建筑物、房地产保险（包括投保和理赔）及其他损害赔偿。同时也适用于房地产市场发育不够或者类似房地产交易实例较少的地区，在无法运用市场法估价时的房地产估价

七、成本法的基本步骤（表7-21）

表7-21　　　　　　　　　　　　　　　　成本法的基本步骤

项目		内　容
房地产价格的构成	成本	成本主要包括土地取得成本、开发成本和管理费用。 　土地取得成本是指取得房地产开发用地所必需的费用、税金等。一般是由购置土地的价款和在购置时应由房地产开发商（作为买方）缴纳的税费（如契税、交易手续费）构成，主要包括通过征收农地取得的；通过城市房屋拆迁取得的；通过市场"购买"取得的。 　开发成本是指在取得的房地产开发用地上进行基础设施和房屋建设所必需的直接费用、税金等。可以将开发成本划分为土地开发成本和建筑物建造成本，主要包括：勘察设计和前期工程费；基础设施建设费；房屋建筑安装工程费；公共配套设施建设费；开发建设过程中的税费。 　管理费用是指为组织和管理房地产开发经营活动所必需的费用。在估价时管理费用通常可按照土地取得成本与开发成本之和乘以这一比率来测算
	税费	税费包括投资利息、销售费用及销售税费。 　投资利息与会计上的财务费用不同，包括土地取得成本、开发成本和管理费用的利息，无论它们的来源是借贷资金还是自有资金都应计算利息。 　销售费用是指销售开发完成后的房地产所必需的费用，包括广告宣传费、销售代理费等。通常按照售价乘以一定比率来测算。 　销售税费是指销售开发完成后的房地产应由房地产开发商缴纳的税费，可分为销售税金及附加，包括营业税、城市维护建设税和教育费附加；其他销售税费。在估价时通常按照售价乘以这一比率来测算
	利润	开发利润是由销售收入（售价）减去各种成本、费用和税金后的余额。 　通常按照一定基数乘以同一市场上类似房地产开发项目所要求的相应利润率来测算
	重新购建价格	重新购建价格又称重新购建成本，是指假设在估价时点重新取得全新状况的估价对象所必需的支出，或者重新开发建设全新状况的估价对象所必需的支出和应获得的利润。还应特别注意：重新购建价格是估价时点时的价格；重新购建价格是客观的价格；建筑物的重新购建价格是全新状况下的价格，土地的重新购建价格是估价时点状况下的价格。 　土地的重新购建价格可以分为重新购置价格和重新开发成本。通常假设该土地上的建筑物不存在，在其他条件不变的情况下，采用市场法求取；或者直接采用成本法求取其重新开发成本。 　建筑物的重新购建价格分为重置价格和重建价格。有特殊保护价值的建筑物，适用重建价格，一般建筑物适用重置价格

续表

项目	内　容
建筑物折旧	估价上的建筑物折旧是指由于各种原因而造成的建筑物价值的实际减损，其数额为建筑物在估价时点时的市场价值与重新购建价格的差额，即： 建筑物折旧＝建筑物重新购建价格－建筑物市场价值 根据造成建筑物折旧的原因，可将建筑物折旧分为物质折旧、功能折旧和经济折旧三大类。 求取建筑物折旧可采用年限法，是指根据建筑物的经济寿命、有效年龄或剩余经济寿命来求取建筑物折旧的方法，即： 剩余经济寿命＝经济寿命－有效年龄 利用年限法求取建筑物折旧时，建筑物的寿命应为经济寿命，年龄应为有效年龄，剩余寿命应为剩余经济寿命。 具体方法为直线法，是指假设在建筑物的经济寿命期间每年的折旧额相等，其年折旧额计算公式为： $$D_i = D = \frac{C-S}{N}$$ $$= \frac{C\,(1-R)}{N}$$ 式中　D_i——第 i 年的折旧额，或称为第 i 年的折旧。在直线法的情况下，每年的折旧额 D_i 是一个常数 D； 　　　C——建筑物的重新购建价格； 　　　S——建筑物的净残值，是建筑物的残值减去清理费用后的余额； 　　　N——建筑物的经济寿命； 　　　R——建筑物的净残值率，简称残值率，是建筑物的净残值与其重新购建价格的比率，即： $$R = \frac{S}{C} \times 100\%$$ 有效年龄为 t 年的建筑物折旧总额的计算公式为： $$E_t = D \times t$$ $$= C\,(1-R)\,\frac{t}{N}$$ 建筑物现值的计算公式为： $$V = C - E_t$$ $$= C\left[1 - (1-R)\,\frac{t}{N}\right]$$

八、成本法的基本公式 (表 7-22)

表 7-22　　　　　　　　　　　　　成本法的基本公式

项目	计算公式
最基本公式	房地产价格＝重新购建价格－折旧
新开发的土地	新开发土地价格＝取得待开发土地的成本＋土地开发成本＋管理费用＋投资利息＋销售费用＋销售税费＋开发利润
新建的房地产	新建房地产价格＝土地取得成本＋土地开发成本＋建筑物建造成本＋管理费用＋投资利息＋销售税费＋开发利润＋销售费用
旧的房地产	旧房地产价格＝房地产的重新购建价格－建筑物的折旧
	旧房地产价格＝土地的重新工艺购建价格＋建筑物的重新购建价格－建筑物的折旧

第八章　房地产金融和保险

命题考点一　金融概述

一、金融的概念和职能（表 8-1）

表 8-1　　　　　　　　　　　　　　　　金融的概念和职能

项目	内　容
金融	金融指货币资金的融通及有关的经济活动，包括：货币的发行、回笼和保管，存款的吸收和提取，贷款的发放和收回，货币与实物以及货币与货币之间的兑换和结算，有价证券的发行和转让，金银的买卖等。 金融的基本职能是为经济运行筹集资金和分配资金，分为直接金融和间接金融。其中，间接金融是资金需求方获得外部资金的主要渠道
房地产金融	房地产金融是与房地产有关的货币资金的筹集、融通等各种信用活动的总称，是银行等金融机构以房地产为对象，围绕房地产开发、经营、消费等而进行的各种信用活动，是房地产业和金融业相结合的产物。房地产金融的基本职能有： （1）筹集资金（房地产金融的首要职能）； （2）融通资金； （3）结算服务

二、金融机构（表 8-2）

表 8-2　　　　　　　　　　　　　　　　金融机构

项目		内　容
金融机构		金融机构是专门从事货币信用业务的社会经济活动组织，分为银行业金融机构和非银行业金融机构
金融机构体系	中央银行	居于核心地位，代表国家对金融活动进行监督管理，制定和执行货币政策。我国的中央银行是中国人民银行
	商业银行	居于主体地位，以营利为目的，直接面向单位和个人经办存贷款和结算等业务
	政策性银行	政策性银行是一种特殊的专业银行，由政府创立、参股或保证，不以营利为目的，专门为贯彻、配合政府政策或意图从事金融活动，支持政府发展经济、促进社会全面进步、配合进行宏观经济调控等
	各类非银行业金融机构	

命题考点二　货币和汇率

一、货币的概述和职能（表8-3）

表8-3　　　　　　　　　　　　货币的概述和职能

项目	内容
货币	货币指起着一般等价物作用的特殊商品，是商品交换的媒介。 货币是商品交换发展到一定阶段的产物，最早的商品交换是物物交换，随着商品的发展，商品交换逐渐自发地分化为两极：一极是众多的普通商品，另一极是衡量和表现其他商品价值的某种特殊商品，即货币
职能	（1）价值尺度职能，是指货币衡量和表现商品价值的功能。 （2）流通手段职能，是指货币作为商品交换的媒介促进商品交换的功能。 （3）贮藏手段职能，是指当商品出卖之后，未继之以买，货币退出了流通领域，被作为社会财富的一般代表保存起来的功能。 （4）支付手段职能，是指货币作为价值的独立形态进行单方面转移时的功能。 （5）世界货币职能，又称国际货币职能，是指货币越出国境，在国际上发挥一般等价物作用时的职能

二、汇率的概念和标价方法（表8-4）

表8-4　　　　　　　　　　　　汇率的概念和标价方法

项目	内容
汇率	汇率是指一种货币折算成另一种货币的比率，或者说，一种货币以另一种货币表示的价格
标价方法	折算两种货币的比率，首先需要确定采用哪种货币作为标准，汇率的标价方法有直接标价法和间接标价法。 直接标价法也称应付标价法，是指以一定单位的外币为基准，折合成若干单位本币的标价方法，其特点是用变动的本币来表示外币的价格。世界上绝大多数国家包括中国采用的是直接标价法。 间接标价法也称应收标价法，是指以一定单位的本币为基准，折合成若干单位外币的标价方法。主要是美国和英国采用间接标价法

三、汇率的主要种类（表8-5）

表8-5　　　　　　　　　　　　汇率的主要种类

项目		内容
制定方法	基本汇率	指本币与关键货币的汇率，一般是选用一种适用范围较广且在本国国际储备中比重最高的货币作为关键货币。目前各国一般选择本币与美元的汇率作为基本汇率
	套算汇率	也称交叉汇率，是根据基本汇率和关键货币与其他外币的汇率套算得到的本币与其他外币的汇率
制度的不同	固定汇率	指一个国家的货币对其他国家的货币规定固定的比价关系，只能在一定的幅度内浮动
	浮动汇率	指不规定汇率的上下浮动幅度，任其根据外汇市场的供求状况而自由波动。浮动汇率又可分为自由浮动和管理浮动
性质与用途的不同	贸易汇率	指一国官方制订的用于进出口贸易及其从属费用方面的支付结算时所使用的汇率
	金融汇率	是用于旅游、侨汇、资本流动等非贸易收支方面所使用的汇率

四、汇率的决定和变动（表 8-6）

表 8-6　　　　　　　　　　　　　汇率的决定和变动

项目	内　容
决定汇率的基础	在金本位制度下，两国货币的交换比例是以两国货币各自所具有的含金量为基础。 在纸币流通条件下，两国纸币所代表的实际价值量之比，是决定两国货币兑换比率的基础
影响因素	在纸币本位制度下，影响货币汇率变动的因素主要有： （1）一国经济发展状况； （2）国际收支状况； （3）通货膨胀； （4）利率水平； （5）货币当局的干预； （6）国际政治局势和外汇市场投机活动

命题考点三　信用和利率

一、信用的概念以及本质和特征（表 8-7）

表 8-7　　　　　　　　　　　信用的概念以及本质和特征

项目	内　容
信用	信用指经济活动中的借贷行为，是商品或货币的所有者把商品或货币让渡给其需要者，并约定一定期限由需要者还本付息的行为。 信用是随着商品生产和货币流通的发展而产生和发展起来的
本质	（1）信用是以偿还（还本付息）为条件的借贷行为。 （2）信用是价值单方面的让渡。 （3）信用关系是债权债务关系
基本特征	暂时性；偿还性；收益性；风险性

二、信用形式（表 8-8）

表 8-8　　　　　　　　　　　　　信用形式

形式	内　容
商业信用	商业信用指企业之间以赊销商品和预付货款等形式提供的信用，一般要"立字为据"，作为债权债务关系的凭证
银行信用	银行信用指银行以货币形态向单位或个人提供的信用。包括以下两点：一是以吸收存款等形式筹集社会各方面的闲散资金；二是通过贷款等形式运用这些资金。 银行信用是主要的信用形式，是国家调节经济的重要手段

形式	内　容
政府信用	政府信用指政府的借贷行为，包括政府以债务人的身份取得信用和以债权人的身份提供信用两个方面。主要是指国家的负债，以发行短期国库券和长期公债为主要形式
消费信用	消费信用指企业、银行或其他金融机构以商品或货币的形式向消费者个人提供的信用，一般直接用于生活消费
民间信用	民间信用又称个人信用，是指个人之间相互以货币或实物所提供的信用
证券信用	证券信用指企业以发行股票或债券的形式筹集资金的一种信用方式
国际信用	国际信用指各国银行、企业、政府之间相互提供的信用及国际金融机构向各国政府、银行、企业提供的信用，它反映的是国际的借贷关系

三、信用工具的概念及特征（表8-9）

表8-9　　　　　　　　　　　信用工具的概念及特征

项目	内　容
信用工具	信用工具是资金供给者和资金需求者之间进行资金融通时所签发的各种具有法律效力的书面凭证。 　直接信用工具指由非金融机构，如企业直接发行的股票和债券，政府向社会发行的债券，企业之间的商业票据等。 　间接信用工具是指由金融机构发行的银行券、存款单、银行票据等
特征	信用工具具有流动性、偿还性、收益性和风险性等特征

四、几种典型的信用工具（表8-10）

表8-10　　　　　　　　　　　几种典型的信用工具

项目	内　容
汇票	汇票是由出票人签发的，委托付款人在见票时或者在指定日期无条件支付确定的金额给收款人或者持票人的票据。其基本当事人有出票人、付款人和收款人。 　按出票人的不同，可分为银行汇票和商业汇票；按出票地与付款地的不同，可分为当地汇票、国内汇票和国外汇票；按收款人的不同，可分为记名汇票和不记名汇票；按付款期限的不同，可分为即期汇票和远期汇票；按承兑人的不同，可分为银行承兑汇票和商业承兑汇票
本票	本票是由出票人签发的，承诺自己在见票时无条件支付确定的金额给收款人或者持票人的票据。其基本当事人有出票人和收款人，本票的出票人就是付款人。 　按出票人的不同，可分为商业本票和银行本票；按收款人的不同，可分为记名本票和不记名本票；按付款期限的不同，可分为即期本票和远期本票
支票	支票是由出票人签发的，委托办理支票存款业务的银行或者其他金融机构在见票时无条件支付确定的金额给收款人或者持票人的票据。基本当事人有出票人、付款人和收款人。 　按出票人的不同，可分为单位支票和个人支票；按是否记载收款人，可分为记名式支票和不记名式支票；按是否可以支取现金，可分为现金支票、转账支票和普通支票。普通支票可以用于支取现金，也可以用于转账。在普通支票左上角划两条平行线的，为画线支票，画线支票只能用于转账，不得支取现金

续表

项目	内　容
信用证	信用证是在国际信用的基础上发展起来的信用工具，主要有商业信用证和旅行信用证
信用卡	信用卡是银行或信用卡公司发行的，持卡人凭以向特约单位购物、消费或向指定银行存取现金，具有消费信用的特制载体卡片，又被称为电子货币。 按使用对象，分为单位卡和个人卡；按信誉等级，分为金卡和普通卡
大额可转让存单	大额可转让存单是银行发行的，记载一定存款金额、存款期限、存款利率，可以转让流通的存款凭证。通常不记名，可以在金融市场上流通转让，金额大，面额固定
股票	股票是股份公司发给股东作为入股的凭证，持有者有权分享公司的利润，同时也要承担公司的责任和风险
债券	债券是政府、企业或其他经济主体为筹措资金而向投资者出具的，承诺定期支付利息，并到期偿还本金的一种有价证券

五、利率的主要种类（表 8-11）

表 8-11　　　　　　　　　　　　利率的主要种类

项目	内　容
存款利率和贷款利率	存款利率是指个人和单位在金融机构存款所获得的利息与其存款本金的比率。 贷款利率是指金融机构向个人或单位发放贷款所收取的利息与其贷款本金的比率
单利利率和复利利率	单利利率是与单利计算利息方式相对应的利率，具有手续简便的优点。 复利利率是与复利计算利息方式相对应的利率，有利于加强资金使用的时间观念，促使加速资金周转，从而有利于提高资金的使用效益，特别是可用来比较不同期限的资金使用效益
市场利率、法定利率和公定利率	市场利率是指在金融市场上资金供求双方自由竞争所形成的利率，它是借贷资金供求的指示器。 法定利率是指由政府金融管理部门或中央银行制定的利率，法定利率具有法律效率，其他任何单位和个人均无权变动。 公定利率是非政府部门的金融机构或行业组织以协商的方式确定的利率
固定利率和浮动利率	固定利率是指在整个贷款期限内都固定不变，不随市场利率变化而改变的利率。其最大的特点是易于计算利息，便于借款人事先掌握借款成本。 浮动利率又称可变利率，是指在贷款期限内随市场利率变化而定期调整的利率

六、决定利率水平的因数（表 8-12）

表 8-12　　　　　　　　　　　　决定利率水平的因数

项目	内　容
平均利润率	利息是来自利润的一部分，平均利润率构成了利率的最高界限
资金供求状况	利率是资金的价格，受借贷市场上资金供求状况的影响。随着资金供求状况的变化，利率在平均利润率与零之间波动

项目	内 容
预期通货膨胀率	通货膨胀使借贷资金本金贬值，给借贷资金所有者带来损失。为了弥补这种损失，贷款人会在一定的预期通货膨胀率的基础上确定利率，以保证其本金和实际利息额不受到损失。当预期通货膨胀率上升时，贷款人会要求提高贷款利率
国家经济政策	利率是国家调节社会经济活动的重要经济杠杆。国家根据经济状况和经济政策目标，通过中央银行制定的准备金率和再贴现率影响市场利率，进而达到调节经济，实现其目的
国际利率水平	国际利率水平的影响是通过资本在国际的流动实现的
国际收支状况	当一国的国际收支持续出现大量逆差时，为了弥补国际收支逆差，该国金融管理当局就会提高本国利率，增加资本项目的外汇流入

命题考点四　房地产贷款

一、房地产贷款的概述及主要参与者（表 8-13）

表 8-13　　　　　　　　　　房地产贷款的概述及主要参与者

项目	内 容
房地产贷款	贷款是指贷款人对借款人提供的并按约定利率和期限还本付息的货币资金。 房地产贷款是指与房产或地产的开发、经营、消费活动有关的贷款
主要参与者	在房地产贷款中，除了贷款人、借款人，还有担保机构、保险机构、中介服务机构和政府有关部门等。 抵押房地产的价值是确定抵押贷款金额的基本依据，对其客观公正的评估是防范贷款风险的重要手段，因此，房地产估价机构在房地产抵押贷款中起着重要的作用

二、房地产贷款的种类（表 8-14）

表 8-14　　　　　　　　　　房地产贷款的种类

项目		内 容
土地储备贷款		土地储备贷款指贷款人向借款人发放的用于土地收购及土地前期开发、整理的贷款。土地储备贷款的借款人仅限于负责土地一级开发的机构
房地产开发贷款		房地产开发贷款指贷款人向借款人发放的用于开发、建造向市场销售、出租等用途的房地产项目的贷款
担保贷款	保证贷款	由第三人提供保证发放的贷款。保证是指保证人和债权人约定，当债务人不履行债务时，保证人按照约定履行债务或者承担责任的行为。分为一般保证和连带责任保证
	抵押贷款	主要是以房地产作为抵押物发放的贷款。 房地产抵押是指债务人或者第三人以其合法的房地产以不转移占有的方式向债权人提供债务履行担保的行为。当债务人不履行债务时，债权人有权依法以抵押的房地产折价或者以拍卖、变卖抵押的房地产的价款优先受偿。 房地产抵押贷款是最主要的贷款形式
	质押贷款	质押贷款指以债务人或者第三人的动产或汇票、支票、本票、债券、存款单、仓单、提单，依法可以转让的股份、股票等权利作质押发放的贷款

项目	内　容
固定利率贷款和浮动利率贷款	固定利率贷款是事先确定贷款利率，贷款利率在整个贷款期限内都固定不变的贷款。当贷款人采用这种方式发放贷款时，将面临未来利率上升的风险。 浮动利率贷款是根据市场利率指标，按照借贷双方约定的条件，调整贷款利率和还款方式的贷款。浮动利率贷款虽然可以避免利率风险，但借款人却无法知道未来的具体利息支出情况
短期、中期、长期贷款	贷款期限在一年以内（含一年）的贷款称为短期贷款；在一年以上、五年以下（含五年）的贷款称为中期贷款；在五年以上（不含五年）的贷款称为长期贷款

三、房地产贷款的主要风险及其防范（表8-15）

表8-15　　　　　　　　　房地产贷款的主要风险及其防范

项目	内　容
信用风险	信用风险也称为违约风险，是指由于借款人不按时偿还贷款本息而形成的一种风险，是银行面临的最直接和最基本的风险。 引起信用风险的违约行为主要有： （1）由于借款人偿还能力不足而形成的违约，这种违约有时也称为被迫违约； （2）由于借款人从自身利益出发，出于经济理性而不按照合同约定还款而形成的违约，这种违约有时也称为理性违约； （3）由于借款人恶意及欺诈而形成的违约； （4）其他原因而形成的违约
担保的有效性风险	担保的有效性风险主要指当借款人不能归还贷款时，房地产贷款所采用的担保方式能否有效弥补银行损失。 由于房地产贷款主要是采用抵押形式，引起的违约行为主要包括： （1）抵押物价值评估风险； （2）抵押物贬值风险； （3）抵押物处置风险； （4）抵押物毁损风险
利率风险和通货膨胀风险	利率风险是指由于经济波动或政府经济政策的改变等因素导致市场利率变动而引起银行存、贷款利率在期限、数量、方式上不相匹配而给银行贷款损失的可能性。 通货膨胀风险是指发生通货膨胀时由于货币购买力下降而使银行遭受损失的风险。当通货膨胀率达到贷款利率时，银行实际所获得的利息收入为零；如超过贷款利率，则银行连本金也未收回
操作风险	操作风险是指由于银行内部程序、人员、系统或者外部事件而导致损失的风险。包括：有关人员能力不足，决策失误；有关人员产生道德风险；内部控制及公司治理机制的失效或业务流程有缺陷，导致贷款管理不严、不实；信息系统管理能力不强或重大失效

续表

项目	内 容
流动性风险	流动性风险是指银行持有的房地产贷款不易变现而无力满足客户的提款要求或正当的贷款申请而造成损失的风险
法律风险	法律风险是指来自于法律法规的变化等给银行带来的风险。当前最主要的表现是司法解释与银行规定不一致以及执法不严、违法不纠等
防范	为有效防范房地产贷款风险，从贷款人的角度来说，需要： (1) 谨慎选择房地产贷款项目； (2) 严格考察借款人资信状况； (3) 落实担保，要求借款人提供第三人保证、质押或抵押； (4) 选择合格的估价机构和人员，客观合理地评估抵押价值； (5) 要求借款人购买保险； (6) 加强研究，准确把握宏观经济及房地产市场走势

四、个人住房贷款的种类及特点（表8-16）

表8-16   **个人住房贷款的种类及特点**

项目	内 容
种类	按照资金来源，个人住房贷款分为商业性贷款、住房公积金贷款和组合贷款。 按照贷款偿还方式，个人住房贷款分为到期一次还本付息的贷款和分期还款的贷款。 按照住房交易形态，个人住房贷款分为首次住房贷款和再交易住房贷款。 按照贷款用途，个人住房贷款分为个人购房贷款、个人自建住房贷款、个人大修住房贷款等。 按照借款人类型，个人住房贷款分为本地人士贷款、外地人士贷款、我国港澳台和外籍人士贷款
特点	个人住房贷款主要有长期性、零售性及分期偿还等特点

五、个人住房贷款中的主要术语（表8-17）

表8-17   **个人住房贷款中的主要术语**

项目	内 容
首付款	首付款也称头款，是指购买住房时的首次付款金额
贷款价值比	贷款价值比也称贷款成数，是指房地产抵押贷款中贷款金额占抵押房地产价值的比率。贷款金额最高不得超过抵押房地产价值的80%
贷款期限	贷款期限指借款人应还清全部贷款本息的期限。个人住房贷款期限最长为30年
偿还比率	偿还比率也称收入还贷比，是指借款人分期还款额占其同期收入的比率。在个人住房贷款中，偿还比率通常为借款人的月还款额占借款人家庭月收入的比率。即给予借款人的最高贷款金额不使其月还款额超过其家庭月收入的30%
月房产支出与收入比	$$月房产支出与收入比 = \frac{本次贷款的月还款额 + 月物业管理费}{月均收入}$$
月所有债务支出与收入比	$$月所有债务支出与收入比 = \frac{本次贷款的月还款额 + 月物业管理费 + 其他债务月均偿付额}{月均收入}$$

续表

项目	内　　容
贷款额度	贷款额度也称贷款限额。一般规定：贷款金额不得超过某一最高金额；贷款金额不得超过按照最高贷款成数计算出的金额；贷款金额不得超过按照最高偿还比率计算出的金额。当借款人的申请金额不超过以上所有限额的，以申请金额作为贷款金额；当申请金额超过以上任一限额的，以其中的最低限额作为贷款金额
提前还款	提前还款指借款人在约定的全部贷款到期日前将全部或部分贷款余额归还给贷款人的行为。由于提前还款本质上属于一种违反合同约定的"违约"行为，贷款人一般会对提前还款作出特殊规定：要求借款人提前 10 d 或 30 d 提出书面申请；部分提前还款的金额必须是 1 万元的整数倍或不小于 3 个月的还款额；整个还款期内提前还款次数不得超过 3 次；按照一定比例或数额收取手续费或罚金

六、申请个人贷款的条件和所需的资料（表 8-18）

表 8-18　　　　　　　　　申请个人贷款的条件和所需的资料

项目	内　　容
条件	（1）具有完全民事行为能力的自然人。 （2）在当地有有效居留身份。 （3）有稳定的职业和经济收入，信用良好，具有按时、足额偿还贷款本息的意愿和能力。 （4）具有真实、合法、有效的购买（建造、大修）住房的合同或协议。 （5）以不低于所购买（建造、大修）住房全部价款的一定比率作为所购买（建造、大修）住房的首期付款。 （6）有贷款人认可的资产作为抵押或质押，或有足够代偿能力的单位或个人作为保证人。 （7）贷款人规定的其他条件
资料	（1）个人住房借款申请。 （2）身份证件（指居民身份证、居民户口簿和其他有效居留证件）。 （3）有关借款人家庭稳定的经济收入的证明。 （4）符合规定的购买（建造、大修）住房合同、协议或其他批准文件。 （5）借款人用于购买（建造、大修）住房的自筹资金的有关证明。 （6）抵押物或质物的清单、权属证明以及有处分权人同意抵押或质押证明；有房地产价格评估资质的机构出具的抵押物价值评估报告；保证人同意提供担保的书面文件和保证人资信证明。 （7）贷款人要求提供的其他文件或资料

七、房地产贷款的程序（表 8-19）

表 8-19　　　　　　　　　房地产贷款的程序

程序	内　　容
借款申请	借款人向贷款人提出借款申请，并提供贷款人要求提供的相关资料
受理申请	贷款人收到借款申请及相关资料后，审查是否符合贷款条件，在一定时间内向借款人正式答复
签订合同	贷款人审查同意贷款后，借款人与贷款人签订《借款合同》

项目	内　容
发放贷款	贷款人按借款合同约定按时发放贷款
归还贷款	借款人按借款合同约定按时偿还贷款本息
合同变更	借款合同如需变更，借款人或贷款人如将借款合同项下的权利、义务转让给他人，须经借贷双方协商同意，并签订变更协议
结清贷款	借款人将贷款本息全部归还后，贷款人清退抵押物权利凭证或质物

八、还款额的计算（表 8-20）

表 8-20　　　　　　　　　　　　　　还款额的计算

条件	公式	含义
到期后一次性还本付息	$F=P\ (1+i)^n$	式中　F——还款额； P——贷款金额； i——贷款利率（复利利率）； n——贷款期限
先扣除利息，到期后一次性偿还	$P=\dfrac{F}{(1+i)}$	
每期还息，到期后一次性还本	每期的还款额： $A=P\times i$ 最后一期的还款额： $A=P\times i+P$	
分期等额偿还本息	（1）贷款利率不变的等额本息还款方式的还款额计算： $$A=P\dfrac{i\ (1+i)^n}{(1+i)^n-1}$$ 贷款余额： $$P_m=\dfrac{A\ (1+i)^{n-m}-1}{i\ (1+i)^{n-m}}$$ （2）贷款利率变动的等额本息还款方式的基本计算程序是：①按照借款合同约定的初始利率和贷款期限，用贷款利率不变的等额本息还款公式计算月还款额；②到第一个利率调整周期，根据约定的利率指标确定新的贷款利率、贷款余额、剩余贷款期限，再用贷款利率不变的等额本息还款公式计算新的月还款额；③以后各个利率调整周期均按上述方法计算月还款额	式中　A——月还款额； i——贷款月利率； n——按月计算的贷款期限； P_m——贷款余额； m——按月计算的已偿还期
分期等本金偿还	月还款额： $$A_t=\dfrac{P}{n}+\left[P-\dfrac{P}{n}\ (t-1)\right]i$$ 贷款余额： $$P_m=P\ (n-m)$$ 等额本金还款方式下的利息总额为： $$I=Pi\times\dfrac{n+1}{2}$$	式中　A_t——第 t 月的还款额； i——月利率； I——利息总额

命题考点五 房地产信托

一、信托的概念和职能（表 8-21）

表 8-21 信托的概念和职能

项目	内　　容
信托	信托指委托人基于对受托人的信任，将其财产权委托给受托人，由受托人按委托人的意愿以自己的名义，为受益人的利益或者特定目的，进行管理或者处分的行为。 信托是一种财产经济管理制度，以财产为核心，以信任为基础，以他人受托管理为方式
职能	信托的职能主要有： （1）财产事务管理职能，这是信托的基本职能。其中，财产事务是指与信托财产有关的各种事务；财产事务管理是指受托人受委托人之托，为其处理财产事务； （2）融通资金职能，指在财产管理事务中，信托具有筹措资金和融资的职能，信托金融职能反映的是以信托为基础的委托与受托的关系，体现了信托机构与委托人和受益人的多边经济关系，有直接融资和间接融资两种方式，融通的对象可以是货币也可以是其他形式的财产； （3）代理和咨询职能，指信托受托人利用其与交易主体各方建立的相互信任关系，为有关当事人提供代理和咨询事务功能，信托受托人实现这一职能，无需转移财产所有权； （4）社会投资职能，是指受托人运用信托业务手段参与社会投资活动的职能
关系当事人	信托是一种多边经济关系的经济行为，一项信托行为的产生或信托关系的设立，至少需要有三个方面的关系人，即委托人，受托人和受益人。 获得收益或信托财产是设立信托关系的目的

二、房地产信托的概念和原则（表 8-22）

表 8-22 房地产信托的概念和原则

项目	内　　容
房地产信托	房地产信托是信托投资公司通过资金信托方式集中两个或者两个以上委托人合法拥有的资金，按委托人的意愿以自己的名义，为受益人的利益或者特定目的，以房地产或其经营企业为主要标的，对房地产信托资金进行管理、运用或者处分的行为
原则	信托投资公司开展房地产信托业务应遵循的原则是： （1）有明确的投资目标、投资策略及投资风险控制措施； （2）委托商业银行担任房地产信托资金的保管人； （3）维护委托人和受益人的最大利益； （4）不得损害国家利益和社会公共利益； （5）公开、公平进行。 为规范信托资金运作，其不得有下列行为： （1）将房地产信托资金用于非房地产业务； （2）将房地产信托资金投资于境外房地产； （3）以承诺、担保等方式使房地产信托资金对外承担债务责任或其他责任； （4）与受托人的固有财产或其他委托人的信托财产进行交易； （5）将房地产信托资金进行使其承担无限责任的投资

三、房地产信托资金的筹集方式（表8-23）

表8-23 房地产信托资金的筹集方式

项目	内　容
房地产信托基金	房地产信托基金是房地产信托投资公司为经营房地产信托投资业务及其他信托业务而设置的营运资金。其信托资金来源主要有：财政拨款、银行结益、社会集资以及自身留利
房地产信托存款	房地产信托存款是指在特定的资金来源范围之内，由信托投资机构吸收的存款。其资金来源范围、期限与利率，均由中国人民银行规定、公布和调整。 根据筹资时存款人是否指定房地产信托存款的运用范围、对象等，可将房地产信托存款分为房地产特约信托存款和房地产普通信托存款
集资信托和代理集资	集资信托是指信托机构接受企业、企业主管部门以及机关、团体、事业单位等的委托，直接或代理发行债券、股票以筹措资金的一种信托业务。 代理集资是指信托机构代理一些企事业单位向社会发行债券、股票，以筹措资金
资金信托	资金信托是指信托机构接受委托人的委托，对其货币资金进行自主经营的一种信托业务。其来源必须是各单位可自主支配的资金或归单位和个人所有的资金，主要有单位资金、公益基金和劳保基金。 单位资金信托是指单位或其主管部门，将长期不用的各种基金、利润留成、税后积累等，通过信托机构代为经营管理以取得收益的一种信托业务。这是一种自益信托，它可以通过书面协议或由委托单位向信托机构出具授权证书的方式办理。 公益基金信托是指委托人以某种公益为目的将基金委托信托机构代为营运，以其收益用于公益的一种信托业务，其资金来源多由政府、社会团体、单位或个人资助、赞助或捐赠，目的是用于社会进步和社会福利等公益事业。它属于非盈利性的资金营运，可享受政府减免税收的优惠。 劳保基金信托是信托机构受托办理退休基金的筹集和管理事宜，以所得收益支付退休职工的生活费。其资金来源主要为劳保基金信托存款和劳保基金
共同投资基金	共同投资基金即投资基金或共同基金，是指由不确定的众多投资者投入资金，委托专门投资机构进行投资和管理，并享有投资收益的一种投资制度。 由专业投资机构通过发行受益证券或以投资基金股份的方式，将社会上众多投资者的闲散资金汇集起来，组建成巨额基金，然后委托投资专家进行有价证券等分散组合投资。所得收益，在扣除了成本和管理费用之后，按投资人的资金份额分配给投资人。 投资基金按照法律地位进行分类，可分为契约型和公司型；按照赎回方式进行分类，可分为开放型和封闭型

四、房地产信托贷款业务（表8-24）

表8-24 房地产信托贷款业务

项目	内　容
房地产信托贷款	房地产信托贷款是指房地产信托机构运用信托基金或所吸收的信托存款和自有资金，以贷款形式对工、商、房地产开发经营企业进行资金融通的一种方式。 以货币信用方式向房地产项目或房地产企业提供以偿还为条件的资金给付，房地产信托机构与资金接受方是一种借贷的债权债务关系。房地产信托贷款的种类主要有房地产抵押贷款、土地使用权抵押贷款、房地产开发经营企业流动资金信托贷款。 贷款的基本条件是：借款企业必须持有国家批准的房地产开发经营计划，拥有一定比例的自有资金，在银行开立账户、生产经营正常、具备还款能力；个人则必须具有正常稳定的经济来源，自备一定数额的自有资金等

续表

项目	内 容
房地产按揭信托	房地产按揭信托是指在房屋买卖活动中，购房者用自有资金支付了首付款后，以自己的信用或其他方式为担保（如以所购房屋的产权作为抵押），取得信托投资机构贷款的一种信托关系
房地产委托贷款	房地产委托贷款也称特定资金信托，是指委托人将有权自行支配的资金存入房地产信托机构，要求房地产信托机构按其指定的范围、对象和期限等发放房地产贷款。 房地产委托贷款的种类主要有：服务性房地产信托；建材补偿贸易信托贷款；房地产开发经营企业流动资金委托贷款；国际房地产投资信托
房地产债权信托	房地产债权信托是指房地产债权人将其拥有的房地产债权委托给房地产信托机构，由房地产信托机构以受托人的身份发给委托人受益权证书，然后由委托人通过将受益权证书转让给第三者等方式收回资金，从而使原已固定的债权转为流动的资金，取得受益权证书的受让人就成为受益人，有权向房地产信托机构索取有关收益。 房地产债权信托常用于个人住房贷款债权信托。个人住房贷款债权信托有利于房地产金融机构的资金周转

命题考点六　　住房置业担保

一、住房置业担保的概念和程序（表 8-25）

表 8-25　　　　　　　　　　住房置业担保的概念和程序

项目	内 容
住房置业担保	住房置业担保指依法设立的住房置业担保公司（以下简称担保公司），在借款人无法满足贷款人要求提供担保的情况下，为借款人申请个人住房贷款而与贷款人签订保证合同，提供连带责任保证担保的行为。 除了住房置业担保，还有抵押、质押及其他保证担保等担保方式
程序	住房置业担保的程序一般是： （1）借款人向担保公司申请住房置业担保，申请住房置业担保的借款人应当具有完全民事行为能力；在当地有有效居留身份；收入来源稳定，有偿还贷款本息的能力，无不良信用记录；已订立合法有效的住房购销合同；已足额交纳购房首付款；符合贷款人和担保公司规定的其他条件； （2）担保公司受理借款人的申请； （3）签订有关合同，办理有关手续，在住房置业担保申请及个人住房贷款申请批准后，贷款人与借款人签订书面个人住房借款合同，担保公司与贷款人签订书面保证合同，其中，贷款人与借款人依法签订的个人住房借款合同是主合同； （4）解除担保

二、保证合同和房屋抵押反担保合同的内容（表 8-26）

表 8-26　　　　　　　保证合同和房屋抵押反担保合同的内容

项目	内 容
保证合同	保证合同一般包括： （1）被担保的主债权种类、数额

项目	内　容
保证合同	(2) 债务人履行债务的期限； (3) 保证的方式； (4) 保证担保的范围； (5) 保证期间； (6) 其他约定事项
房屋抵押反担保合同	房屋抵押反担保合同一般包括： (1) 抵押当事人的姓名、名称、住所； (2) 债权的种类、数额、履行债务的期限； (3) 房屋的权属和其他基本情况； (4) 抵押担保的范围； (5) 担保公司清算时，抵押权的处置； (6) 其他约定事项

命题考点七　房地产保险

一、保险的概念、构成与职能（表 8-27）

表 8-27　　　　　　　　　　保险的概念、构成与职能

项目	内　容
保险	投保人根据合同约定，向保险人支付保险费，保险人对于合同约定的可能发生的事故因其发生所造成的财产损失承担赔偿保险金责任，或者当被保险人死亡、伤残、疾病或者达到合同约定的年龄、期限时承担给付保险金责任的商业保险行为。 　保险包括两方面：一方面是保险是分散风险、消化损失的一种经济制度；另一方面保险是一种契约或是由契约而产生的权利、义务关系
保险的构成	保险的构成又称保险的要件，是指保险得以成立的基本条件，构成保险必须具备以下内容。 　(1) 以特定的危险为对象，危险的存在是构成保险的第一要件，能构成保险危险的条件包括：①危险发生与否不能确定；②危险发生的时间不能确定；③危险所导致的后果不能确定；④危险的发生对被保险人来说必须是非故意的。其危险可分为人身危险、财产危险和法律责任危险三类。 　(2) 以多数人的互助共济为基础，保险的基本原理是集合危险、分散损失，即通过多数人筹集资金，建立集中的保险基金，用以补偿少数人的损失。 　(3) 以对危险事故所致损失进行补偿为目的，保险的机能在于进行损失补偿，一般是通过支付货币的方式来实现的
职能	保险的职能主要有： 　(1) 分散危险的职能，是指保险人在最大范围内，通过向各个组织或个人收取保险费的形式，将这些组织或个人可能遇到的危险损失集中承担下来，并且当某些被保险人一旦遭遇危险损失时，使全体被保险人共同予以承担； 　(2) 组织经济补偿职能，是指保险人把有共同危险顾虑的组织或个人所缴付的保险费集中起来，对遭受危险损失的组织或个人实行经济补偿； 　(3) 融通资金职能，是指保险人通过利用集聚起来的保险基金而实现的货币资金融通，这是在基本职能上衍生出的特殊职能，即保险人在收取保险费、建立保险基金的过程中，将处于闲置状态的部分保险基金以金融型经营模式进行运作

二、保险的种类（表 8-28）

表 8-28　　　　　　　　　　　保险的种类

项目		内　容
财产保险	财产损失	财产损失是最典型、最具有代表性的财产保险，以补偿财产的损失为目的。主要承保各种财产因自然灾害、意外事故所导致的物质或与其利益有关的损失
	责任	责任是以被保险人对第三者依法应负的赔偿责任为保险标的的保险
	信用	信用是指权利人以义务人的信用风险为保险标的向保险人投保，当约定的信用风险发生而导致权利人遭受经济损失时，由保险人代替义务人赔偿权利人经济损失的一种保险形式
	保证	保证是指义务人以自己的信用风险为保险标的向保险人投保，当约定的信用风险发生而导致权利人遭受经济损失时，由保险人代替义务人赔偿权利人经济损失的一种保险形式
人身保险	人寿	人寿是以被保险人的寿命为保险标的，以人的生存、死亡两种形态为给付保险金条件的保险
	健康	健康又称疾病保险，是指被保险人在保险期间内，因疾病（身体健康受破坏）、分娩（身体状况变化，视同疾病）发生医疗费用支出，或因疾病、分娩所致残疾或者死亡时，保险人给付约定保险金的保险
	意外	意外是指被保险人在保险期间内，因遭受意外伤害事故而导致残疾或死亡时，保险人给付约定保险金的保险
定值保险		定值保险又称定价保险，是指双方当事人在订立保险合同时即已确定保险标的的保险价值，并将其载明于保险合同中的保险。 定值保险分为两种情况： （1）保险标的在保险事故中完全损毁，保险人均应支付保险合同所约定的保险金额的全部； （2）保险事故仅造成保险标的的部分损失，保险人按损失的比例来进行赔付。 保险金额不得超过保险价值；超过保险价值的部分无效
不定值保险		不定值保险是指双方当事人在订立保险合同时不预先确定保险标的的保险价值，仅载明须至危险事故发生后，再行估计其价值而确定其损失的保险。一般财产保险，尤其是火灾保险，都采用不定值保险的形式。 在不定值保险中，保险标的的损失额以保险事故发生时当地同类财产的市场价格来确定，双方约定的保险金额是保险人的最高赔偿额
特定危险保险		特定危险保险是指保险人仅承保特定的一种或数种危险的保险。保险人承保的危险一般都在保险条款中予以列举规定
一切危险保险		一切危险保险是指保险人承保的危险为合同列举规定的不保危险（除外责任）之外的一切危险的保险
自愿保险		自愿保险是指投保人和保险人完全凭自己的意愿进行投保和承保的保险
法定保险		法定保险又称强制保险，是指依据有关法律制度的规定来强行实施的保险。这类保险带有强制性，即凡是具有所规定风险的组织或个人，都必须向保险人投保，否则被视为违法行为

三、保险合同的概念与内容（表 8-29）

表 8-29　　　　　　　　　　保险合同得让概念与内容

项目	内　容
保险合同	保险合同是投保人与保险人约定保险权利义务关系的协议，具体是指投保人支付规定的保险费，保险人对保险标的因保险事故所造成的损失，在保险金额范围内承担赔偿责任，或者在合同约定期限届满时，承担给付保险金义务的协议
内容	保险合同一般是依照保险人预先拟定的保险条款订立的，因而在保险合同成立后，双方当事人的权利和义务就主要体现在这些条款上。保险合同的基本条款一般包括： （1）保险人名称和住所

项目	内 容
内容	(2) 投保人、被保险人名称和住所，以及人身保险的受益人的名称和住所； (3) 保险标的； (4) 保险责任和责任免除； (5) 保险期间和保险责任开始时间； (6) 保险价值； (7) 保险金额； (8) 保险费以及交付办法； (9) 违约责任和争议处理； (10) 其他有关约定； (11) 订立合同的时间和地点

四、保险合同的当事人、关系人和中介人（表 8-30）

表 8-30 保险合同的当事人、关系人和中介人

项目		内 容
当事人	保险人	保险人又称承保人，是与投保人订立保险合同，并承担赔偿或给付保险金责任的保险公司
	投保人	投保人又称要保人，是与保险人订立保险合同，并按照保险合同负有支付保险费义务的法人或自然人
关系人	被保险人	被保险人是其财产或者人身受保险合同保障，享有保险金请求权的法人或自然人。投保人与被保险人可以为同一人，也可以为不同的人，投保人是保险合同的当事人，是承担支付保险费义务的人；被保险人是保险合同的关系人，是在保险责任形成时享有保险金请求权的人
	受益人	受益人又称保险金领受人，是指人身保险合同中由被保险人或者投保人指定的享有保险金请求权的人。受益人仅存在于人身保险中，财产保险中不发生受益人问题。财产保险中的被保险人即是受益人
中介人	保险代理人	保险代理人是指根据保险人的委托，在保险人授权的范围内代为办理保险业务，并向保险人收取代理手续费的单位或者个人，一般具有：必须以保险人的名义进行保险活动；必须在保险人授权的范围内进行保险活动；根据保险人的授权代为办理保险业务的行为由保险人承担责任的特点
	保险经纪人	保险经纪人是指基于投保人的利益，为投保人与保险人订立保险合同提供中介服务，并依法收取佣金的单位。因保险经纪人在办理保险业务中的过错，给投保人、被保险人造成损失的，由保险经纪人承担赔偿责任，其不得利用行政权力、职务或者职业便利以及其他不正当手段，强迫或者引诱或者限制投保人订立保险合同
	保险公估人	保险公估人是指接受委托，办理保险标的的承保前的检验、估价、风险评估，或者保险标的的出险后的查勘、检验、估损、理算等业务，出具有关报告或证明，并据此向委托人收取费用的公司

五、保险合同的形式（表 8-31）

表 8-31 保险合同的形式

项目	内 容
投保单	投保单又称要保书，是投保人表示愿意同保险人订立保险合同的申请书，也是保险人审查并决定是否承保的书面文件
暂保单	暂保单又称临时保险条，是保险人在签发正式的保险单之前为了满足投保人的保险需要而临时出具的保险证明文件

续表

项目	内　容
保险单	保险单简称保单，是保险人和投保人之间订立保险合同的正式法律文件，也是正式的保险合同文本
批单	批单是保险合同双方当事人对保险单内容进行修订或增删的证明文件
保险凭证	保险凭证又称小保单，是保险人发给投保人以证明保险合同已经订立或保险单已经正式签发的一种证明文件，证明被保险人已经获得某项保险保障，实质上是一种简化了的保险单，具有与保险单相同的作用和效力
保险合同的订立、变更和终止	保险合同一经订立，根据法律的规定，在当事人之间就产生法律效力，即生效。保险合同依法订立并生效后，保险活动的各当事人就必须履行各自的义务。 在保险合同有效期内，投保人和保险人经协商同意，可以变更保险合同的有关内容。 保险合同的终止主要包括：保险期限届满；保险人履行了赔偿或给付义务；保险标的灭失；当事人解除保险合同；保险公司终止

六、房地产贷款保险的概念（表 8-32）

表 8-32　　　　　　　　　房地产贷款保险的概念

项目	内　容
房地产贷款保险	房地产贷款保险是指通过借款人的人身保险、抵押房地产的财产损失保险、贷款人投保信用保险、借款人投保保证保险等方式来分散房地产贷款的有关风险的一种经济制度。在房地产贷款保险中，大量的是个人住房贷款保险
基本内涵	（1）房地产贷款保险是为了分散房地产贷款的有关风险而设立的保险，凡是与房地产贷款有关的保险都可以包含在内。 （2）房地产贷款保险只是分散房地产贷款风险的一种方式，一般来说，还有房地产抵押、担保公司的担保等，并把它们作为防范风险的一个重要屏障。 （3）房地产贷款保险涉及的险种较多，一般来说，既有财产保险又有人身保险

七、房地产贷款保险的种类（表 8-33）

表 8-33　　　　　　　　　房地产贷款保险的种类

项目	内　容
风险	贷款人在发放房地产贷款后面临的风险主要有：用以抵押的房地产有可能毁损、灭失；借款人有可能死亡、丧失劳动能力；借款人可能因失业等而不能获得预期收入。 因此，在房地产贷款中贷款人通常要求借款人购买有关保险，如抵押房地产的财产损失保险、借款人的人身保险、保证保险；贷款人也可以购买信用保险
抵押房地产的财产损失保险	抵押房地产的财产损失保险是以补偿抵押房地产的损失为目的的保险，是为了防范房地产抵押以后可能出现毁损、灭失等给贷款人行使抵押权造成的风险，包括土地和房屋，其中最典型的是房屋火灾保险。 火灾保险的责任范围通常包括： （1）由于火灾及延烧所致的损失； （2）由于雷电、地震、地陷、崖崩所致的损失； （3）由于爆炸所致的损失

项目	内　容
抵押房地产的 财产损失保险	（4）由于防止灾害蔓延而破坏保险财产或因施救、抢救以致保险财产所遭受的损失； （5）在发生责任范围内的灾害事故中，遭遇盗窃所致的损失； （6）发生在责任范围内的灾害或事故，因施救、抢救或保险财产所支出的合理费用以及被保险人根据保险人建议所支出的救护费用
借款人的人身保险	在房地产贷款以后，借款人无人身危险是保证还款顺利完成的关键，其具有的特点包括： （1）以借款人的死亡、伤残或者疾病等为保险事故，如果借款人在保险期间因死亡、伤残或者疾病等无力偿还贷款时，由保险公司向贷款人支付所欠贷款； （2）保险金额与贷款金额相匹配，可以随着贷款的偿还情况而相应地减少； （3）以贷款期限为保险期间； （4）发放贷款的银行是保险单的持有人和受益人
房地产贷款 信用保险	房地产贷款信用保险是贷款人以借款人的信用向保险人投保，当借款人不为清偿或不能清偿债务时（如借款人失信不履行义务），由保险人代为补偿。其保险标的是投保人的合法权利因第三者不履行法定或约定的义务而受到的损失
房地产贷款 保证保险	房地产贷款保证保险是借款人以自己的信用向保险人投保（借款人既是投保人又是被保险人），因非自己主观意愿的原因（如失业）而不能如期偿还贷款时，由保险人代为偿还。这种保险在功能上类似于目前的住房置业担保

第九章　统计和房地产统计指标

命题考点一　统计的基本概念和术语

一、统计的概念和作用（表 9-1）

表 9-1　　　　　　　　　　　　　统计的概念和作用

项目	内　容
统计	统计是指对某一现象有关的数据的搜集、整理、计算、分析和解释等
作用	统计有反映作用、决策作用、控制作用和监督作用。 反映作用即提供信息，是统计的基本作用。决策作用是为决策提供依据。控制作用是对预期可能发生或已经发生的进度和状态进行监测，发现偏差并及时反馈矫正信息，以便在事前或事中进行调节。监督作用是通过检查与分析（如对房地产经纪人的服务质量进行抽查），评价好坏，找出问题，从而促使改进

二、统计的分类（表 9-2）

表 9-2　　　　　　　　　　　　　统计的分类

项目	内　容
描述统计	描述统计是对客观现象有关的数据的搜集、整理、显示和分析
推断统计	推断统计是根据从总体中抽取的样本的有限信息，对总体的数量特征作出科学的估计，即根据部分数据（样本数据）去推断更一般的情况（总体的数量特征）

三、总体、个体和样本（表 9-3）

表 9-3　　　　　　　　　　　　　总体、个体和样本

项目	内　容
总体	统计中把所要研究的事物或现象的全体称为统计总体，简称总体。 客观性、同质性、差异性是构成总体的三个基本条件
个体	组成该总体的每个元素（成员）称为总体单位，简称个体
样本	通常是从总体中抽取部分个体进行调查，所抽取的部分个体，称为样本

四、标志的概念和种类（表 9-4）

表 9-4　　　　　　　　　　　　　标志的概念和种类

项目	内　容
标志	标志是反映个体特征或属性的名称。 标志是依附于个体的，个体是标志的直接承担者

续表

项目	内　容
种类	一个总体中的各个个体可以有许多标志。 按照标志是否可用数量表现，标志分为品质标志和数量标志。 按照标志是否变异，标志分为不变标志和变异标志

五、变量的概念和种类（表9-5）

表9-5　　　　　　　　　　　　　　　　变量的概念和种类

项目	内　容
变量	统计研究通常遇到的是数量变异标志，称为变量，变量的具体数值称为变量值或标志值
种类	按照变量值是否连续，变量分为连续型变量和离散型变量。 按照影响变量值变动的因素，变量可以分为确定性变量和随机变量

命题考点二　　统计数据的收集与整理

一、统计数据的概念、来源和类型（表9-6）

表9-6　　　　　　　　　　　　　　统计数据的概念、来源和类型

项目	内　容
统计数据	统计数据是对客观现象进行计量的结果，不同的事物能够予以计量或测度的程度有所不同，有些事物只能对它的属性进行分类，有些事物可以用比较精确的数值加以计量
来源	统计数据的来源主要有两个渠道：一是直接的调查或试验，这是统计数据的直接来源。可称一手数据或直接数据。二是别人的调查或试验，这是统计数据的间接来源。可称二手数据或间接数据。 调查是获得社会经济数据的主要手段，试验是获得自然科学数据的主要手段

二、统计调查方案（表9-7）

表9-7　　　　　　　　　　　　　　　　　统计调查方案

项目	内　容
调查目的	调查目的是指调查所要达到的具体目标，是设计调查方案时首先要解决的问题，它所回答的是为什么要调查，调查要解决什么问题，调查具有什么意义等

续表

项目	内　容
调查对象和调查单位	调查对象是指根据调查目的确定的、所要研究的某种现象的总体。 调查单位是指调查过程中所要调查的具体个体。 调查的方式分为全面调查方式和非全面调查方式
调查项目和调查表	调查项目是指调查的具体内容，它所要解决的是向调查单位调查什么的问题。一般应注意：选择调查目的所必需的项目；选择能够确切取得的项目；项目与项目之间应相互衔接、相互联系，便于比较分析；调查项目应有确切的含义和统一解释。 调查项目以表格的形式来表现时称为调查表。调查表是用于登记调查数据的一种表格，一般由表头、表体和表脚三部分组成。 在市场调查中，调查项目和调查表通常表现为一张调查问卷。调查问卷设计是市场调查方案设计的核心内容。设计调查问卷应注意：对重大或敏感性强的问题应采用多项选择，不宜采用是非提问；所提的问题应便于被调查者回答；备选答案应互不相容；调查项目应防止渗入调查者的思想导向；问题不宜太长、太难和过于复杂
调查时间和调查期限	调查时间是指调查数据所属的时间。数据所属的时间应明确规定所调查的是哪个时期或哪个时点的数据。 调查期限是指进行调查工作的时限，即调查工作从开始到结束的时间长度。为了保证调查数据的及时性，应尽可能缩短调查期限

三、统计调查方式（表 9-8）

表 9-8　　　　　　　　　　　统计调查方式

项目	内　容
普查	普查即普遍调查，又称全面调查，是对调查对象中的每一个体进行调查。 普查比其他调查方式获得的数据全面、准确
抽样调查	抽样调查全称随机抽样调查，是随机地从调查对象中抽取一部分个体作为样本进行调查，并根据样本调查结果推断总体数量特征的一种非全面调查。 随机原则和从部分推算全体，是抽样调查的两个主要特点。适用于那些不能进行或者没有必要进行普查，但需要掌握全面情况的场合
重点调查	重点调查是从调查对象中只选择少数重点个体进行调查。 重点个体是指对总体容量而言其数量所占比重小，但在所要调查的数量特征上占有较大比重的个体
典型调查	典型调查是从调查对象中选择一个或少数几个具有代表性的典型个体进行全面深入的调查。其目的是通过典型个体来描述或揭示事物的本质和规律
统计报表	统计报表是根据国家有关法律法规的规定，自上而下地统一布置，以一定的原始数据为依据，按统一的表格形式、指标项目、报送时间和报送程序，自下而上地逐级定期提供基本统计数据的一种调查方式

四、搜集统计数据的方法（表 9-9）

表 9-9 搜集统计数据的方法

项目	内　容
询问调查	询问调查是调查者与被调查者直接或间接接触，从而获得所需要的数据的调查方法，包括访问调查、邮寄调查、电话调查、电脑辅助调查、座谈会、个别深度访问等。 　访问调查又称派员调查，是调查人员与受访者通过面对面地交谈，从而获得所需要的数据的一种调查方法。访问调查的方式有标准式访问和非标准式访问。 　邮寄调查是通过邮寄或宣传媒介等方式，将调查表或调查问卷送至被调查者手中，由被调查者填写，然后将调查表或调查问卷寄回或投放到指定收集点的一种调查方法。其特点是调查者与被调查者没有直接的语言交流，信息的传递完全依赖于调查表或调查问卷。 　电话调查可以按照事先设计好的调查表或调查问卷进行，也可以针对某一专门问题进行电话采访。电话调查所提的问题应明确，问题的数量不宜过多。 　座谈会又称集体访谈法，有利于获得较为广泛、深入的想法和意见，不会因调查问卷过长而遭拒绝访问。在市场调查中常采用座谈会这种调查方法。 　个别深度访问常用于动机研究，以发掘受访者非表面化的深层意见
观察与实验	观察与实验是调查者通过直接的观察或实验获得所需要的数据的一种调查方法。 　观察法是指调查人员到有关地点或场所，利用感觉器官或仪器等，对调查单位直接进行观察、观测并记录，从而获得所需要的数据的一种调查方法。 　实验法是一种特殊的观察调查方法，是在所设定的特殊实验场所、特殊状态下，对调查单位进行实验以获得所需要的数据。室内实验法可用于广告认知的实验等，市场实验法可用于消费者需求调查等

五、统计数据的整理（表 9-10）

表 9-10 统计数据的整理

项目	内　容
统计数据的预处理	数据的预处理是数据整理的先前步骤，是在对数据进行分组之前所做的必要处理，包括数据的审核、筛选、排序等。 　对数据进行审核，主要是检查数据的完整性和准确性。检查完整性，主要是检查应调查的单位或个体是否有遗漏，所有的调查项目或指标是否填写齐全。检查准确性，主要是检查数据是否真实地反映了客观实际情况，是否有错误。检查数据准确性的方法主要有逻辑检查和计算检查
统计分组	统计分组是按照一定的标志将总体划分为性质不同的若干部分的一种统计整理方法。 　统计分组的关键是正确选择分组标志和划分各组之间的界限。分组标志是划分个体为性质不同的组的标准或依据。统计分组有品质标志分组和数量标志分组
频数分布	频数分布又称次数分布，是在统计分组的基础上，将各个个体按组归类整理所形成的个体数量在各组间的分布状况。 　根据分组标志是品质标志还是数量标志，可将分布数列分为品质分布数列和变量分布数列。变量数列包括两个构成要素：变量值和个体在各组中出现的频数或频率

续表

项目	内 容
统计数据的图形显示	使用图形来整理和反映统计数据，目的是从大量的原始数据中浓缩信息，使之可以提供概要信息并反映统计数据的基本特征。常用的统计图有线形图、条形图、直方图、圆形图、折线图、象形图、对数图等。 线形图主要用来反映单项式离散型变量数列；条形图主要用来反映组距式离散型变量数列；直方图主要用来反映组距式连续型变量数列或组距式离散型变量数列；圆形图又称饼图、扇形图，能够直观地反映部分与总体以及部分与部分之间的关系；折线图能够直观地反映一个变量随时间而变动的特征、规律及趋势；象形图是用象形图片来表现已分组的统计数据，图片的尺寸大小或重复次数表示相对数量；对数图是对变量的绝对数值取对数后绘制而成

命题考点三 统计指标

一、统计指标的概念（表 9-11）

表 9-11　　　　　　　　　　　统计指标的概念

项目	内 容
统计指标	统计指标简称指标，是反映现象总体数量特征的基本概念和具体数值。 包括指标概念和指标数值两个方面，分别作为所研究现象的质和量的规定性。 由指标名称、计量单位、计算方法、时间限制、空间限制和指标数值构成
主要特点	统计指标的主要特点有： （1）数量性； （2）综合性； （3）具体性
作用	统计指标的作用包括： （1）起指示器和反映一般数量关系的作用； （2）提供数字表明的事实，是管理和科学研究的基本根据之一
分类	按反映总体的内容不同，统计指标分为数量指标和质量指标。 数量指标又称总量指标，是反映现象总规模、总水平或工作总量的指标，通常以绝对数形式来表现；质量指标是反映现象相对水平和工作质量的指标，通常以相对数或平均数形式来表现。质量指标是数量指标的派生指标，以反映现象之间的内在联系和对比关系。质量指标又可分为相对指标和平均指标。 按计量单位的不同，统计指标分为实物指标和价值指标。 实物指标是根据事物的自然属性，采用自然物理单位计算的指标，其最大特点是具体、明了，但对不同事物现象不能相加，缺乏综合概括能力。价值指标是以货币单位计算的指标，又称货币指标，其最大特点是具有广泛的综合概括能力，但比较抽象，同时受价格水平的影响

二、总量指标（表 9-12）

表 9-12   总量指标

项目	内　容
总量指标	按反映的时间状况不同，总量指标分为时期指标和时点指标。 时期指标又称时期数，是反映现象在一段时期内的总量。时期指标反映流量，通常可以累加，从而得到更长时期内的总量。 时点指标又称时点数，是反映现象在某一时刻上的总量。时点指标反映存量，通常不能累加

三、相对指标（表 9-13）

表 9-13   相对指标

项目	内　容
结构相对指标	结构相对指标是将总体分组后，用总体中各部分数值与总体总数值对比求得的比重。其计算公式为： $$结构相对指标（\%）=\frac{总体中某部分数值}{总体总数值}\times100\%$$
比例相对指标	比例相对指标是将总体分组后，用总体中某一部分数值与另一部分数值对比求得的相对数。其计算公式为： $$比例相对指标=\frac{总体中某一部分数值}{总体中另一部分数值}$$
比较相对指标	比较相对指标是同类现象在同一时间、不同空间条件下所进行的静态对比，表明同类事物在不同空间条件下的数量对比关系，一般用百分数或倍数表示。其计算公式为： $$比较相对指标=\frac{某一空间某种现象的指标数值}{另一空间同类现象的指标数值}$$
强度相对指标	强度相对指标是由两个性质不同的总体但具有一定联系的总量指标对比所形成的，通常用来表明现象的强度、密度或普遍程度。其计算公式为： $$强度相对指标=\frac{某一总体总量指标数值}{另一有联系而性质不同的总体总量指标数值}$$
动态相对指标	动态相对指标是将同类指标在两个不同时间上的数值进行对比所形成的相对数，表明现象在不同时间上的发展变化方向和速度。其计算公式为： $$动态相对指标=\frac{某一现象报告期指标数值}{同一现象基期指标数值}$$
计划完成相对指标	计划完成相对指标是将现象的实际完成数与计划任务数对比所形成的相对数，常用百分数表示。其计算公式为： $$计划完成相对指标（\%）=\frac{实际完成数}{计划任务数}\times100\%$$

四、平均指标（表 9-14）

表 9-14　　　　　　　　　　　　　　　　平均指标

项目		内　　容
算术平均数	简单算数平均数	简单算术平均数适用于未分组的变量数列，计算公式为： $$\overline{X}=\frac{X_1+X_2+\cdots+X_n}{n}$$ $$=\frac{\sum X_i}{n}$$ 式中　$\overline{X}$——算术平均数； 　　$X_i（i=1,2,\cdots,n）$——各个变量值； 　　n——变量值的个数； 　　$\sum$——总和符号
	加权算数平均数	加权算术平均数适用于已分组的变量数列，计算公式为： $$\overline{X}=\frac{X_1f_1+X_2f_2+\cdots X_kf_k}{f_1+f_2+\cdots f_k}$$ $$=\frac{\sum X_if_i}{\sum f_i}$$ 式中　$X_i（i=1,2,\cdots,k）$——各组的组中值，为各组的最大值（上限）和最小值（下限）的算术平均数； 　　k——分组数； 　　f_i——各组的频数，即各组中变量值的个数，也称权数； 　　$\dfrac{f_i}{\sum f_i}$——各组变量值出现的次数占总次数的比重，也称权重
中位数		中位数是在按大小顺序排列的变量数列中，处于中间位置的变量值，其不受极端变量值的影响。对于未分组的变量数列，确定中位数的步骤是：将 n 个变量值按大小顺序排列；按 $(n+1)/2$ 计算中位数所在的位置
众数		众数是变量数列中出现次数最多的那个变量值。众数不受极端变量值的影响，出现的次数最多，在总体各变量值中它的代表性较强，可用来反映现象总体某一标志表现的一般水平

五、变异指标（表 9-15）

表 9-15　　　　　　　　　　　　　　　　变异指标

项目	内　　容
全距	全距是最简单的一种变异指标，是变量数列中的最大值减去最小值所得的差，即两个极端值之差： 　　　　全距＝最大值－最小值
修正距	修正距是对全距的一种变通，是按照大小顺序排列的变量数列的中间部分变量值的差距。有四分距、十分距和百分距
平均差	平均差是各变量值与其算术平均数的离差的绝对值的算术平均数。它是"先平均，再求差，然后再平均"，计算公式为： $$平均差=\frac{\sum\left|X_i-\overline{X}\right|}{n}$$

项目	内　容
方差	方差是各变量值与其算术平均数的离差的平方和的算术平均数。它是"先平均，再求差，然后平方，最后再平均"，计算公式为：$$方差 = \frac{\sum (X_i - \overline{X})^2}{n}$$
标准差	标准差又称均方差，是各变量值与其算术平均数的离差的平方和的算术平均数的平方根，通常用 σ 表示。其计算公式为：$$\sigma = \sqrt{\frac{\sum (X_i - \overline{X})^2}{n}}$$

命题考点四　时间序列分析

一、时间序列分析的概念和种类（表 9-16）

表 9-16　　　　　　　　　　时间序列分析的概念和种类

项目	内　容
时间序列	时间序列又称时间数列或动态数列，是按照时间的先后顺序排列的某一现象的一系列观测值。由现象所属的时间和现象在不同时间上的观测值两部分组成。现象所属的时间，有年份、季度、月份、周、日或其他任何时间形式。现象在不同时间上的观测值的表现形式，有绝对数、相对数和平均数
种类	按照观测值的表现形式不同，时间序列分为绝对数时间序列、相对数时间序列和平均数时间序列。其中，绝对数时间序列是基本时间序列，相对数时间序列和平均数时间序列是在它的基础上派生而成的。 绝对数时间序列又可分为时期序列和时点序列。时期序列中的观测值反映现象在一段时期内发展的总量，其特点是序列中的各观测值可以累加，累加后的观测值反映现象在更长一段时期内发展的总量；时点序列中的观测值反映现象在某一时刻上所处的状态或水平，其特点是序列中的各观测值不能相加

二、时间序列的水平分析（表 9-17）

表 9-17　　　　　　　　　　时间序列的水平分析

项目	内　容
发展水平	发展水平反映现象在某一时间上所达到的一种数量状态。在时间序列中，用 t_i 表示现象所属的时间，用 Y_i 表示现象在不同时间上的观测值，则 Y_i 被称为现象在时间 t_i 上的发展水平
平均发展水平	平均发展水平是将时间序列中各个时间上的发展水平加以平均而得到的平均数，它从动态上反映了现象在一段时间内发展水平的一般情况。 （1）由绝对数时间序列计算序时平均数。 绝对数时间序列有时期序列和时点序列。 时期序列由于各观测值可以累加，所以可直接采用简单算术平均法计算其序时平均数。计算

项目	内　容
平均发展水平	公式为： $$\overline{Y} = \frac{Y_1 + Y_2 + \cdots + Y_n}{n} = \frac{\sum Y_i}{n}$$ 对于时间间隔相等的时点数列，其计算公式为： $$\overline{Y} = \frac{\frac{Y_1+Y_2}{2} + \frac{Y_2+Y_3}{2} + \cdots + \frac{Y_{n-1}+Y_n}{2}}{n-1}$$ 对于时间间隔不相等的时点数列，其计算公式为： $$\overline{Y} = \frac{(\frac{Y_1+Y_2}{2})f_1 + (\frac{Y_2+Y_3}{2})f_2 + \cdots + (\frac{Y_{n-1}+Y_2}{2})f_{n-1}}{f_1+f_2+\cdots+f_{n-1}}$$ 式中　$\overline{Y}$ ——序时平均数； 　　　Y_i $(i=1, 2, \cdots, n)$ ——各期观测值； 　　　n——观测值的个数。 　（2）由相对数或平均数时间序列计算序时平均数。 　相对数和平均数时间序列是派生序列，通常是由两个有联系的绝对数时间序列的相应项对比所形成的时间序列，其计算公式为： $$\overline{Y} = \frac{\overline{a}}{\overline{b}}$$ 式中　$\overline{Y}$ ——相对数或平均数时间序列的序时平均数； 　　　$\overline{a}$ ——分子时间序列的序时平均数； 　　　$\overline{b}$ ——分母时间序列的序时平均数
增长量和平均增长量	增长量是时间序列中报告期发展水平与基期发展水平之差，它反映现象从基期到报告期数量变化的绝对水平。计算公式为： $$增长量 = 报告期水平 - 基期水平$$ 平均增长量是时间序列中各逐期增长量的序时平均数，反映现象在一段时期内平均每期增加或减少的数量，一般用简单算术平均法计算

三、时间序列的速度分析（表 9-18）

表 9-18　　　　　　　　　　　时间序列的速度分析

项目	内　容
发展速度和增长速度	发展速度是报告期水平与基期水平之比，它反映现象在一定时期内相对的发展变化程度。可分为定基发展速度、环比发展速度和年距发展速度。其基本计算公式为： $$发展速度 = \frac{报告期水平}{基础水平}$$ 增长速度又称增长率，是报告期增长量与基期发展水平之比，它反映现象在一段时期内的相对增长程度。可分为定基增长速度、环比增长速度和年距增长速度。其基本计算公式为： $$增长速度 = \frac{报告期增长量}{基础发展水平} = 发展速度 - 1（或 100\%）$$
平均发展速度和平均增长速度	平均发展速度是各期环比发展速度的序时平均数，它反映现象在一段时期内平均发展变化的程度。其计算公式为： $$R = \sqrt[n]{\frac{Y_1}{Y_0} \cdot \frac{Y_2}{Y_1} \cdot \frac{Y_3}{Y_2} \cdot \cdots \cdot \frac{Y_n}{Y_{n-1}}} = \sqrt[n]{\frac{Y_n}{Y_0}}$$ 平均增长速度是各期环比增长速度的序时平均数，它反映现象在一段时期内逐期平均增长的程度。计算公式为： $$平均增长速度 = 平均发展速度 - 1（或 100\%）$$

四、时间序列的构成因素与模型（表9-19）

表9-19   时间序列的构成因素与模型

项目		内 容
构成因素	长期趋势	长期趋势是指在基本因素作用下，时间序列在较长时期内呈现的某种趋势，这种趋势可以是上升、下降或持平
	季节变动	季节变动是指时间序列随季节变化而呈现的周期性变动。通常以"年"或更短的时间为周期
	循环变动	循环变动是指时间序列以若干年为周期出现的涨落相间的周期性波动
	不规则波动	不规则波动是指由于受到意外的、偶然性的因素作用而使现象产生非周期性的随机波动。在一个较长时期内，这种不规则波动的随机因素可以相互抵消
分解模型	乘法模型	当四种影响因素存在相互影响的关系时，时间序列的各观测值为四种影响因素的乘积，即： $$Y_i = T_i S_i C_i I_i$$ 如果是以年为时间单位的时间序列，则不直接受季节变动的影响
	加法模型	当四种影响因素存在相互独立的关系时，时间序列的各观察值为该四种影响因素的和，即： $$Y_i = T_i + S_i + C_i + I_i$$ 如果是以年为时间单位的时间序列，则不直接受季节变动的影响

五、长期趋势分析（表9-20）

表9-20   长期趋势分析

项目	内 容
扩大时距法	扩大时距法是通过扩大时间序列观测值所属的时间单位，再根据新的时间单位计算相应的观测值，从而形成一个新的时间序列
移动平均法	移动平均法是选择一定的期数，对原时间序列逐期计算平均数，从而对原时间序列进行修匀。通过移动平均法得到的一系列移动序时平均数分别就是对应时期的趋势值
最小二乘法	最小二乘法又称最小平方法，其基本原理是求实际值与趋势值的离差的平方和为最小，以此拟合优良的趋势模型，从而测定长期趋势

命题考点五   指数

一、指数的概念和分类（表9-21）

表9-21   指数的概念和分类

项目	内 容
指数	指数是反映事物或现象变动程度的一种相对数
分类	按照所反映的对象范围不同，可分为个体指数和综合指数。个体指数是反映一个项目或变量变动的相对数。综合指数是反映多个项目或变量综合变动的相对数。 按照所反映的内容不同，可分为数量指数和质量指数。数量指数是反映物量变动水平的；质量指数是反映事物内含数量变动水平的

续表

项目	内　容
分类	按照计算方法不同，可分为简单指数和加权指数。简单指数是把计入指数的各个项目的重要性视为相同；加权指数是对计入指数的各个项目依据其重要程度赋予不同的权数，然后进行计算。 　　按照所选定的基期不同，可分为定基指数和环比指数。如果所有各期指数都是使用同一基期计算的，称为定基指数；如果所有各期指数是以其上一个时期为基期计算的，称为环比指数

二、指数的计算公式（表 9-22）

表 9-22　　　　　　　　　　　　　　　指数的计算公式

指数	计算公式	含义
个体质量指数	$I_p = \dfrac{P_1}{P_0}$	式中　I_P——个体质量指数； 　　　　P_0——基期的质量指标（如价格）； 　　　　P_1——报告期的质量指标； 　　　　I_q——个体数量指数； 　　　　q_0——基期的数量指标（如销售量）； 　　　　q_1——报告期的数量指标
个体数量指数	$I_q = \dfrac{q_1}{q_0}$	
简单综合指数	$I_p = \dfrac{\sum P_1}{\sum P_0}$	
简单算数平均指数	$I_p = \dfrac{1}{n} \sum \dfrac{P_1}{P_0}$	
简单调和平均指数	$I_H = \dfrac{n}{\sum \dfrac{1}{\left(\dfrac{p_1}{p_0}\right)}}$	
简单几何平均指数	$I_G = \sqrt[n]{\dfrac{P_1^{(1)}}{P_0^{(1)}} \cdot \dfrac{P_1^{(2)}}{Y_0^{(2)}} \cdot \dfrac{P_1^{(3)}}{Y_0^{(3)}} \cdot \cdots \cdot \dfrac{P_1^{(n-1)}}{P_0^{(n-1)}} \cdot \dfrac{P_1^{n}}{P_0^{n}}}$	

命题考点六　房地产统计指标

一、房地产统计指标与指标体系（表 9-23）

表 9-23　　　　　　　　　　　　房地产统计指标与指标体系

项目	内　容
统计指标	统计指标是反映与房地产有关的社会经济现象总体数量特征的基本概念和具体数值
指标体系	指标体系由一系列有着内在联系的房地产统计指标组成的有机整体或指标群
作用	进行房地产市场定性或定量分析的重要工具。通过房地产统计指标分析，可以说明房地产市场运行状况的好坏，可以帮助决策者分析房地产市场运行状况，对房地产市场进行合理的判断，作出合乎市场运行规律的决策

二、房地产的主要统计指标 (表9-24)

表 9-24 房地产的主要统计指标

项目		内容
反映房屋状况	实有房屋建筑面积	实有房屋建筑面积是指报告期末已建成并达到入住和使用条件、含自有（私有）房屋在内的各类房屋建筑面积之和
	实有住宅使用面积	实有住宅使用面积是指报告期末全部住宅中以户（套）为单位的分户（套）门内全部可供使用的空间面积
	实有住宅套数	实有住宅套数是指报告期末按设计要求已建成并达到入住和使用条件的成套住宅的套数
	成套住宅建筑面积	成套住宅建筑面积是指报告期末成套住宅的建筑面积之和
反映房屋建设状况	房屋施工面积	房屋施工面积是指报告期内施工的房屋建筑面积，包括本期新开工面积和上年开发跨入本期继续施工的房屋面积，以及上期已停建在本期复工的房屋面积
	房屋新开工面积	房屋新开工面积是指报告期内新开工建设的房屋建筑面积，不包括上期跨入报告期继续施工的房屋面积和上期停缓建而在本期恢复施工的房屋面积
	竣工房屋面积	竣工房屋面积是指报告期内房屋按照设计要求已全部完工，达到入住和使用条件，经验收鉴定合格（或达到竣工验收标准），可正式移交使用的房屋建筑面积的总和
反映房屋减少状况	房屋减少建筑面积	房屋减少建筑面积是指报告期内由于拆除、倒塌和因各种灾害等原因实际减少的房屋建筑面积（包括私有房屋）
	住宅减少建筑面积	住宅减少建筑面积是指报告期内减少的住宅建筑面积
反映居住状况	人均住宅建筑面积	人均住宅建筑面积是指报告期末按居住人口计算的平均每人拥有的住宅建筑面积。计算公式为：$$人均住宅建筑面积（m^2/人）=\frac{报告期末住宅建筑面积}{报告期末居住人口}$$居住人口是指报告期末与住宅统计范围一致的居住人口。以公安局的统计数据为准
	人均住宅使用面积	人均住宅使用面积是指报告期末按居住人口计算的平均每人拥有的住宅使用面积。计算公式为：$$人均住宅使用面积（m^2/人）=\frac{报告期末住宅使用面积}{报告期末居住人口}$$
	户均住宅套数	户均住宅套数是指报告期末按居住户数计算的平均每户拥有的住宅套数。计算公式为：$$户均住宅套数（套/户）=\frac{报告期实有住宅套数}{报告期末居住人数}$$居住户数是指报告期末与居住人口相应的户数。"户"以公安派出所核发的户口簿为准，一个户簿即一户
	住宅自有（私有）率	住宅自有（私有）率是指报告期末自有（私人私有）的住宅建筑面积与实有住宅建筑面积的比例。计算公式为：$$住宅自有率（\%）=\frac{年末自有（私有）住宅建筑面积}{年末实有住宅建筑面积}\times100\%$$

续表

项目		内　　　容
反映房屋交易状况	商品房批准预售面积	商品房批准预售面积是指房地产主管部门核发给房地产开发企业的《商品房预售许可证》上载明的面积
	商品房空置面积	商品房空置面积是指报告期末已竣工的可供销售或出租的商品房屋建筑面积中，尚未销售或出租的商品房屋建筑面积，包括以前年度竣工和本期竣工的房屋面积，但不包括报告期已竣工的拆迁还建、统建代建、公共配套建筑、房地产开发公司自用及周转房等不可销售或出租的房屋面积
	商品房预售合同备案金额	商品房预售合同备案金额是指报告期内向市、县房地产管理部门办理预售合同登记备案的预售商品房屋交易总金额
	存量房成交套数	存量房成交套数是指报告期内已办理交易过户手续的存量房屋总套数

第十章　消费心理和营销心理

命题考点一　消费者的基本心理

一、心理学和心理现象（表 10-1）

表 10-1　　　　　　　　　　　　　心理学和心理现象

项目	内　　容
心理学	心理学是一门主要研究人的心理活动和行为表现的科学
心理过程	心理过程是指在客观事物的作用下和一定的时间内，大脑反映客观现实的过程。包括认识过程、情感过程、意志过程三个方面。其中，认识过程是基本的心理过程
个性心理	个性心理是指一个人受社会制约或在群体的影响下所形成的各种心理现象的总和，包括个性心理倾向和个性心理特征两个方面。 个性心理倾向的作用在于对心理活动的组织和引导，使心理活动有目的、有选择地对客观现实进行反映。 个性心理特征是指个体的心理过程中经常地、稳定地表现出来的心理特征，它主要表现在能力、气质和性格三个方面，其中以性格为核心

二、消费者的心理活动过程（表 10-2）

表 10-2　　　　　　　　　　　　消费者的心理活动过程

项目		内　　容
认识过程	感觉	感觉是人脑对直接作用于人的感觉器官的客观事物个别属性的反映，是最简单的心理活动。主要包括视觉、听觉、嗅觉、味觉、触觉五种感觉。其中，视觉是最重要的。 感觉既是客观的，又带有主观色彩
	知觉	知觉是一种比感觉要复杂一些的心理活动，是人脑对直接作用于人的感觉器官的客观事物及其联系与关系的认识。知觉的产生不仅需要具体的客观对象，还需要以往知识经验的帮助。 知觉的主要特征是选择性、整体性、理解性和恒常性
	记忆	记忆是过去的经验通过识记、保持、再认和回忆的方式在人脑中的反映，是积累知识和经验的一种功能。记忆是心理过程在时间上的延续，是心理发展的奠基石。记忆具有四个方面的基本品质：敏捷性；持久性；准确性；准备性
	思维	思维是人脑对客观事物间接、概括的反映过程，属于认识的理性阶段，是更复杂、更高级的心理活动。只有通过思维，才能获得对事物的本质属性、内在联系和发展规律的认识。 思维的基本特征是间接性和概括性。根据思维过程中的凭借物和不同的思维形态，思维可分为动作思维、形象思维和抽象思维；根据思维时是否遵循明确的逻辑形式和逻辑规则，思维可分为直觉思维和逻辑思维；根据思维的主动性和创造性的不同，思维可分为常规思维和创造性思维；根据探索答案的不同思维方向，思维可分为聚合思维和发散思维

续表

项目		内 容
认识过程	想象	想象是人脑对过去形成的表象进行加工改造而产生新形象的心理过程，是在记忆表象基础上进行的，是人的创造活动的一个必要因素。 从有无目的的性来划分，想象可分为无意想象和有意想象；从想象与现实关系来看，想象有幻想、空想、梦想等
	注意	注意是心理活动对一定事物的指向和集中。 注意是人们获得信息的先决条件，只有进入人们注意范围之内的事物，才有可能被人们感知
情感过程		情绪和情感是人脑对客观事物与人之间的关系的反映，并通过一定的行为反应表现出来。情绪和情感包括刺激情境、主观体验、表情等内容。 情绪和情感是对客观事物与人之间的关系的反映，表现为某种主观体验。 消费者情绪和情感的产生和变化主要受：商品特性；消费者的心理准备状态；消费者的个性特征；购物环境；营销人员的表情和态度等的影响
意志过程		意志是人自觉地确定目标并支配其行动以实现预定目标的心理过程。 人会有意识地实现着对客观世界的有目的的改造。这种最终表现为行动的、积极要求改变现实的心理过程，构成心理活动的另一个重要方面，即意志过程。 构成人的意志的某些比较稳定的方面称为人的意志品质。其包括独立性、果断性、坚定性和自制力

三、消费者的个性心理特征（表10-3）

表 10-3　　　　　　　　　　消费者的个性心理特征

项目	内 容
性格	性格是人对现实的一贯态度和习惯了的行为方式所表现出来的个性心理特征，是个性的集中表现和具有核心意义的个性心理特征。 按照理智、情绪、意志三者在性格结构中所占的优势，可将人的性格分为理智型、情绪型和意志型；按照个体心理活动的倾向性，可将人的性格分为外向型（外倾型）和内向型（内倾型）；按照个体独立性的程度，可将人的性格分为顺从型和独立型；按照价值观，可将人的性格分为理论型、经济型、审美型、社会型、权力型（政治型）和宗教型。 消费者的性格是消费心理与消费行为特征的综合反映
气质	气质是指人在许多场合一贯表现出来的、比较稳定的心理活动的动力特征。表现在心理过程的强度、速度、稳定性、灵活性及指向性上。 气质类型是表现在一类人身上共有的或相似的心理特征的典型结合。心理学上主要由多血质、胆汁质、黏液质和抑郁质四种气质类型来概括
能力	能力是作为掌握和运用知识技能的条件并决定活动效率的一种个性心理特征，是顺利完成某种活动的必要条件，直接影响活动的效率。不同人之间的能力是有差异的。 人的能力一般可以分为：一般能力和特殊能力；再造能力和创造能力；认知能力、操作能力和社交能力。 消费者的基本消费能力包括：感知和辨别商品的能力；分析评价商品的能力；购买决策能力；记忆力和想象力

命题考点二　　消费者的需要与动机

一、消费者的需要（表 10-4）

表 10-4　　　　　　　　　　　　消费者的需要

项目	内　　容
需要	需要是机体对自身和外部生活条件的要求在人脑中的反映。 需要的特点是：对象性、紧张性和驱动性
理论	马斯洛的需要层次论将需要按照先后顺序和高低层次分为： 　（1）生理需要，是最原始、最基本的需要，只有生理需要获得满足以后，高一层次的需要才能相继产生； 　（2）安全需要，是希望得到保护和免于威胁从而获得安全感的需要； 　（3）爱与归属需要，包括被别人接纳、爱护、关注、欣赏、鼓励、支持等需要； 　（4）尊重需要，尊重需要包括受他人尊重和自我尊重两方面； 　（5）自我实现需要，是追求人生存在价值而产生，是希望实现自己的理想与抱负
基本内容	消费者的需要一般指向对商品的需要，包括：对商品的基本功能、质量性能、安全性能、消费便利、审美功能、情感功能、商品社会象征性、享受良好服务的需要
需要的影响	一方面，消费者的购买行为是在其需要的驱使下进行的；另一方面，消费需要的强度决定购买行为实现的程度，需要越迫切、越强烈，购买行为实现的可能性越大；再者，需要水平影响消费者的购买能力

二、消费者的动机（表 10-5）

表 10-5　　　　　　　　　　　　消费者的动机

项目	内　　容
动机的形成	动机是激起人去行动的愿望和意图，是引起人的行动的内部原因和推动力量。 动机是在需要的基础上产生的，是由需要所推动的
功能	从动机与活动的关系来说，动机有三种功能：引发功能；指引功能；激励功能
种类	从消费者的购买动机来看，消费者的购买动机具体表现在：求实动机；求美动机；求新动机；求名动机；求廉动机；求奇动机；求同动机；求癖动机
消费动机与行为的关系	心理学上所谓的行为是指人们在外部刺激影响下，所采取的有目的的活动，它是个体与环境相互作用后的某种特定反映。 消费动机与消费行为之间不是完全一一对应的关系，有些消费动机促成一种消费行为，而有些消费动机促成多种消费行为的实现，也有可能多种消费动机促成一种消费行为

命题考点三　消费者群体的心理与行为

一、消费者群体的形成和细分（表 10-6）

表 10-6　　　　　　　　　　　消费者群体的形成和细分

项目	内　　容
消费者群体	消费者群体是指具有某些共同消费特征的消费者所组成的群体。在社会因素和个人因素的共同作用下，消费者在消费活动中表现出各种心理现象
形成的原因	消费者群体的形成是内在因素和外在因素共同作用的结果。 内在因素主要包括消费者的性别、年龄、性格、生活方式、兴趣爱好等生理特质。具有某种相同生理特质的消费者容易形成共同的生活目标和消费意向。 外在因素主要是指消费者所处的生产力发展水平、自然环境和社会文化背景、民族、宗教信仰，外在因素一般通过内在因素对消费者产生影响
形成的意义	消费者群体的形成对企业生产经营和消费活动具有重要意义： （1）消费者群体的形成为企业提供明确的目标市场，减少生产的盲目性和经营风险； （2）消费者群体的形成有利于调节和控制消费，使消费活动向健康的方向发展
群体类型	消费者群体类型的划分标准： （1）按照自然地理因素划分； （2）根据人口统计因素划分； （3）根据消费者心理因素划分； （4）根据消费者对商品的现实反映划分

二、不同年龄消费者的心理与行为（表 10-7）

表 10-7　　　　　　　　　　　不同年龄消费者的心理与行为

项目	内　　容
少年儿童	少年儿童消费者群体一般是指年龄在 0～17 岁之间的消费者，是未成年人，其消费心理特征主要有依赖心理、模糊心理、好奇心理、直观心理和可塑心理。少年儿童通常不是房地产的购买者或承租人
青年	青年消费者群体一般是指年龄在 18～40 岁之间的消费者。青年人是消费者群体的主流。是消费潮流的领导者。青年消费者群体人数众多，独立性和消费潜力较强，其消费行为的影响力巨大。 其心理特征表现为：追求时尚与新颖；追求科学与实用；追求自我成熟的表现和消费个性心理的实现；冲动性购买多于计划购买
中年	中年消费者群体一般是指年龄在 40～60 岁之间的消费者。 其心理特征表现为：购买的理智性胜于冲动性；购买的计划性多于盲目性；购买求实用，节俭心理较强；购买有主见，不受外界影响；购买随俗求稳，注重商品的便利
老年	老年消费者群体一般是指年龄大于 60 岁的消费者，其心理特征是怀旧心理强烈，追求方便实用，注重购买方便和良好的服务。 老年消费者群体对商品的性能和质量要求较高，特别是要安全和使用方便

三、不同性别，阶层消费者的心理与行为（表 10-8）

表 10-8 不同性别、阶层消费者的心理与行为

项目	内 容
不同性别	不同性别的消费者，其消费心理、消费习惯和购买行为模式等也存在一定的差异。 女性消费者购买商品时很挑剔，注重商品的实用性、外观和情感特征，但很容易被打折促销广告吸引；男性消费者与女性消费者相比，其购物积极性低，且缺乏耐心；男性消费者使用商品广告信息的程度、购买筹划的程度、节约程度低于女性；但男性购买家电、家具和家庭装修材料的次数多于女性
不同阶层	与社会阶层相关的消费心理主要有：基于希望被同一阶层成员接受的认同心理；基于避免向下的"自保心理"；基于向上攀升的"高攀心理"

命题考点四　营销过程心理

一、价格心理（表 10-9）

表 10-9 价格心理

项目	内 容
商品价格的心理功能	商品价格的心理功能表现为： （1）商品价值的认知功能。商品价格是价值的货币表现，商品价值是价格的内在尺度，价格围绕价值上下波动，并趋向于价值； （2）自我意识比拟功能； （3）调节需求功能
消费者的价格心理表现	消费者的价格心理表现为： （1）习惯性心理，是由于消费者长期、多次购买某些商品，通过对商品价格的反复感知而逐步形成的对衡量商品价格的一种心理尺度。这种习惯性心理一旦形成，是比较难以改变的； （2）敏感性心理，是指消费者对商品价格变动的反应程度，既有一定的客观标准，又有主观性因素； （3）倾向性心理，是指消费者在购买过程中对商品价格选择所表现出的倾向； （4）感受性心理，是消费者对商品价格及其变动的感知强弱程度
消费者对价格的判断	消费者对价格的判断一般通过：与市场上同类商品价格进行比较；与同一售货场所中的不同商品价格进行比较；通过商品自身的外观、包装、品牌、产地等进行比较；通过消费者自身的感受体验来判断。 其中，影响消费者对价格判断的因素主要有：消费者的经济收入；消费者的价格心理；出售的场地；商品的用途和功能；消费者对商品需求的紧迫程度
商品定价的心理策略	商品价格是影响销售的重要因素，其心理方法主要有：高价法；低价法；尾数法；折价法

二、广告心理（表 10-10）

表 10-10 广告心理

项目	内 容
心理过程	广告的心理过程可概括为： （1）通过广告引起消费者的注意，使消费者的意识转向广告商品，并对有关信息加以注意

项目	内　　容
心理过程	（2）通过广告传授出的信息，使消费者对广告商品增加了解； （3）进一步产生记忆、表象与想象、联想交互作用的心理过程； （4）通过以上过程，引起消费者的兴趣，诱发情感，增强购买商品的欲望和作出购买决策的动力； （5）形成良好的商品形象，产生对商品积极的评价，进而产生购买意向，诉诸购买行为
心理方法	成功的广告要针对消费者的心理，运用一定的心理方法打动消费者。这些心理方法主要有：真实可靠；适时实用；引起共鸣；创造信誉；方便可行

三、营销场景与消费者心理（表 10-11）

表 10-11　　　　　　　　　　　营销场景与消费者心理

项目	内　　容
商店地区选择	根据消费者购买商品的地点的规律性，把消费者对商品的购买行为分为经常购买、间歇性购买和考察性购买三类。 经常性购买的对象是消费者需要的日用生活必需品，价值较低，购买频繁，消费者的购买愿望是求便利，在购买地址的选择上是步行不超过 10 分钟的距离。 选择性购买的对象是消费者根据自己需要进行挑选的日用品。在地区选择上一般是商业街和专业街。 考察性购买的对象是长期使用的耐用品或其他特殊商品。在地区选择上更广泛，不计距离的远近
商店招牌、标志	商店招牌是商店名称的标志，是供客户识别的标志。具有明显的指示与引导功能，是重要的广告形式，是用文字描绘的商业广告。 商店招牌命名的心理策略应反映商店主要经营内容与特色，采用寓意深刻、别开生面的独特命名或充分利用传统老字号等形式吸引客户的注意。 商店的招牌主要有：广告塔式招牌；横置招牌；立式招牌；遮蓬式招牌
橱窗设计	橱窗是商店与外界之间的接触界面，设计新颖独特的橱窗既可以使消费者感到美的享受，更可以起到购买导向的作用。 橱窗设计的心理方法有：精选商品，突出主体；塑造形象，突出美感；适当渲染，启发联想
营销场所内部装饰	营销场所内部设计包括商品陈列和环境等两方面的内容。理想的内部设计应达到为消费者提供方便购物、刺激感官、愉悦心情的效果

四、现场营销心理（表 10-12）

表 10-12　　　　　　　　　　　现场营销心理

项目	内　　容
消费者心理	现场销售中，消费者会产生一些特殊的心理反应，对购买行为产生影响。具体为：抢购心理；待购心理；从众心理；择优心理以及烦躁心理

续表

项目	内　容
现场营销过程心理分析	现场营销的心理过程是营销员了解和推动消费者购买商品的心理过程。一般经历六个阶段： （1）观察消费者意图； （2）了解消费者购买目标； （3）诱发兴趣与联想； （4）强化商品的综合印象； （5）促进采取购买行为； （6）了解购后体验

命题考点五　　营销人员心理

一、营销人员与消费者心理互动（表 10-13）

表 10-13　　　　　　　　　　营销人员与消费者心理互动

项目	内　容
心理影响	营销人员对消费者的心理影响主要有： （1）营销人员的仪表影响消费者对企业的认识过程； （2）营销人员的服务态度、服务方式影响消费者的情感过程。 消费者对营销人员的心理影响主要有： （1）消费者的不同需要要求营销人员具有较强的分析判断能力； （2）消费者的不同个性特征要求营销人员具有较强的适应能力； （3）消费者的不同购买动机要求营销人员具有较强的注意力和语言表达能力； （4）消费者的言谈举止影响营销人员的情感过程
冲突调解	在营销过程中，营销人员应尽量避免与消费者发生冲突，主要表现在：提高思想修养，增强自我控制能力；时刻为消费者着想，维护消费者利益；学会处理消费者不同意见的方法
建立最佳氛围	营销人员与消费者的心理因素直接影响交易是否成功，建立营销人员与消费者之间最佳心理氛围，对促进成交、维护企业利益非常关键

二、营销人员的心理素质及其提高（表 10-14）

表 10-14　　　　　　　　　　营销人员的心理素质及其提高

项目	内　容
心理素质分析	营销人员的心理素质是指营销人员在先天生理解剖特点基础上，经后天实践学习形成的个性心理品质与特征。 营销人员应具备的基本心理素质有：自信心，勇气、魄力与冒险精神，真诚热情，有广泛兴趣，有较高修养和鲜明的个性风格，善于控制自我情绪。感同力和自我驱向心理素质结构表现在：认知过程；思维方式；知识储备；人际关系以及自我调控

续表

项目	内 容
综合素质的提高	提高营销人员的综合素质包括： （1）提高营销人员的职业道德素质； （2）培养营销人员良好的个性心理素质； （3）锻炼和提高营销人员的企业经营活动能力； （4）适应营销人员的气质，合理安排工作岗位

三、人际交往的概念和特点（表 10-15）

表 10-15　　　　　　　　　　人际交往的概念和特点

项目	内 容
人际交往	人际交往是指人与人之间，运用语言或非语言符号，交换意见、传递思想、表达感情和需要的相互作用过程
特点	（1）交流信息。 （2）相互认知。 （3）相互作用。 其中，信息交流是人际交往中最基本的层面，相互作用是人际交往的目的，但必须以相互认知为基础

四、人际交往的作用及构成要素（表 10-16）

表 10-16　　　　　　　　　人际交往的作用及构成要素

项目	内 容
作用	人际交往的作用主要有： （1）获得信息资料； （2）形成群体规范； （3）改善人际关系
构成要素	人际交往过程从信息加工的观点来考察，实质上是信息传递和接收的过程，以及由此而产生的一系列相互作用。人际交往的构成要素一般包括：信息发送者；信息传递通道；信息接收者

五、人际交往的方式（表 10-17）

表 10-17　　　　　　　　　　　人际交往的方式

项目	内 容
宏观交往和微观交往	宏观交往是指一种公开的、看得见的人们之间的交往。 微观交往是指看不到的、秘密进行的人们之间的交往
直接交往和间接交往	直接交往是指利用语言、面部表情、身体姿势等面对面的交往。这种交往方式的优点是不仅可用语言传递信息，还可利用表情、手势等身体语言传递情感和态度，有利于获得大量的信息反馈。 间接交往是指通过第三者或借助广播、报纸、书信等手段来进行的交往

项目	内　容
角色交往 和非角色交往	角色交往是指交往双方都以自己的社会身份、地位等来进行交往。 非角色交往是指交往双方都以普通一员身份出现，交往随便而活跃，一般具有较多的情感因素
单向交往 和双向交往	单向交往是指交往的一方向另一方发出信息，双方在语言、表情、动作等方面均不存在反馈。其优点是信息传递速度快，易保持信息传出的权威性。 双向交往是指交往双方既发送信息，也接受信息，在交往过程中随时反馈以把握交往效果
口头言语交往和 书面言语交往	口头言语交往是指通过语音、语调、停顿、表情等方式进行信息交流和意见沟通的方式，具有迅速、主动、应变性强、充分表达和交换意见等优点。 书面言语交往是指运用语言文字进行信息交流的方式，具有规范性、严肃性、权威性，不易被歪曲，易于长期保存，并且能够不受时空限制的优点

六、人际关系的概述（表 10-18）

表 10-18　　　　　　　　　　　　人际关系的概述

项目	内　容
人际关系	人际关系是指人们在交往过程中，由于相互认识和相互体验而建立和发展起来的人与人之间的心理关系。 人际关系是由认识、情感和行为三个相互联系的成分组成的。其中，认识成分是人际关系的基础，情感成分在人际关系中起决定作用
类型	从人际关系的基础看，可将人际关系分为以感情为基础的人际关系和以利害为基础的人际关系。 从人际关系的性质看，可将人际关系分为良好的和不良的
影响因数	影响人际关系建立和发展的因素主要有： （1）兴趣、理想、信念、价值观等方面的一致性； （2）距离的远近； （3）交往的频率； （4）需要的互补； （5）仪表的魅力

七、房地产经纪人的人际交往和人际关系（表 10-19）

表 10-19　　　　　　　　　房地产经纪人的人际交往和人际关系

项目	内　容
主要内容	房地产经纪人在人际交往和人际关系方面的素质主要包括： （1）具有一定的面谈技巧； （2）关心客户、满足客户的兴趣和需要； （3）说服别人的能力； （4）良好的判断力； （5）幽默感及丰富的社会关系

八、房地产经纪人的心理压力及其应对（表 10-20）

表 10-20　　　　　　　　　　房地产经纪人的心理压力及其应对

项目	内　　容
应对	（1）提高心理压力容忍力。 （2）搞清楚心理压力的来源
消除	过度的心理压力可能危及身心健康，将压力保持在可控制的水平应遵循下列准则： （1）分清先后——将生活中真正的麻烦事分类； （2）发展和培养一个社交网和朋友圈； （3）自我反省、扬长避短； （4）不要太过苛求自己； （5）享受人生，并与家人、朋友分享

第三部分 实战模拟试卷

实战模拟试卷（一）

一、单项选择题（共50题，每题1分。每题的备选答案中只有一个最符合题意，请在答题卡上涂黑其相应的编号）

1. 担保物权不包括（   ）。
   A. 质权　　　　　　　　　　　　　　B. 留置权
   C. 抵押权　　　　　　　　　　　　　D. 管理权

2. 为无民事行为能力人或限制民事行为能力人行使权利、承担义务而设立的制度是（   ）。
   A. 委托代理　　　　　　　　　　　　B. 指定代理
   C. 授权代理　　　　　　　　　　　　D. 法定代理

3. 租赁合同中，无论是否约定租赁期间，租赁期间都受法定期间的限制，其法定期限为（   ）年。
   A. 20　　　　　　B. 15　　　　　　C. 10　　　　　　D. 5

4. 利用平面多变，强调层次和深度的手法，使用各种色泽的理石、宝石、青铜甚至黄金进行装饰，使室内环境显得华丽、壮观。体现的是室内装饰装修传统风格中的（   ）风格。
   A. 意大利　　　　　　　　　　　　　B. 巴洛克
   C. 洛可可　　　　　　　　　　　　　D. 伊斯兰

5. 《消费者权益保护法》规定，经营者禁止侵犯消费者的人身权，不包括（   ）。
   A. 不得对消费者进行侮辱、诽谤
   B. 不得搜查消费者的身体及其携带的物品
   C. 不得私自扣留消费者
   D. 不得侵犯消费者的人身自由

6. 建筑设计标准要求建筑物应达到的设计使用年限，是由建筑物的（   ）决定的。
   A. 性质　　　　　　B. 结构　　　　　　C. 规模　　　　　　D. 类型

7. 下列建筑构件，不属于基础按照构造形式划分的是（   ）。
   A. 条形基础　　　　　　　　　　　　B. 砖基础
   C. 箱基础　　　　　　　　　　　　　D. 筏板基础

8. 燃气表所在的房间室温应高于（   ）℃。
   A. 23　　　　　　B. 15　　　　　　C. 5　　　　　　D. 0

9. 房屋调查与测绘是以（   ）为单元分户进行的。
   A. 丘　　　　　　B. 宗　　　　　　C. 幢　　　　　　D. 地块

10. 套内自有墙体计算时，按水平投影面积的（   ）计入套内墙体面积。
    A. 1/3　　　　　　B. 一半　　　　　　C. 2/3　　　　　　D. 全部

11. 在世界建筑体系中,中国古代建筑以( )为代表独树一帜,其主要特点是结构灵巧、风格优雅。

    A. 木结构　　　　　　　　B. 桩结构　　　　　　　　C. 竹结构　　　　　　　　D. 对称结构

12. 作用在玻璃幕墙上的荷载中,对幕墙结构影响最大的是( )。

    A. 幕墙自重　　　　　　　　　　　　　　　B. 风荷载

    C. 地震作用　　　　　　　　　　　　　　　D. 温度作用

13. 室内墙体饰面的基本构造中,( )也称为基层,是墙体抹灰的基本层次,主要起黏结和初步找平的作用。

    A. 中间层　　　　　　　　B. 面层　　　　　　　　C. 垫层　　　　　　　　D. 抹灰底层

14. 常用的吸声材料中,下列属于无机材料的是( )。

    A. 石膏板　　　　　　　　　　　　　　　　B. 软木板

    C. 胶合板　　　　　　　　　　　　　　　　D. 泡沫玻璃

15. 一般城市空气中,二氧化硫的平均浓度是( )ppm。

    A. 0.1～0.3　　　　　　B. 0.2～0.5　　　　　　C. 0.3　　　　　　D. 0.5

16. 工业污染源中,一般煤燃烧后约有原重量的( )以烟尘的形式排入大气。

    A. 1/5　　　　　　B. 1/8　　　　　　C. 1/10　　　　　　D. 1/12

17. 交通噪声是由交通运输工具发出的噪声,其特点是( )。

    A. 声源长而固定　　　　　　　　　　　　B. 突发性、不连续

    C. 声源大冲击性强　　　　　　　　　　　D. 声源面广而不固定

18. 在墙面装饰材料中,可导致人体过敏的是( )壁纸。

    A. 天然纺织　　　　　　　　B. 塑料　　　　　　　　C. 化纤纺织　　　　　　　　D. 纸质

19. 场所景观设计中,对于游乐场的选址应充分考虑儿童活动产生的嘈杂声对附近居民的影响,离开居民窗户( )m 远为宜。

    A. 5　　　　　　B. 20　　　　　　C. 10　　　　　　D. 25

20. 工业化进入成熟期,在人口继续向城市集中的同时,开始向郊区扩展,但城市人口增长仍然高于郊区的时期属于城市进化理论中( )阶段。

    A. 相对分散　　　　　　　　　　　　　　　B. 绝对集中

    C. 相对集中　　　　　　　　　　　　　　　D. 绝对分散

21. 常发生在山区或丘陵地区,危及建筑物甚至居民的生命安全的工程地质灾害为( )。

    A. 塌方　　　　　　B. 冲沟　　　　　　C. 地下溶沟　　　　　　D. 地震

22. 某建设项目建设用地 5 000 m²,总建筑面积 11 000 m²,建筑基底总面积 10 000 m²,则该项目用地的容积率为( )。

    A. 0.2　　　　　　B. 1.1　　　　　　C. 2　　　　　　D. 2.2

23. 居住区的技术经济指标是从量的方面衡量和评价居住区( )的重要依据。

    A. 规划质量和规划进度　　　　　　　　　B. 规划质量和综合效益

    C. 规划进度和社会效益　　　　　　　　　D. 规划进度和综合效益

24. 居住区技术经济指标中,把每公顷居住区用地上容纳的规划人口数量称为( )。

    A. 人口毛密度　　　　　　　　　　　　　　B. 人口容量

    C. 居住人口数　　　　　　　　　　　　　　D. 居住区人口数量

25. 在寡头垄断市场上，生产者之间存在着竞争，但寡头生产者在竞争中往往倾向于（　　）竞争。

    A. 市场　　　　　　　B. 产品　　　　　　　C. 非价格　　　　　　D. 后期服务

26. 在理论上可以将房地产的供求状况分为的类型不包括（　　）。

    A. 全国房地产总的供求状况　　　　　　　　B. 本地区房地产的供求状况

    C. 全国本类房地产的供求状况　　　　　　　D. 本地区本类房地产的需求状况

27. 一种房地产的需求价格弹性取决于该种房地产有多少种（　　）。

    A. 替代品　　　　　　B. 互补品　　　　　　C. 相似品　　　　　　D. 完全品

28. 某银行存款的计息方式采用单利，假设其一年期存款的年利率为5%，为吸引3年期的储户，其3年期存款的单利年利率应大于（　　）。

    A. 4.25%　　　　　　B. 5.25%　　　　　　C. 0.17%　　　　　　D. 3.5%

29. 某人每月向保险公司交付100元，在年利率为8%时，20年后这笔钱的累计总额相当于（　　）万元。

    A. 15 820　　　　　　B. 24 000　　　　　　C. 45 890　　　　　　D. 58 902

30. 某一房地产的（　　）价值，是指该房地产对于一个典型的投资者的价值。

    A. 市场价值　　　　　　　　　　　　　　　B. 投资价值

    C. 成交价值　　　　　　　　　　　　　　　D. 使用价值

31. 房地产价格中，把目前尚未建造完成而在将来建造完成后的建筑物及其占用范围内的土地为交易标的的房地产价格称为（　　）。

    A. 现房价格　　　　　　　　　　　　　　　B. 评估价格

    C. 期房价格　　　　　　　　　　　　　　　D. 成交价格

32. 某期房面积90 m²，尚有1年时间才可投入使用，与其类似的现房价格为3 300元/m²，出租的年末净收益为330元/m²。假设折现率为10%，风险补偿估计为现房价格的2%，则该期房目前的价格为（　　）元/m²。

    A. 1 100　　　　　　B. 2 934　　　　　　C. 3 245　　　　　　D. 4 144

33. 房地产需求的（　　），是房地产需求量变化的百分比与预期的其未来价格变化的百分比之比。

    A. 交叉价格弹性　　　　　　　　　　　　　B. 价格预期弹性

    C. 人口弹性　　　　　　　　　　　　　　　D. 收入弹性

34. 某建筑物的建筑面积100 m²，单位建筑面积的重置价格为500元/m²，判定其有效年龄为10年，经济寿命为30年，残值率为5%。若采用直线法计算，该建筑物的年折旧额为（　　）元。

    A. 15 000　　　　　　B. 25 100　　　　　　C. 15 833　　　　　　D. 34 167

35. 由出票人签发的，承诺自己在见票时无条件支付确定的金额给收款人或者持票人的票据，称为（　　）。

    A. 支票　　　　　　　　　　　　　　　　　B. 转账支票

    C. 汇票　　　　　　　　　　　　　　　　　D. 本票

36. 房地产要有价格与其他任何物品要有价格一样，需要具备的性质不包括（　　）。

    A. 有用性　　　　　　　　　　　　　　　　B. 有益性

C. 稀缺性　　　　　　　　　　　　D. 有效需求

37. 中国银行业监督管理委员会要求应将借款人住房贷款的月所有债务支出与收入比控制在（　　）以下。

A. 45%　　　　　B. 55%　　　　　C. 60%　　　　　D. 75%

38. 按照（　　），个人住房贷款分为个人购房贷款、个人自建住房贷款、个人大修住房贷款。

A. 贷款用途　　　　　　　　　　　B. 住房交易形态

C. 贷款偿还方式　　　　　　　　　D. 借款人类型

39. 某家庭购房抵押贷款10万元，贷款期限30年，贷款年利率6%，借贷双方约定每年年初按当年1年期国库券利率加上3%的附加利率调整贷款利率。设在贷款期限第2、3、4、5年的1年期国库券利率分别为3%、4%、6%和6%。则该家庭第3年的月还款额为（　　）元。

A. 443.22　　　　B. 599.55　　　　C. 662.40　　　　D. 792.71

40. 如果影响变量值变动的因素很多，并且作用的方向、程度都带有一定的波动性和随机性，这些众多因素致使变量值的大小、方向具有偶然性，这种变量称为（　　）。

A. 连续型变量　　　　　　　　　　B. 确定型变量

C. 离散变量　　　　　　　　　　　D. 随机变量

41. 将各组及相应的频数或频率按照一定的顺序排列所形成的数列，称为（　　）数列。

A. 分布　　　　　B. 等比　　　　　C. 排列　　　　　D. 等高

42. 影响变量值变动的是某种起决定性作用的因素，致使该变量值呈现上升或下降唯一方向性的变动，这种变量称为（　　）。

A. 连续型变量　　　　　　　　　　B. 离散型变量

C. 确定性变量　　　　　　　　　　D. 随机变量

43. 统计调查中，（　　）是指调查的具体内容，它所要解决的是向调查单位调查说明问题。

A. 调查项目　　　　　　　　　　　B. 调查对象

C. 调查单位　　　　　　　　　　　D. 调查目的

44. 下列报表的类型中，属于按报送周期长短不同划分的是（　　）。

A. 全面统计报　　　　　　　　　　B. 地方统计报

C. 部门统计报　　　　　　　　　　D. 年报

45. 使用（　　）来整理和反映统计数据，目的是从大量的原始数据中浓缩信息，使之可以提供概要信息并反映统计数据的基本特征。

A. 图形　　　　　B. 表格　　　　　C. 直方图　　　　　D. 数据

46. 统计数据的直接来源渠道中，获得自然科学数据的主要手段是（　　）。

A. 调查　　　　　　　　　　　　　B. 试验

C. 实验　　　　　　　　　　　　　D. 检验

47. 下列选项中，不属于知觉的主要特征的有（　　）。

A. 局部性　　　　B. 选择性　　　　C. 恒常性　　　　D. 理解性

48. 下列选项中，不属于记忆在消费者购买活动和营销工作中的作用的是（　　）。

A. 记忆影响消费者的购买决策

B. 研究消费者的记忆规律对营销工作非常重要

C. 活动可以加强消费者的记忆

D. 适当的重复能加深记忆的印象

49. 下列对于商品价值的认知功能的表述错误的是（　　）。

A. 价格围绕价值上下波动，并趋向于价值

B. 商品价格是价值的货币表现

C. 商品价值是价格的内在尺度

D. 商品价格是消费者比拟社会地位、经济地位、文化修养、生活情操的途径

50. 经济适用住房的成本包括征地和拆迁补偿安置费、勘察设计和前期工程费、建筑安装工程费、住宅小区基础设施建设费（含小区非营业性配套公建费）、管理费、贷款利息和税金等七项因素，利润控制在（　　）以下。

A. 3% 　　　　　　　　　　　　B. 5%

C. 7% 　　　　　　　　　　　　D. 15%

二、多项选择题（共30题，每题2分。每题的备选答案中有两个以上符合题意，请在答题卡上涂黑其相应的编号。错选不得分；少选且选项正确的，每选项得0.5分）

51. 成为法人需要具备的条件包括（　　）。

A. 依法成立 　　　　　　　　　B. 能够独立承担民事责任

C. 有必要的财产或者经费 　　　D. 有民事行为能力

E. 有自己的名称、组织机构和场所

52. 下列对于居间合同的特征表述不正确的有（　　）。

A. 是由居间人向委托人提供居间服务的合同

B. 是典型的劳务合同

C. 居间人对委托人与第三人之间的合同没有介入权

D. 具有人身性质，以当事人之间相互信任为前提

E. 是双务、有偿、诺成合同

53. 《消费者权益保护法》规定，消费者具有（　　）的权利。

A. 安全保障 　　　　　　　　　B. 依法结社

C. 获得知识 　　　　　　　　　D. 监督

E. 检举

54. 经营者不得以（　　）等方式作出对消费者不公平、不合理的规定，或者减轻、免除其损害消费者合法权益应当承担的民事责任。

A. 格式合同 　　　　　　　　　B. 签订合同

C. 声明 　　　　　　　　　　　D. 通知

E. 店堂告示

55. 地形图中，一般把（　　）的地形图称为中比例尺地形图。

A. 1：5 000 　　　　　　　　　B. 1：10 000

C. 1：25 000 　　　　　　　　　D. 1：50 000

E. 1：100 000

56. 根据房屋共有建筑面积的不同使用功能，应分摊的共有建筑面积分为（　　）。

A. 幢共有建筑面积　　　　　　B. 综合共有建筑面积
C. 套内共有建筑面积　　　　　D. 功能共有建筑面积
E. 本层共有建筑面积

57. 根据现代室内装饰装修所表现的艺术特点，其流派可分为（　　）。
A. 高技派　　　　　　　　　　B. 新洛可可派
C. 洛可可派　　　　　　　　　D. 超现实派
E. 现代派

58. 外墙的装饰装修中，影响建筑外立面色彩的因素包括（　　）。
A. 年代特征　　　　　　　　　B. 地域因素
C. 建筑周边环境　　　　　　　D. 个体因素
E. 建筑功能

59. 外立面装饰装修风格按照不同时期来划分，主要有（　　）等。
A. 古典主义风格　　　　　　　B. 现代主义风格
C. 混合型风格　　　　　　　　D. 巴洛克风格
E. 后期现代主义风格

60. 环境噪声污染的危害主要表现在（　　）。
A. 对听力的损伤　　　　　　　B. 对睡眠的干扰
C. 对人体的物理性影响　　　　D. 对儿童的影响
E. 对人体心理的影响

61. 固体废弃物按照废物的形状可以分为（　　）。
A. 沙状废物　　　　　　　　　B. 颗粒状废物
C. 混凝状废物　　　　　　　　D. 粉状废物
E. 块状废物

62. 辐射污染中，可见光污染主要表现在（　　）。
A. 灯光污染　　　　　　　　　B. 紫外光污染
C. 强光污染　　　　　　　　　D. 视觉污染
E. 其他可见光污染

63. 认识现金流量图应把握（　　）。
A. 时间段的长度
B. 时间段的指向
C. 时间段的划分
D. 现金流量在时间段上发生的具体时点
E. 现金流量在该时点上发生的具体数额

64. 城市水源中，采用地面水作为水源的缺点是（　　）。
A. 受大气降水影响较大　　　　B. 不利于稳定供水
C. 易遭受污染　　　　　　　　D. 水位变化较大
E. 水质较差

65. 绿地率是指城市一定地区内各类绿地面积的总和占该地区总面积的比率。其中，各类绿地包括（　　）。

A. 建筑绿地   B. 宅旁绿地

C. 公共服务设施所属绿地   D. 公路绿地

E. 道路绿地

66. 卖方垄断市场的特点包括( )。

  A. 只有一个卖者,而买者很多   B. 市场信息比较完全

  C. 产品无相近的替代品   D. 新生产者不能进入市场

  E. 买者和卖者无串通共谋行为

67. 从经济理论上讲,资金存在时间价值的原因主要有( )。

  A. 实际利率   B. 资金增值

  C. 机会成本   D. 承担风险

  E. 通货紧缩

68. 指数按照所反映的内容不同,可分为( )。

  A. 数量指数   B. 个体指数

  C. 质量指数   D. 综合指数

  E. 加权指数

69. 进行交易情况修正时,可能使可比实例成交价格偏离正常市场价格的因素包括( )。

  A. 交易税费正常负担的交易

  B. 利害关系人之间的交易

  C. 相邻房地产的拆分交易

  D. 特殊交易方式的交易

  E. 交易双方或某一方对市场行情缺乏了解的交易

70. 在实际中,开发成本主要包括( )。

  A. 房屋建筑其他工程费   B. 公共配套设施建设费

  C. 勘察设计和前期工程费   D. 开发建设过程中的税费

  E. 基础设施建设费

71. 房地产价格构成中,销售税金及附加主要包括( )。

  A. 营业税   B. 消费税

  C. 其他销售税费   D. 城市维护建设税

  E. 教育费附加

72. 根据探索答案的不同思维方向,可分为( )。

  A. 聚合思维   B. 发散思维

  C. 直觉思维   D. 创造性思维

  E. 常规思维

73. 房地产信托贷款业务主要包括( )。

  A. 房地产按揭信托

  B. 国际房地产投资信托

  C. 房地产委托贷款

  D. 房地产开发经营企业流动资金委托贷款

  E. 房地产债权信托

74. 根据保险合同的订立程序，保险合同的形式主要包括（　　）。
    A. 投保单　　　　　　　　　　　　B. 暂保单
    C. 保险单　　　　　　　　　　　　D. 保险合同
    E. 保险保障

75. 按照标志是否可用数量表式，标志分为（　　）。
    A. 不变标志　　　　　　　　　　　B. 数量变异标志
    C. 品质标志　　　　　　　　　　　D. 数量标志
    E. 变异标志

76. 对于分类的数据，通常是通过计算每一个类别中各个个体出现的（　　）来进行分析。
    A. 频数　　　　　　　　　　　　　B. 时间
    C. 频率　　　　　　　　　　　　　D. 速率
    E. 现象

77. 反映房屋交易状况的主要统计指标有（　　）。
    A. 商品房批准预售面积　　　　　　B. 商品房可预售面积
    C. 商品房预售面积　　　　　　　　D. 商品房可售面积
    E. 商品房登记销售面积

78. 按消费态度不同划分，消费者可以分为（　　）等类型。
    A. 自由型　　　　　　　　　　　　B. 顺应型
    C. 独立型　　　　　　　　　　　　D. 理智型
    E. 节俭型

79. 需要是机体对自身和外部生活条件的要求在人脑中的反映。这种反映通常以（　　）的形式表现出来。
    A. 需要　　　　　　　　　　　　　B. 欲望
    C. 渴求　　　　　　　　　　　　　D. 需求
    E. 意愿

80. 人际关系是由（　　）等相互联系的成分组成的。
    A. 认识　　　　　　　　　　　　　B. 情感
    C. 行为　　　　　　　　　　　　　D. 兴趣
    E. 价值观

三、**综合分析题**（共20小题，每小题2分。每小题的备选答案中有一个或一个以上符合题意，请在答题卡上涂黑其相应的编号。错选不得分；少选且选择正确的，每个选项得0.5分）

（一）

某房地产开发公司通过土地使用权出让方式获得一宗土地，总地价为6 600万元，用来进行居住小区的开发建设。经批准的规划设计条件为：居住用地面积14 hm²，住宅用地面积10 hm²，总建筑面积400 000 m²，其中高层住宅建筑面积30 000 hm²。预计总投资12 600万元。该用地土质较差，地下水位较高。

81. 该居住小区的住宅建筑面积净密度为（　　）%。
    A. 33　　　　　　B. 50　　　　　　C. 21 400　　　　　　D. 30 000

82. 控制性详细规划对地块的规定性指标有（　　）。

   A. 容积率
   B. 用地面积
   C. 人口容量
   D. 建筑形式

83. 该居住小区住宅建筑的基础最好采用（　　）。

   A. 条形基础
   B. 筏板基础
   C. 箱形基础
   D. 独立基础

84. 如果预计 6 000 万元是初步设计阶段确定的工程造价，则这一造价是（　　）。

   A. 投资估价
   B. 概算造价
   C. 预算造价
   D. 结算造价

85. 如果该居住小区建成后开始销售，起价为 3 900 元/m² ，则该价格为（　　）。

   A. 所销售商品房的最低价格
   B. 最差楼层、朝向的商品房价格
   C. 不同楼层、朝向的商品房价格
   D. 所销售商品房的平均价格

（二）

王先生为一事业单位在职职工，现有存款 10 万元，家庭月收入 5 000 元，日常支出约为 3 000 元。现看中一套价值 40 万元的房子，准备购买。

86. 王先生可以采取的住房贷款形式主要有（　　）。

   A. 公积金贷款
   B. 单位集资贷款
   C. 住房储蓄贷款
   D. 住房抵押贷款

87. 如果公积金贷款的最高额度为 8 万元，其余采用抵押贷款，贷款年限均为 10 年，则每月的总还款额为（　　）元/m² （公积金贷款年利率为 4.26％，抵押贷款年利率为 5.04％）。

   A. 3 785
   B. 3 158
   C. 2 338
   D. 2 980

88. 如果月收入不足以支付月还款额，则贷款年限为（　　）年较为合适。

   A. 15
   B. 20
   C. 25
   D. 30

89. 如果王先生打算购买此住房用于出租，则这一需求属于（　　）。

   A. 投资性需求
   B. 消费性需求
   C. 实质性需求
   D. 投机性需求

90. 下列选项中，（　　）是购房者获得住房抵押贷款的关键性法律文件。

   A. 《借款合同》
   B. 《商品房买卖合同》
   C. 《住房抵押贷款合同》
   D. 《住房抵押贷款承诺书》

（三）

李小姐看中了一处住宅，面积为 50 m²，带租约，两年到期，月租金为 600 元，附近类似住宅的正常月租金为 700 元，该住宅的土地使用期限为 50 年，如该住宅从获得土地使用权到目前为止，已使用 10 年。

91. 假设李小姐购买此住宅仍用于出租，预期最高收益率为 9％，则用收益法可估算出房地产的价格为（　　）元。

   A. 101 150
   B. 89 632
   C. 92 803
   D. 90 361

92. 假设市场上类似住宅的售价为 120 000 元，则该项交易（　　）。

    A. 一定能成交

    B. 无法判断

    C. 要根据市场是处于买方市场还是卖方市场来判断

    D. 一定不能成交

93. 假设最后双方约定首付 30 000 元，其余两年内付清，每年支付 35 000 元，年利率 6%，则实际价格为（　　）元。

    A. 94 168.74　　　　B. 100 000　　　　C. 96 037.74　　　　D. 98 000.17

94. 如果双方约定由李小姐支付 100 000 元，一切税费由卖方承担，一般卖方缴纳的税费为正常成交价格的 7%，买方应缴纳的税费为正常成交价格的 5%，则正常成交价为（　　）元/m²。

    A. 2 151　　　　B. 2 105　　　　C. 1 905　　　　D. 1 869

95. 假设使用 5 年后，该住宅附近修建了一条高速公路，导致环境恶化，则可能产生的污染有（　　）。

    A. 大气污染　　　　　　　　　　B. 水体污染

    C. 噪声污染　　　　　　　　　　D. 辐射污染

（四）

某市李先生（现年 65 岁）的女儿小林（现年 25 岁，月收入 8 000 元人民币）准备结婚。李先生拟购买一套商品房作为女儿的嫁妆，在通过与经纪公司接触，选择了一套由某房地产开发公司开发的两厨两卫住房，该套住房的总价为 38 万元人民币。但李先生目前只有 8 万元人民币的存款，需要向银行按揭，该市银行可以提供年利率为 5.02% 的 8 成 15 年的按揭。

96. 向银行申请个人住房贷款，应该以（　　）的名义申请。

    A. 李先生　　　　　　　　　　B. 小林

    C. 李先生和小林两人　　　　　　D. 经济公司

97. 房地产经纪人能从观察到的外部线索中准确地推知对方行为发生的真正原因要求具有（　　）。

    A. 良好的判断力　　　　　　　　B. 一定的面谈技巧

    C. 说服别人的能力　　　　　　　D. 丰富的社会关系

98. 假设符合按揭条件，10 年后，由于小林收入提高，想一次性偿还余款，则应一次偿还额为（　　）万元。

    A. 1.516　　　　B. 5.67　　　　C. 12.75　　　　D. 13.14

99. 个人住房贷款的特点是（　　）。

    A. 中长期性　　　　B. 长期性　　　　C. 零售性　　　　D. 分期偿还

100. 如果经测量，该住房套内建筑面积为 87 m²，套内阳台面积为 6 m²，分摊的共有建筑面积为 22 m²，则房屋产权证书上的面积应为（　　）m²。

    A. 87　　　　B. 103　　　　C. 109　　　　D. 115

实战模拟试卷（一）参考答案

一、单项选择题

1. D	2. D	3. A	4. B	5. C
6. A	7. B	8. D	9. C	10. D
11. A	12. B	13. D	14. A	15. A
16. C	17. D	18. A	19. C	20. C
21. A	22. D	23. B	24. A	25. C
26. D	27. A	28. B	29. D	30. A
31. C	32. B	33. B	34. C	35. D
36. B	37. B	38. A	39. C	40. D
41. A	42. C	43. A	44. D	45. A
46. B	47. A	48. D	49. D	50. A

二、多项选择题

51. ABCE	52. BD	53. ABCD	54. ACDE	55. CDE
56. ADE	57. ABD	58. BCDE	59. ABE	60. ABDE
61. BDE	62. ADE	63. BCDE	64. ABCE	65. BCE
66. ACD	67. BCD	68. AC	69. BDE	70. BCDE
71. ADE	72. AB	73. ACE	74. ABC	75. CD
76. AC	77. ABCD	78. ABE	79. BCE	80. ABC

三、综合分析题

81. D	82. AB	83. C	84. B	85. AB
86. AD	87. B	88. B	89. A	90. AC
91. D	92. D	93. A	94. C	95. AC
96. B	97. A	98. C	99. BCD	100. C

实战模拟试卷 （二）

一、单项选择题（共 50 题，每题 1 分。每题的备选答案中只有一个最符合题意，请在答题卡上涂黑其相应的编号）

1. 《民法通则》规定，公民下落不明满（　　）年的，利害关系人可以向人民法院申请宣告死亡。
   A. 1
   B. 2
   C. 4
   D. 5

2. 法律上把民事法律关系的一方当事人依照法律的规定，必须实施一定行为或不实施一定行为，以满足民事权利主体实现其权利的要求称为（　　）。
   A. 民事义务
   B. 民事权利
   C. 民事法律关系
   D. 民事行为

3. 《担保法》规定定金的数额不得超过主合同标的额的（　　）这一比例为强制性规定，当事人不得违反。
   A. 5%
   B. 15%
   C. 20%
   D. 25%

4. 租赁合同中，租赁期间届满，当事人可以续订租赁合同，但约定的租赁期限自续订之日起不得超过（　　）年。
   A. 15
   B. 20
   C. 30
   D. 40

5. 消费者权利中，（　　）是指消费者在购买商品或者接受服务时，有权获得质量保障、价格合理等交易条件，有权拒绝经营者的强制交易行为。
   A. 公平交易权
   B. 自主选择权
   C. 真情知悉权
   D. 受尊重权

6. 房屋完损等级分类中，主体结构基本完好，但层面不平整、门窗有的腐朽变形，下水道经常阻塞，内粉刷部分脱落，墙体轻度倾斜、开裂，需要进行修理的房屋属于（　　）。
   A. 基本完好房屋
   B. 一般损坏房屋
   C. 严重损坏房屋
   D. 危险房屋

7. 悬挂在建筑物外部以装饰作用为主的轻质墙板组成的墙，称为（　　）。
   A. 隔墙
   B. 填充墙
   C. 幕墙
   D. 板墙

8. 引下线一般采用（　　）制成，沿建筑物外墙敷设，并以最短路径与接地装置连接。
   A. 圆钢或扁钢
   B. 角钢或圆钢
   C. 圆钢或钢管
   D. 角钢或扁钢

9. 建筑施工图中，用来表式建筑物位置的是（　　）。
   A. 总平面图
   B. 平面图
   C. 立面图
   D. 详图

10. 海洋处于静止时的表面并延伸穿过整个大陆、岛屿所形成的闭合曲面，称为（　　）。
    A. 水准面
    B. 水平面

    C. 大地水准面   D. 大地水平面

11. 室内装饰装修风格中，讲究建筑形象特征、隐喻性和装饰性的是（　　）。

    A. 现代风格   B. 混合型风格

    C. 传统风格   D. 后现代风格

12. 外墙面装饰构造中，（　　）外墙面装饰具有坚固耐用、装饰性强、容易清洗等优点。

    A. 涂刷类   B. 贴面类   C. 铺钉类   D. 清水墙

13. 建筑材料的物理性质中，材料的（　　）是指材料在饱和水作用下强度不显著降低的性质。

    A. 耐水性   B. 吸水性   C. 吸湿性   D. 抗渗性

14. PVC 板由于不耐火、易变形，只适用于（　　）。

    A. 浴室或卫生间   B. 客厅或餐厅

    C. 餐厅或卧室   D. 厨房或浴室

15. 环境污染按照（　　），可分为物理污染、化学污染、生物污染。

    A. 环境要素   B. 污染物的性质

    C. 污染物的形态   D. 污染产生的原因

16. 颗粒污染物又称总悬浮颗粒物，是指能悬浮在空气中，空气动力学当量直径（　　）μm 的颗粒物。

    A. $\leqslant 100$ B. $\leqslant 200$ C. $\geqslant 100$ D. $\geqslant 200$

17. 水污染物及其危害中，人体经常摄入遭受（　　）污染的水源，会产生慢性中毒，发生呕吐、腹泻、头痛头晕、精神不振等症状。

    A. 氰化物   B. 硫   C. 酚   D. 放射性物质

18. 常用的建筑材料中，（　　）的危害是对人体的呼吸系统、神经系统和血液循环系统造成损伤。

    A. 无机材料和再生材料   B. 吸声和隔声材料

    C. 合成隔热板材   D. 人造板材及人造板家具

19. 从建筑总平面图中不可以看出的内容是（　　）。

    A. 建筑场地的位置、大小及形状   B. 场地内的道路布置与绿化安排

    C. 扩建建筑物的预留地   D. 新建建筑物的内部结构

20. 常见的城市功能区中，（　　）是指大城市中金融、贸易、信息和商务办公活动高度集中，并附有购物、文娱、服务等配套设施的城市中综合经济活动的核心地区。

    A. 商业区   B. CBD   C. 综合区   D. 开发区

21. 城市防洪工程要求百年一遇洪水位以上（　　）m 的地段，才可作为城市建设用地。

    A. 0.5～1   B. 1.0～1.5   C. 1.5～2   D. 2.5～3

22. 城市规划术语和控制指标中，（　　）指建筑控制线与道路红线或道路边界、地块边界的距离。

    A. 道路红线   B. 用地红线

    C. 建筑红线   D. 建筑后退红线距离

23. 居住区住宅的规划布置中，住宅布置应主要考虑住宅夏季防热和组织自然通风、导风入室的要求的是（　　）建筑气候区。

A. Ⅲ、Ⅳ   B. Ⅰ、Ⅱ、Ⅵ   C. Ⅰ、Ⅱ、Ⅶ   D. Ⅱ、Ⅵ

24. 居住区（级）道路是居住区的主要道路，用以解决居住区内外的交通联系，路面应宽
（   ）m。
    A. 6～9   B. 15～25   C. 20～30   D. 30～50

25. 在交易达成后立刻或在短期内进行商品交割的价格是（   ）。
    A. 现货价格   B. 期货价格
    C. 实际价格   D. 名义价格

26. 消费者在某一特定的时间内，在每一价格水平下，对某种房地产所愿意而且能够购买的
数量，称为（   ）
    A. 房地产需求   B. 房地产供给
    C. 市场需求   D. 市场供给

27. 经济学上将弹性数值分为（   ）种。
    A. 四   B. 五   C. 六   D. 七

28. 某房地产开发商向银行借款 100 万元，借款期限为 2 年，年利率为 8％，到期后一次偿
还本息。则到期后应偿还的本息为（   ）元。
    A. 1 166 400   B. 1 250 050   C. 1 259 712   D. 1 347 100

29. 根据风险的偏好，可将投资者分为多种类型，但不包括（   ）。
    A. 投机型投资者   B. 保守型投资者
    C. 普通型投资者   D. 跟风型投资者

30. 对拟拍卖房地产的公开市场价值进行测算和判定的结果，描述的是（   ）。
    A. 评估价   B. 保留价
    C. 起拍价   D. 成交价

31. 房地产价格中，一般把某种房地产在市场上的一般、平均水平价格称为（   ）。
    A. 成家价格   B. 市场价格
    C. 单位价格   D. 实际价格

32. 人民法院确定的保留价，第一次拍卖时，不得低于评估价格或者市价的（   ）。
    A. 20％   B. 50％   C. 80％   D. 90％

33. 某宗土地总面积 1 000 m²，容积率为 3，对应的土地单价为 450 元/m²，现允许将容积
率提高到 4，楼面地价不变。则理论上应补地价的数额为（   ）万元。
    A. 20   B. 30   C. 89   D. 150

34. 当商品出卖之后，未继之以买，货币退出了流通领域，被作为社会财富的一般代表保存
起来的功能，是货币的（   ）。
    A. 价值尺度职能   B. 流通手段职能
    C. 贮藏手段职能   D. 支付手段职能

35. 以一定单位的外国货币为基准，折合成若干单位本国货币的标价方法，称为（   ）。
    A. 应收标价法   B. 预付标价法
    C. 间接标价法   D. 直接标价法

36. 从贷款风险的（   ）来看，房地产贷款风险可分为系统风险和非系统风险。
    A. 性质   B. 可控程度

C. 影响范围　　　　　　　　　　　　　　　D. 分析层次

37. 由于借款人偿还能力不足而形成的违约，有时也被称为（　　）。
　　A. 事实违约　　　　　　　　　　　　　　B. 理性违约
　　C. 抵押违约　　　　　　　　　　　　　　D. 被迫违约

38. 某家庭购房抵押贷款10万元，贷款年利率为5％，贷款期限为15年，采用按月等额本息还款方式还款。则该家庭最后1个月的月还款额为（　　）元。
　　A. 972.22　　　　　　B. 876.68　　　　　　C. 672.34　　　　　　D. 557.87

39. 个人住房贷款的主要术语中，（　　）是指房地产抵押贷款中贷款金额占抵押房地产价值的比率。
　　A. 贷款价值比　　　　　　　　　　　　　B. 贷款利率比
　　C. 首付款比例　　　　　　　　　　　　　D. 偿还比率

40. 平均指标主要有算术平均数、中位数、众数。其中（　　）属于位置平均数。
　　A. 算术平均数　　　　　　　　　　　　　B. 中位数和众数
　　C. 算术平均数和中位数　　　　　　　　　D. 算术平均数和众数

41. 调查目的是指调查所要达到的具体目标，对于它所回答的问题，下列表述不正确的是（　　）。
　　A. 为什么要调查　　　　　　　　　　　　B. 调查要解决什么问题
　　C. 调查具有什么意义　　　　　　　　　　D. 怎么样去调查

42. 2009年参加全国房地产经纪人职业资格考试的人数为20 100人，为了调查参考人员分布，随机抽取了1 000人进行调查，则样本容量为（　　）。
　　A. 100　　　　　　　B. 1 000　　　　　　C. 20 100　　　　　　D. 19 100

43. 指数按照计算方法不同进行分类，可分为（　　）。
　　A. 个体指数和综合指数　　　　　　　　　B. 简单指数和加权指数
　　C. 数量指数和质量指数　　　　　　　　　D. 定基指数和环比指数

44. 反映房屋建设状况的主要统计指标不包括（　　）。
　　A. 房屋施工面积　　　　　　　　　　　　B. 房屋新开工面积
　　C. 房屋使用面积　　　　　　　　　　　　D. 竣工房屋面积

45. 反映事物或现象变动程度的一种相对数，称为（　　）。
　　A. 指数　　　　　　　　　　　　　　　　B. 个体指数
　　C. 综合指数　　　　　　　　　　　　　　D. 平均指数

46. 消费者的心理活动过程中，（　　）过程是消费者心理过程的起点和第一阶段。
　　A. 情感过程　　　　　　　　　　　　　　B. 个性心理过程
　　C. 意志过程　　　　　　　　　　　　　　D. 认识过程

47. 在所有的感觉器官中，以视觉方式获得的信息量最多，大约占（　　）以上。
　　A. 40％　　　　　　　B. 50％　　　　　　C. 80％　　　　　　D. 90％

48. 心理学上所谓的（　　）是指人们在外部刺激影响下，所采取的有目的的活动，它是个体与环境相互作用后的某种特定反映。
　　A. 行为　　　　　　　B. 参与　　　　　　C. 购买　　　　　　D. 消费

49. 男性消费者与女性消费者相比，其（　　）。

A. 使用商品广告信息的程度高于女性

B. 购物积极性低，且缺乏耐心

C. 购买筹划的程度、节约程度高于女性

D. 购买家电、家具和家庭装修材料的次数少

50. 由于消费者长期、多次购买某些商品，通过对商品价格的反复感知而逐步形成的对衡量商品价格的一种心理尺度称为（　　）。

A. 倾向性心理

B. 敏感性心理

C. 感受性心理

D. 习惯性心理

二、**多项选择题**（共30题，每题2分。每题的备选答案中有两个以上符合题意，请在答题卡上涂黑其相应的编号。错选不得分；少选且选项正确的，每选项得0.5分）

51. 中国现行法律体系中，法律适用的基本原则包括（　　）。

A. 法律解释优先于法律文本

B. 特别法优先于普通法

C. 强行法优先于任意法

D. 新法优先于旧法

E. 法溯及既往

52. 定金责任与赔偿损失的区别在于（　　）。

A. 定金责任不以实际发生的损害为前提

B. 定金责任的承担也不能替代赔偿损失

C. 合同履行时定金要充抵价款

D. 合同不履行时定金应当返还

E. 定金和赔偿损失不能同时并用，只能选择其一适用

53. 用益物权是指权利人依法对他人的财产享有占有、使用和收益的权利。包括（　　）。

A. 土地所有权

B. 土地承包经营权

C. 地役权

D. 建设用地使用权

E. 宅基地使用权

54. 自然人的民事行为能力中，监护主要有（　　）。

A. 法定监护

B. 指定监护

C. 委托监护

D. 遗嘱监护

E. 自愿监护

55. 建筑物的防雷装置一般由（　　）构成。

A. 接闪器

B. 避雷针

C. 引下线

D. 导流管线

E. 接地装置

56. 热水采暖系统一般由（　　）等组成。

A. 锅炉

B. 散流器

C. 输热管道

D. 循环水泵

E. 膨胀水箱

57. 室外装饰装修的原则主要包括（　　）

A. 时代性原则

B. 适用性原则

C. 大众性原则

D. 经济性原则

E. 美观性原则

58. 抹灰类外墙面装饰按建筑标准及不同墙体，可分为（   ）。

A. 普通抹灰
B. 一般抹灰
C. 中级抹灰
D. 高级抹灰
E. 超高级抹灰

59. 室内装饰装修应满足室内界面物理要求，包括（   ）。

A. 满足隔声、吸声、保温、隔热要求
B. 满足空间的使用要求
C. 满足相应部位尺寸、性能要求
D. 满足防滑、防静电要求
E. 满足建筑物理方面的特殊要求

60. 下列对于颗粒污染物的危害表述正确的是（   ）。

A. 颗粒污染物对人体的危害程度与其直径大小和化学成分有关
B. 对人体危害最大的是浮尘
C. 煤烟尘严重时能刺激人的眼睛，引起角膜炎等眼病
D. 颗粒污染物能反射和吸收阳光，使能见度降低
E. 颗粒污染物能加速金属材料和设备的腐蚀

61. 环境噪声的污染源主要包括（   ）。

A. 工业噪声
B. 交通噪声
C. 机械噪声
D. 社会生活噪声
E. 建筑施工噪声

62. 生态美学原则对于景观评价也具有指导意义，其原则包括（   ）。

A. 安静性原则
B. 最大绿色原则
C. 活力、健康原则
D. 独特性与吸引力原则
E. 多样性和复杂性原则

63. 市区是城市的核心，集中了大量的（   ）。

A. 非农人口
B. 第一产业
C. 第二产业
D. 第三产业
E. 开发建设区

64. 在城市规划和建设中，需要考虑日照条件的情况有（   ）。

A. 建筑物的朝向、间距
B. 建筑物的高度及层数
C. 建筑群体的布局
D. 建筑施工期
E. 城市道路的走向和宽度

65. 下列对于城市绿线的表述，正确的是（   ）。

A. 城市绿线是指城市各类绿地范围的控制线
B. 任何用地都不可超过绿线的范围
C. 城市绿线范围内的用地不得改作他用
D. 在城市绿线范围内，不符合规划要求的建筑物应当限期迁出
E. 在城市绿线范围内，违反保护规划的设施应拆除

66. 房地产按照其交易方式，可以分为（　　）。
    A. 房地产使用市场　　　　　　　　　B. 房地产买卖市场
    C. 房地产投资市场　　　　　　　　　D. 房地产租赁市场
    E. 现房市场

67. 按反映的时间状况不同，总量指标分为（　　）。
    A. 实物指标　　　　　　　　　　　　B. 价值指标
    C. 时期指标　　　　　　　　　　　　D. 时点指标
    E. 相对指标

68. 成本租金是指按照出租房屋的经营成本确定的租金，主要包括（　　）。
    A. 房屋折旧费　　　　　　　　　　　B. 管理费
    C. 保险费　　　　　　　　　　　　　D. 投资利息
    E. 房产税

69. 规定用途对土地的影响主要表现在（　　）。
    A. 就某一块土地而言，它会降低地价
    B. 从科学理论上看，会降低单块土地的价格
    C. 从总体上看，有提高地价的作用
    D. 会降低整片土地的利用率
    E. 土地如果改变用途，则地价有可能上涨

70. 按照观测值的表现形式不同，时间序列分为（　　）。
    A. 绝对数时间序列　　　　　　　　　B. 相对数时间序列
    C. 平均数时间序列　　　　　　　　　D. 时点序列
    E. 时期序列

71. 房地产贷款程序应遵循的基本步骤为（　　）。
    A. 提交资料　　　　　　　　　　　　B. 借款申请
    C. 签订合同　　　　　　　　　　　　D. 发放贷款
    E. 合同终止

72. 按照保险标的的不同性质，保险分为（　　）。
    A. 特定危险保险　　　　　　　　　　B. 财产保险
    C. 一切危险保险　　　　　　　　　　D. 定制保险
    E. 人身保险

73. 品质标志是表示个体质的特征，不能用数量表现，只能用（　　）说明的标志。
    A. 文字　　　　　　　　　　　　　　B. 字母
    C. 符号　　　　　　　　　　　　　　D. 图形
    E. 代码

74. 常见的统计调查方式中，被称为判断抽样的是（　　）。
    A. 抽样调查　　　　　　　　　　　　B. 重点调查
    C. 典型调查　　　　　　　　　　　　D. 普查
    E. 全面调查

75. 记忆是过去的经验通过（　　）的方式在人脑中的反映，是积累知识和经验的一种功能。

A. 识记   B. 保持

C. 再认   D. 回忆

E. 重复

76. 作为表现事物发展数量特征的时间序列，其影响因素可以归纳为（   ）。

A. 长期趋势   B. 季节变动

C. 循环波动   D. 不规则波动

E. 短期波动

77. 实有住宅使用面积，是指报告期末全部住宅中以户（套）为单位的分户（套）门内全部可供使用的空间面积，包括（   ）等面积。

A. 日常生活起居使用的卧室   B. 起居室和客厅（堂屋）

C. 停车库   D. 室内走道

E. 室内走道等组成的供一户使用的住宅

78. 人的意志品质包括（   ）。

A. 独立性   B. 果断性

C. 强制性   D. 坚定性

E. 自制力

79. 美国心理学家马斯洛的需要层次论把人的需要按照先后顺序和高低层次分为（   ）。

A. 原始需求   B. 安全需求

C. 便利需求   D. 爱与归属需求

E. 自我实现需要

80. 记忆具有的基本品质包括（   ）。

A. 记忆的敏捷性   B. 记忆的持久性

C. 记忆的准备性   D. 记忆的准确性

E. 记忆的识记性

三、综合分析题（共 20 小题，每小题 2 分。每小题的备选答案中有一个或一个以上符合题意，请在答题卡上涂黑其相应的编号。错选不得分；少选且选择正确的，每个选项得 0.5 分）

（一）

周某购买了一套已装修的建筑面积为 $160 \ m^2$ 的商品住宅，总计房价款为 80 万元，首付款 30%，贷款期限 25 年，贷款年利率为 4.8%。

81. 采用月等额本息还款方式还款时，周某的月偿还额为（   ）元。

A. 3 245.06   B. 3 208.78   C. 4 583.98   D. 4 635.79

82. 假如周某按等额本金偿还贷款，一年后的第一个月（即偿还贷款的第 13 个月）的月偿还额为（   ）元。

A. 3 294.22   B. 4 106.67   C. 4 017.07   D. 5 738.67

83. 如果周某已按月等额的方式偿还了 10 年的贷款，他的住房贷款余额应为（   ）元。

A. 411 163.59   B. 587 377.65   C. 577 580.40   D. 33 600.00

84. 贷款银行要求周某 10 年还清贷款，经申请批准，住房置业担保公司为周某提供担保。此时除了周某须与贷款银行就个人住房贷款签订书面合同外，担保公司应与银行签订( )。

A. 书面保证合同   B. 书面主合同

C. 书面借款合同   D. 反担保合同

85. 该套住宅室内装饰使用了环保型大理石和花岗岩人造石材,与天然石材相比,人造石材具有( )等特点。

A. 厚度薄   B. 强度高   C. 易粘贴   D. 密度高

(二)

某开发公司获得一块 30 km² 的土地用于经济适用房的建设,土地费用为 10 000 万元,住宅总建筑面积 25 万 m²,其中 50~60 m² 户型的 150 套,60~80 m² 户型的 150 套,80~100 m² 户型的 200 套,建成后开始销售。

86. 对于经济适用房的售价实行( )。

A. 政府定价   B. 政府指导价

C. 市场调节价   D. 经营者定价

87. 经济适用住房的成本包括( )。

A. 征地和拆迁补偿安置费   B. 管理费

C. 小区营业性配套公建费   D. 3%的计划利润

88. 如果住宅选用涂料为内墙面装饰材料,按照成膜物质的性质,可选用( )。

A. 水溶性涂料   B. 油性涂料

C. 乳液性涂料   D. 水性涂料

89. 如果将三种面积户型作为一组数据统计,则面积在 50~60 m² 的频数是( )。

A. 0.3   B. 100   C. 150   D. 200

90. 如果张某购买 其中一套 100 m² 的住宅,单价为 6 000 元/m²,则该种房地产中包含的地价部分为( )元。

A. 20 000   B. 40 000   C. 240 000   D. 600 000

(三)

某市拟在 2008 年 10 月以拍卖方式出让一宗土地,土地用途为住宅用地。该宗地拍卖的保留价为 8 000 万元,起拍价为 7 600 万元。

91. 开发商在决定是否参加宗地竞价和如何竞价前,必须了解的控制指标有( )。

A. 建筑形式   B. 建筑密度

C. 容积率   D. 人口容量

92. 开发商取得土地后,为使该土地增值,住宅价格上升,开发商可以( )。

A. 投资开通公交路线   B. 投资修建一加工厂

C. 修建一大型超市或购物中心   D. 投资完善基础设施条件

93. 按照城市规划管理的程序,开发商在开发投资过程中必须取得( )。

A. 建设工程预算书   B. 施工许可证

C. 建设用地规划许可证   D. 建设工程规划许可证

94. 如果利用内部收益率来衡量该项目是否可行,正确的说法是( )。

A. 内部收益率是指使项目各期净现金流量的现值之和等于零的折现率

B. 如果内部收益率小于基准收益率，说明该项目的获利能力超过了所要求的收益率

C. 内部收益率可以通过试错法和内插法求取

D. 如果内部收益率大于基准利率，则该项目应该舍弃

95. 该宗土地竞买者最高应价为 7 800 万元，则该拍卖可能的结果是（　　）。

　　A. 按 7 800 万元成交

　　B. 通过协商在 7 800 万元～8 000 万元之间的某价格成交

　　C. 按照 8 000 万元成交

　　D. 应价不发生效力

（四）

　　近年来，全国各地房地产市场繁荣，房地产价格不断呈上升趋势，2008 年度某城市普通商品住宅平均价格为 2 400 元/m²，2009 年度这一价格指标增至 2 800 元/m²，经调查研究，该城市普通商品住宅价格的大幅提高，主要是由于人们收入水平提高了，对普通商品住宅的需求增加，另外，银行抵押贷款也为消费者提供了融资的方便。

96. 假设 2 800 元/m² 是 2008 年 5 月的均衡价格，此时供给量与需求量同时增加，且需求增加量＞供给增加量，则到 2009 年 5 月，达到新的均衡时均衡价格可能是（　　）元/m²。

　　A. 2 600　　　　　　B. 2 800　　　　　　C. 3 000　　　　　　D. 有多种可能

97. 该城市"2008 年度普通商品住宅价格/2009 年度普通商品住宅价格"这一指标属于（　　）。

　　A. 强度相对指标　　　　　　　　　　B. 比较相对指标

　　C. 动态相对指标　　　　　　　　　　D. 比例相对指标

98. 住房抵押贷款属于（　　）。

　　A. 银行信用　　　　　　　　　　　　B. 商业信用

　　C. 国家信用　　　　　　　　　　　　D. 消费信用

99. 钱女士为一名国家公务员，想购买一套商品房，则可选择的贷款方式有（　　）。

　　A. 流动资金贷款　　　　　　　　　　B. 公积金贷款

　　C. 商业贷款　　　　　　　　　　　　D. 组合贷款

100. 钱女士最可能选择的贷款形式及比较合理的贷款方案为（　　）。

　　A. 首选公积金贷款

　　B. 首选商业贷款

　　C. 贷款额不超过房价的 85%

　　D. 月还款额不超过家庭总收入的 30%

实战模拟试卷（二）参考答案

一、单项选择题

1. C	2. A	3. C	4. B	5. A
6. B	7. C	8. A	9. A	10. C
11. D	12. B	13. A	14. A	15. B
16. A	17. C	18. D	19. D	20. B
21. A	22. D	23. A	24. C	25. A
26. A	27. B	28. A	29. D	30. A
31. B	32. C	33. D	34. C	35. D
36. C	37. D	38. D	39. A	40. B
41. D	42. B	43. B	44. C	45. A
46. D	47. C	48. A	49. B	50. D

二、多项选择题

51. BCD	52. AB	53. BCDE	54. ABDE	55. ACE
56. ACDE	57. ACD	58. ACD	59. BCE	60. AE
61. ABDE	62. BCD	63. ACD	64. ACE	65. ACD
66. BD	67. CD	68. ABDE	69. AC	70. ABC
71. BCD	72. BE	73. ACE	74. BC	75. ABCD
76. ABCD	77. ABD	78. ABDE	79. BDE	80. ABCD

三、综合分析题

81. B	82. C	83. A	84. A	85. ABC
86. B	87. AB	88. BD	89. C	90. B
91. BC	92. ACD	93. BCD	94. AC	95. D
96. C	97. C	98. AD	99. BCD	100. AD

实战模拟试卷（三）

一、单项选择题（共50题，每题1分。每题的备选答案中只有一个最符合题意，请在答题卡上涂黑其相应的编号）

1. 《民法通则》规定，从权利被侵害之日起超过（   ）年的，人民法院不予保护。

   A. 5   B. 10

   C. 15   D. 20

2. 民事法律关系的要素中，既是一种无形资产，又是知识产权法律关系客体的是（   ）。

   A. 物   B. 人

   C. 行为   D. 智力成果

3. 租赁合同中，（   ）是租赁合同区别于买卖合同的根本特征。

   A. 租赁合同约定的是转移租赁物的使用或收益权

   B. 承租人须返还租赁物

   C. 交付租金和转移租赁物的使用权

   D. 租赁合同的成立不以租赁物的交付为要件

4. 居间合同中，居间人的义务不包括（   ）。

   A. 报告订约机会或者提供订立合同媒介的义务

   B. 负担居间费用的义务

   C. 遵守居间指示的义务

   D. 忠实义务

5. 《消费者权益保护法》所讲的消费者，是指为生活消费需要而购买、使用商品或者接受服务的（   ）。

   A. 人   B. 法人   C. 个人   D. 自然人

6. 住宅按照层数，分为低层住宅、多层住宅、中高层住宅和高层住宅。中高层住宅为（   ）层。

   A. 4～6   B. 7～9

   C. 7～10   D. 10层及以上

7. 楼梯的组成中，（   ）的主要作用是供人行走时缓冲疲劳和分配从楼梯到达各楼层的人流。

   A. 楼梯段   B. 栏杆   C. 休息平台   D. 扶手

8. 燃气供应系统中，当燃气表与燃气灶之间的净距大于300 mm时，表底距地面的净距不小于（   ）m。

   A. 2.0   B. 1.8   C. 1.6   D. 1.4

9. 建筑总平面图一般所反映的范围较大，常用比例为（   ）。

   A. 1：1 000   B. 1：3 000

   C. 1：10 000   D. 1：20 000

10. 房产分幅图是全面反映房屋及其用地的位置和权属等状况的基本图，比例尺一般为（　　）。

    A. 1：100　　　　　B. 1：500　　　　　C. 1：1 000　　　　　D. 1：5 000

11. 室内装饰装修流派中，崇尚"机械美"的是（　　）。

    A. 风格派　　　　　B. 超现实派　　　　　C. 高技派　　　　　D. 装饰艺术派

12. 对于涂刷类外墙面装饰的优点，下列表述正确的是（　　）。

    A. 无湿作业，饰面耐久性好

    B. 耐久性好、不易变色

    C. 坚固耐用、装饰性强

    D. 工效高、工期短、自重轻、造价低

13. 室内顶棚的专修构造中，直接抹灰或直接喷刷式顶棚常用于（　　）。

    A. 管理用房　　　　　　　　　　　B. 餐厅

    C. 会议室　　　　　　　　　　　　D. 住宅客厅

14. 常用的吊顶面层材料中，（　　）主要用于客厅、餐厅、卧室等无水汽的地方。

    A. PVC 板　　　　　B. 石膏板　　　　　C. 铝合金板　　　　　D. 钢板

15. 颗粒相对较大，直径在 $10 \mu m$ 以上，靠重力可以在短时间内沉降到地面的颗粒污染物称为（　　）。

    A. 尘粒　　　　　B. 雾尘　　　　　C. 落尘　　　　　D. 粉尘

16. 噪声污染会影响儿童的智力发育，吵闹环境中儿童智力发育比安静环境中低（　　）。

    A. 20%　　　　　B. 30%　　　　　C. 40%　　　　　D. 50%

17. 下列不属于人为电磁辐射污染源的是（　　）。

    A. 广播　　　　　　　　　　　　　B. 电视辐射系统的发射塔

    C. 宇宙线　　　　　　　　　　　　D. 人造卫星通讯系统的地面站

18. 对于房屋基地的地层中含有的有害物质，其来源不包括（　　）。

    A. 地层中固有的

    B. 房屋原已受污染，原使用者迁出后未进行彻底清理

    C. 地基在建设中使用了超标的建筑材料

    D. 地基在建房前已遭受工农业生产或生活废弃物的污染

19. 居住区环境景观设计中，便民设施不包括（　　）。

    A. 公共停车场　　　　　　　　　　B. 垃圾容器

    C. 音响设施　　　　　　　　　　　D. 书报亭

20. 下列选项中，不属于城市中企业仓储用地的是（　　）。

    A. 库房、堆场　　　　　　　　　　B. 包装加工车间

    C. 地下加工场所　　　　　　　　　D. 附属设施的建设用地

21. 利用风玫瑰图，一般情况下可根据（　　）原则进行布局。

    A. 最小风频　　　　　　　　　　　B. 最大风向

    C. 最小风向　　　　　　　　　　　D. 最大风频

22. 某建设项目批准建设用地 4 000 m^2，另代征土地 400 m^2，总建筑面积为 10 000 m^2，土地总价为 100 万元，土地单价为 400 元/m^2，则该项目用地的容积率为（　　）。

A. 0.1　　　　　　　B. 0.4　　　　　　　C. 2.0　　　　　　　D. 4

23. 城市居住区内，居住组团的人口规模一般为(　　)户。
    A. 100～500　　　　　　　　　　　　B. 300～1 000
    C. 3 000～5 000　　　　　　　　　　D. 10 000～16 000

24. 下列选项中，属于公共服务设施用地的是(　　)。
    A. 居住区（级）道路　　　　　　　　B. 宅间绿地
    C. 居民汽车地面停放场地　　　　　　D. 建筑基底占地

25. 垄断生产者可以通过(　　)价格来扩大利润。
    A. 降低　　　　　　　　　　　　　　B. 差别
    C. 提高　　　　　　　　　　　　　　D. 控制

26. 某种生活必需品，在某种特定的条件下，消费者对这种商品的需求与其价格成同方向变化。这种特殊品被称为(　　)。
    A. 炫耀物品　　　　　　　　　　　　B. 高档物品
    C. 吉芬物品　　　　　　　　　　　　D. 低档物品

27. 在影响房地产供给的价格弹性中，(　　)是一个很重要的因素。
    A. 价格　　　　　B. 时间　　　　　C. 需求　　　　　D. 经济变量

28. 将1 000元钱存入银行2年，假如银行2年期存款的单利年利率为6%，则到期时的本利和为(　　)元。
    A. 1 200　　　　　B. 1 106　　　　　C. 1 123　　　　　D. 1 212

29. 房地产投资分析中，(　　)是指以项目的净收益偿还项目全部投资所需要的时间。
    A. 投资回收期　　　　　　　　　　　B. 财务净现值
    C. 内部收益期　　　　　　　　　　　D. 资金时间价值

30. 房地产市场周期不包括的阶段是(　　)。
    A. 增长期　　　　　　　　　　　　　B. 高峰期
    C. 衰退期　　　　　　　　　　　　　D. 低谷期

31. 有甲、乙两块土地，甲土地的单价为700元/m²，容积率为5，乙土地的单价为510元/m²，容积率为3。则甲土地的楼面地价为(　　)元/m²。
    A. 120　　　　　B. 130　　　　　C. 140　　　　　D. 170

32. 房地产价格中，买卖双方一般会围绕着(　　)进行讨价还价。
    A. 起价　　　　　B. 均价　　　　　C. 成交价　　　　　D. 表格价

33. 在一定时期内因出生和死亡因素的消长，导致的人口数量的增加或减少是人口的(　　)。
    A. 自然增长　　　　　　　　　　　　B. 机械增长
    C. 净增长　　　　　　　　　　　　　D. 负增长

34. 先分别求取估价对象在估价时点的重新购建价格和折旧，然后将重新购建价格减去折旧来求取估价对象价值的方法称为(　　)。
    A. 估价法　　　　　B. 成本法　　　　　C. 收益法　　　　　D. 资本率法

35. 货币的(　　)职能，是指货币作为价值的独立形态进行单方面转移时的功能。
    A. 价值尺度　　　　　　　　　　　　B. 流通手段

C. 支付手段
D. 世界货币

36. 下列操作风险中，不属于由于银行内部人员或者外部事件导致损失的是（　　）。
   A. 内部控制及公司治理机制的失效或业务流程有缺陷
   B. 有关人员能力不足，决策失误
   C. 有关人员产生道德风险
   D. 信息系统管理能力出现故障导致贷款不易变现

37. 个人住房贷款最长期限可达（　　）年。
   A. 20
   B. 30
   C. 40
   D. 50

38. 某家庭购房抵押贷款 10 万元，贷款年利率为 5%，贷款期限为 15 年，采用按月等额本息还款方式还款。假设该家庭已按月等额偿还了 5 年。则该家庭的贷款余额为（　　）元。
   A. 57 336.45
   B. 65 432.00
   C. 73 567.25
   D. 74 556.75

39. 在所有感觉中，（　　）是最重要的。
   A. 听觉
   B. 视觉
   C. 嗅觉
   D. 肤觉

40. 任意两个变量值之间取值有限的变量为（　　）。
   A. 连续变量
   B. 随机变量
   C. 离散型变量
   D. 固定变量

41. 下列对于调查问卷应注意的要点，表述不正确的是（　　）。
   A. 对重大或敏感性强的问题应采用多项选择，不宜采用是非提问
   B. 调查项目应防止被调查者代入其思想导向
   C. 所提的问题应便于被调查者回答
   D. 问题不宜太长、太难和过于复杂

42. 按（　　）的不同，统计指标分为实物指标和价值指标。
   A. 总体
   B. 计量单位
   C. 内容
   D. 性质

43. 某城市共有 20 万个家庭，22 万套住房，平均每个家庭有（　　）套住房。
   A. 1.1
   B. 1.2
   C. 2.2
   D. 2.3

44. 变异指标中，（　　）是各变量值与其算术平均数的离差的绝对值的算术平均数。它是"先平均，再求差，然后再平均"。
   A. 修正距
   B. 方差
   C. 平均差
   D. 标准差

45. 测定长期趋势的方法不包括（　　）。
   A. 扩大时距法
   B. 移动平均法
   C. 平均增长速度
   D. 最小二乘法

46. 心理过程不包括（　　）。
   A. 认识过程
   B. 情感过程
   C. 理解过程
   D. 意志过程

47. 在消费者的认知过程中，（　　）是知觉的特殊形式，是有目的、有计划、主动的知觉过程。
   A. 观察
   B. 思维
   C. 注意
   D. 想象

48. 当消费者感觉营销人员在急切推销某种商品时，会产生（　　），担心这种商品有什么缺陷或者里面有什么问题而放弃购买。

    A. 抢购心理
    B. 逆反心理
    C. 烦躁心理
    D. 待购心理

49. 经常性购买的对象是（　　），这类商品选择性不强，价值较低，购买频繁，消费者的购买愿望是求便利。

    A. 消费者根据自己需要进行挑选的日用品

    B. 长期使用的耐用品或其他特殊商品

    C. 消费者需要的日用生活必需品

    D. 价值较小，需要经常性使用的必需品

50. 房地产经纪人在人际交往和人际关系方面的素质中，（　　）是房地产经纪人的隐形财富。

    A. 社会关系
    B. 良好的判断力
    C. 说服别人的能力
    D. 面谈技巧

二、多项选择题（共 30 题，每题 2 分。每题的备选答案中有两个以上符合题意，请在答题卡上涂黑其相应的编号。错选不得分；少选且选项正确的，每选项得 0.5 分）

51. 中国民法的基本原则主要包括（　　）。

    A. 平等原则
    B. 自愿原则
    C. 尊重良俗原则
    D. 诚实守法原则
    E. 公平原则

52. 在委托合同中，委托人的义务和责任主要有（　　）。

    A. 办理委托事务的义务
    B. 支付费用的义务
    C. 付酬义务
    D. 报告的义务
    E. 赔偿责任

53. 受尊重权是指消费者在购买、使用商品和接受服务时，享有其（　　）得到尊重的权利。

    A. 人格尊严
    B. 人身自由
    C. 阶级地位
    D. 职位及资薪
    E. 民族风俗习惯

54. 楼板的基本构造包括（　　）。

    A. 面层
    B. 顶棚
    C. 防潮层
    D. 防水层
    E. 结构层

55. 下列对于电梯的叙述，不正确的是（　　）。

    A. 电梯的设置首先应考虑积极安全，方便用户

    B. 一般一部电梯的服务人数在 400 人以上，服务面积为 $450 \sim 650 \ m^2$

    C. 电梯及电梯厅应适当集中，位置要适中，以便各层和层间的服务半径均等

    D. 6 层以上（含 6 层）的住宅或住户入口层楼面距室外设计地面的高度超过 16 m 以上的住宅，必须设置电梯

    E. 消防电梯的常用速度大于 2.5 m/s

56. 空气调节是使室内的( )等参数保持在一定范围内的技术,是建筑通风的发展和继续。
   A. 空气温度
   B. 洁净度
   C. 空气纯度
   D. 相对湿度
   E. 气流速度

57. 中国古典建筑的外立面基本由( )组成。
   A. 台基
   B. 台面
   C. 屋身
   D. 柱式
   E. 屋顶

58. 建筑装饰装修材料按照其材质的不同,可以分为( )。
   A. 有机和无机纤维类
   B. 金属和非金属类
   C. 无机胶凝材料类
   D. 无机复合材料类
   E. 地面装饰材料

59. 涂料按照其分散介质,可以分为( )。
   A. 水性涂料
   B. 水溶性涂料
   C. 溶剂性涂料
   D. 油性涂料
   E. 乳液性涂料

60. 交通污染源中,其主要污染物为( )。
   A. 碳氢化合物
   B. 二氧化碳
   C. 氮氧化物
   D. 硫氧化物
   E. 含铅污染物

61. 放射性辐射污染的主要来源包括( )。
   A. 宇宙线
   B. 地球上的天然反射性源
   C. 人类活动增加的辐射
   D. 医疗照射引起的放射性
   E. 核燃料的"四废"排放

62. 按照梁与支撑的连接状况进行分类,梁分为( )。
   A. 简支梁
   B. 连续梁
   C. 悬臂梁
   D. 主梁
   E. 钢筋混凝土梁

63. 中国的城市有严格的行政等级,从低到高分别是( )。
   A. 建制镇
   B. 地级市
   C. 副地级市
   D. 副省级市
   E. 直辖市

64. 下列对于地震震级的描述,正确的是( )。
   A. 地震释放能量越大,地震震级也越大
   B. 地震震级分为12级
   C. 地震震级越高,地震烈度越大
   D. 2.5级以上的地震人有感觉
   E. 5级以上的地震就会造成破坏

65. 在城市紫线范围内禁止进行(　　)。
   A. 用地改作他用
   B. 违反保护规划的大面积拆除、开发
   C. 对历史文化街区传统格局和风貌构成影响的大面积改建
   D. 损坏或者拆毁保护的建筑物、构筑物和其他设施
   E. 占用或者破坏保护规划确定保留的园林绿地、河湖水系、道路和古树名木等

66. 现场销售中,消费者会产生一些特殊的心理反应,对购买行为产生影响。营销人员应注意的心理状态有(　　)。
   A. 采购心理
   B. 抢购心理
   C. 从众心理
   D. 逆反心理
   E. 择优心理

67. 房地产需求弹性主要包括(　　)。
   A. 需求的价格弹性
   B. 需求的房地产弹性
   C. 需求的收入弹性
   D. 需求的要素弹性
   E. 需求的交叉价格弹性

68. 下列对于资金时间价值换算中的假设条件表述正确的是(　　)。
   A. 利率的时间单位与计息周期不一致,周期为年
   B. 资金时间价值换算中采用的是单利
   C. 本年的年末为下一年的年初
   D. 将来值 F 是在当前以后的第 n 年年末发生的
   E. 年金 A 是在每年年末发生的

69. 根据人口增长的绝对数量,人口增长分为(　　)等情况。
   A. 人口净增长
   B. 人口零增长
   C. 人口负增长
   D. 人口自然增长
   E. 人口机械增长

70. 影响房地产价格的心理因素主要包括(　　)。
   A. 购买或出售心态
   B. 个人偏好
   C. 接近豪宅的心理
   D. 时尚风气
   E. 讲究风水或吉祥号码

71. 非银行业金融机构是指那些经营金融业务但不冠以银行名称的金融机构,包括(　　)等。
   A. 金融资产管理公司
   B. 信托投资公司
   C. 财务公司
   D. 金融租赁公司
   E. 商业银行

72. 银行业金融机构是指(　　)等吸收公众存款的金融机构以及政策性银行。
   A. 商业银行
   B. 金融资产管理公司
   C. 城市信用合作社
   D. 专业银行
   E. 农村信用合作社

73. 按贷款对象及用途,房地产贷款可以分为(　　)。

A. 土地储备贷款 　　　　　　　　B. 委托性贷款

C. 房地产开发贷款 　　　　　　　D. 商业用房贷款

E. 个人住房贷款

74. 保险的职能主要包括（　　）。

A. 代理和咨询 　　　　　　　　　B. 分散危险

C. 组织经济补偿 　　　　　　　　D. 融通资金

E. 社会投资

75. 描述统计是对客观现象有关的数据的（　　）。

A. 搜集 　　　　　　　　　　　　B. 整理

C. 显示 　　　　　　　　　　　　D. 分析

E. 评价

76. 常见的统计调查方式有（　　）。

A. 普查 　　　　　　　　　　　　B. 不定点调查

C. 重点调查 　　　　　　　　　　D. 典型调查

E. 统计报表

77. 变异指标是用来测定各变量值之间差异程度的统计指标。主要包括（　　）。

A. 半距 　　　　　　　　　　　　B. 全距

C. 平均差 　　　　　　　　　　　D. 方差

E. 标准差

78. 心理学上概括的气质类型，其基本心理特征包括（　　）。

A. 多血质的人活泼好动，容易适应新环境；注意易于转移，接受新事物快，但印象不
很深刻

B. 胆汁质的人直率热情，精力旺盛；不易觉察的细小事物，

C. 黏液质的人安静平衡，反应缓慢

D. 黏液质善于克制自己，情绪不易外露；注意稳定但注意力不深刻

E. 抑郁质的人柔弱易倦，情绪发生慢而强，体验深刻，言行迟缓无力

79. 从动机与活动的关系来说，动机的功能主要包括（　　）。

A. 驱动功能 　　　　　　　　　　B. 引发功能

C. 指引功能 　　　　　　　　　　D. 紧张性功能

E. 激励功能

80. 一个人心理压力的容忍力与（　　）有关。

A. 生理因素 　　　　　　　　　　B. 心理因素

C. 个性品质 　　　　　　　　　　D. 社会经验

E. 社会实践

三、综合分析题（共 20 小题，每小题 2 分。每小题的备选答案中有一个或一个以上符合题
意，请在答题卡上涂黑其相应的编号。错选不得分；少选且选择正确的，每个选项得 0.5
分）

（一）

某房地产开发公司拟在城市开发建造一居住区，建筑面积 35 万 m^2，平均价格为 2 800 元/m^2，

计划在 2007 年 5 月开始出售。

81. 下列因素可能导致普通商品住宅价格下降的是( )。

    A. 消费者对普通商品住宅未来价格的预期

    B. 普通商品住宅的造价降低

    C. 大量高档商品住宅投放市场

    D. 生产技术水平的提高

82. 刘先生想购买一套住房,在申请个人住房贷款时,需提交( )等资料。

    A. 刘先生单位同意贷款的证明   B. 符合规定的购买住房合同

    C. 家庭稳定的经济收入证明   D. 身份证

83. 办理抵押贷款手续时,银行通常会要求刘先生( )。

    A. 购买人寿保险   B. 提供所在单位的还款担保

    C. 在贷款银行开立还款账户   D. 购买住房财产保险

84. 如果刘先生的家庭月收入为 6 000 元,采用 40% 首付款,15 年分期贷款方式,贷款年利率为 5%,则按照 2 800 元/m² 的房价,购房面积不得超过( )m²。

    A. 150   B. 135   C. 125   D. 100

85. 如果刘先生以所拥有的旧房地产作抵押,向人民银行申请贷款,则应当签订抵押合同。抵押合同自( )之日起生效。

    A. 合同当事人签字   B. 合同公证

    C. 抵押物登记   D. 抵押权人放贷

(二)

某临街住宅楼于 2000 年末建成,砖混结构,共 6 层,2 年前经有关部门批准,该楼一层全部改为点铺或餐馆。经调查,一层产权人的经营方式有出租和自营两种情况。

86. 若评估该楼一层中某出租店铺的收益价格,年净收益应为( )。

    A. 该店铺现状下潜在毛租金收入扣除运营费用

    B. 该店铺现状下有效毛租金收入扣除运营费用

    C. 当地同类店铺潜在毛租金收入扣除运营费用

    D. 当地同类店铺有效毛租金收入扣除运营费用

87. 在评估该楼一层中某店铺的收益价格过程中,求取资本化率采用市场提取法时,用到( )。

    A. 内插法   B. 试错法   C. 累加法   D. 乘数法

88. 将一层住宅用房改为店铺,通常均将临街外墙窗洞口改为门洞口,从结构安全带分析,外墙体应具有足够的( )。

    A. 热工性能   B. 强度   C. 防火性能   D. 稳定性

89. 该楼三层城市常住人口贾某,身体健康,现与装修公司签订合同准备对住宅进行较高档次装修,并以装修工程公款的 50% 作为首付支付给了装修公司,剩余部分贾某拟申请个人住房贷款解决,他应具备的条件是( )。

    A. 有银行认可的资产作为抵押

    B. 有符合规定的住房装修批准文件

  C. 全家人口身份证件

  D. 有稳定的职业和经济收入

90. 已知该楼从道路红线外侧后退 5 m 建造，地面铺设水泥砖，这 5 m 的宽度称为（　　）。

  A. 用地红线控制距离   B. 道路红线外延距离

  C. 建筑红线后退距离   D. 道路红线后退距离

（三）

  孙某购买了一套已装修的普通商品住宅，建筑面积为 120 m²，总价为 50.4 万元。假定首付款为 40%，余款向银行申请抵押贷款，贷款期限为 15 年，贷款年利率为 4.5%。

91. 孙某若采用等额本金方式按月偿还贷款，两年后的第一个月的月偿还额为（　　）元。

  A. 1 680   B. 1 686   C. 2 663   D. 2 814

92. 孙某若已经按月等额本息还款方式偿还了 8 年的贷款，他的该笔住房贷款余额应为（　　）元。

  A. 141 120   B. 166 401   C. 192 045   D. 194 292

93. 若将孙某装修工程款以结算造价形式列出，其房屋设备安装部分的间接费是由（　　）乘以间接费率确定。

  A. 安装工程直接费   B. 安装工程机械使用费

  C. 安装工程人工费   D. 安装工程其他直接费

94. 孙某若采用按月等额本息还款方式还款，月偿还额应为（　　）元。

  A. 2 313   B. 2 346   C. 3 251   D. 3 295

95. 孙某的邻居李某也向银行申请办理了类似贷款，但银行发现其在贷款间有违约行为。为此，银行可（　　）。

  A. 停止向李某发放尚未使用的贷款

  B. 提出警告但仍按期如数发放尚未使用贷款

  C. 银行按合同约定要求周某提前归还贷款

  D. 银行按合同要求周某支付利息和损失赔偿金等

（四）

  某房地产开发公司拟在某城市近郊区开发建造一居住区，根据居住区规划设计规范的要求进行具体规划设计。居住区用地的中高层住宅比例为 40%、总建筑密度为 50%、住宅建筑净密度为 80%；该用地现已成为市政公用设施齐全、布局完整、环境较好，以多、中、高层住宅为主的用地。

96. 该类用地按照土地使用的主要性质划分，属于（　　）。

  A. 一类居住用地   B. 二类居住用地

  C. 三类居住用地   D. 四类居住用地

97. 该居住区的绿地率不应低于（　　）。

  A. 25%   B. 30%   C. 40%   D. 50%

98. 该居住区内地面停车率不宜超过（　　）。

  A. 10%   B. 30%   C. 50%   D. 70%

99. 该居住区级道路面宽度应为( )m。

    A. 5~10   B. 10~15   C. 20~30   D. 35~40

100. 该居住区的住宅用地包括( )。

    A. 住宅基底占地   B. 住宅绿地

    C. 宅间小路   D. 住宅配套设施用地

实战模拟试卷（三）参考答案

一、单项选择题

1. D	2. D	3. B	4. C	5. D
6. B	7. C	8. D	9. A	10. B
11. C	12. D	13. A	14. B	15. C
16. A	17. C	18. C	19. A	20. C
21. A	22. D	23. B	24. D	25. B
26. A	27. B	28. C	29. A	30. A
31. C	32. D	33. A	34. B	35. C
36. D	37. B	38. D	39. B	40. C
41. B	42. B	43. A	44. C	45. C
46. C	47. A	48. B	49. C	50. A

二、多项选择题

51. ABE	52. BCE	53. AE	54. ABE	55. AD
56. ABDE	57. ACE	58. AC	59. BCE	60. ACE
61. ACDE	62. ABC	63. ABDE	64. ADE	65. BCE
66. BCDE	67. ACE	68. CDE	69. ABC	70. ABDE
71. ABCD	72. ACE	73. ACDE	74. BC	75. ABCD
76. ACDE	77. BCDE	78. ACE	79. BCE	80. ACD

三、综合分析题

81. ABD	82. BCD	83. AD	84. B	85. C
86. D	87. AB	88. BD	89. ABD	90. C
91. C	92. B	93. C	94. A	95. ACD
96. B	97. B	98. A	99. C	100. ABC

实战模拟试卷（四）

一、单项选择题（共50题，每题1分。每题的备选答案中只有一个最符合题意，请在答题卡上涂黑其相应的编号）

1. 承担民事责任的方式不包括（　　）。
   A. 停止侵害
   B. 排除妨碍
   C. 返还财产
   D. 原状修复

2. 民法的基本原则中，处于首要地位的是（　　）原则。
   A. 公平
   B. 诚实
   C. 自愿
   D. 平等

3. 根据法律是否设有规范赋予一个特定名称，可将合同分为（　　）。
   A. 要式合同和不要式合同
   B. 主合同和从合同
   C. 双务合同和单务合同
   D. 典型合同和非典型合同

4. 《民法通则》规定，向人民法院请求保护民事权利的诉讼时效期间为（　　）年。
   A. 1
   B. 2
   C. 3
   D. 4

5. 为了担保债务的履行，债权人按照合同的约定占有债务人的财产，在债务人逾期不履行债务时，债权人有留置该财产并就该财产优先受偿的权利称为（　　）。
   A. 担保物权
   B. 留置权
   C. 质权
   D. 抵押权

6. 在建筑物使用年限中，普通建筑和构筑物的建筑设计使用年限为（　　）年。
   A. 5
   B. 25
   C. 50
   D. 100

7. 在多层或高层建筑物中已广泛使用，属于最基本的消防给水系统是（　　）。
   A. 消火栓系统
   B. 自动喷淋系统
   C. 分质供水系统
   D. 直接供水系统

8. 在施工图中，总平面图室外地坪标高符号是用（　　）来表式。
   A. 直角等腰三角形
   B. 尖端向下的直角等腰三角形
   C. 尖端向上的直角等腰三角形
   D. 涂黑的直角等腰三角形

9. 把从地面点到大地水准线的铅垂距离，称为（　　）。
   A. 相对高程
   B. 标准高程
   C. 绝对高程
   D. 高程

10. 在地形图上，地貌一般用（　　）表式。
    A. 标高线
    B. 高程线
    C. 水平线
    D. 等高线

11. 在室内装饰装修风格中，（　　）主要以轻盈、华丽、精致、细腻为总体特征。
    A. 伊斯兰风格　　　　　　　　　　　B. 洛可可风格
    C. 自然风格　　　　　　　　　　　　D. 巴洛克风格

12. 贴面类外墙面装饰是指将各种天然的或人造板材通过构造连接或镶贴的方法形成墙体装饰面层。不属于装饰用的陶瓷制品的是（　　）。
    A. 瓷砖　　　　　　　　　　　　　　B. 面砖
    C. 水磨石　　　　　　　　　　　　　D. 陶瓷锦砖

13. 楼层地面面层应不易磨损或不易破坏，且表面平整、不起尘，国际通用标准的耐久性一般为（　　）年。
    A. 5　　　　　　　B. 10　　　　　　C. 15　　　　　　D. 20

14. 材料的（　　），是指材料在绝对密实状态下的体积与在自然状态下的体积之比。
    A. 表观密度　　　B. 密实度　　　　C. 密度　　　　　D. 孔隙率

15. 直接或间接影响到人类的一切自然形成的物质、能量和自然现象的总体被称为（　　）。
    A. 自然环境　　　　　　　　　　　　B. 人工环境
    C. 生态环境　　　　　　　　　　　　D. 社会环境

16. 下列环境污染现象中，表述错误的是（　　）。
    A. 工业废水或生活污水的排放使水质变坏
    B. 化石燃料的大量燃烧使大气中颗粒物急剧变高
    C. 化石燃料的大量燃烧使得二氧化硫的浓度急剧增高
    D. 汽车尾气的排放使得二氧化碳增多

17. 放射性辐射污染中，主要的人工污染源是（　　）。
    A. 医疗照射　　　　　　　　　　　　B. 天然放射性源
    C. 宇宙线　　　　　　　　　　　　　D. 核燃料的"三废"排放

18. 在电磁波中，波长最短的是（　　）。
    A. X射线　　　　　　　　　　　　　B. 紫外线
    C. 红外线　　　　　　　　　　　　　D. 无线电波

19. 建筑材料的室内环境污染中，涂料的（　　）是室内重要的污染源，可释放出50多种挥发有机物。
    A. 膜物质　　　　　　　　　　　　　B. 颜料
    C. 溶剂　　　　　　　　　　　　　　D. 助剂

20. 一般把市区和近郊区非农业人口100万以上的城市称为（　　）。
    A. 小城市　　　　　　　　　　　　　B. 中等城市
    C. 大城市　　　　　　　　　　　　　D. 特大城市

21. 工程评估，是对可能作为城市建设用地的自然条件的工程评估，通常根据地下水位的深度、洪水淹没范围、地基承载力、地形坡度等自然条件，评估用地适于建设的优劣程度，分为（　　）类。
    A. 二　　　　　　B. 四　　　　　　C. 三　　　　　　D. 五

22. 城市详细规划是以城市（　　）为依据，对一定时期内城市局部地区的土地利用、空间环境和各项建设用地指标作出的具体安排。

A. 分区规划纲要   B. 总体规划纲要

C. 专项规划   D. 总体规划

23. 一般把满足规定的日照要求、适合于安排游憩活动设施的、供居民共享的集中绿地称为
（   ）绿地。

A. 宅旁   B. 公共服务设施   C. 道路   D. 公共

24. 绿地率是衡量居住区绿地状况的指标，其新区建设的绿地率不应低于（   ）。

A. 25%   B. 30%   C. 40%   D. 55%

25. 房地产按照（   ），可以分为房地产一级市场、房地产二级市场和房地产三级市场。

A. 市场区域范围   B. 交易目的

C. 流转次数   D. 交易方式

26. 房地产需求中，购买房地产后以出租来获得回报的需求称为（   ）需求。

A. 投资   B. 跟风   C. 投机   D. 消费

27. 弹性是指作为自变量的经济变量发生（   ）的变化，将会引起的作为因变量的经济变量
的百分比变化。

A. 100%   B. 50%   C. 10%   D. 1%

28. 假设某种商品住宅的价格从 2 000 元/m² 上升到 2 200 元/m²，其需求量从 1 000 套减少
为 500 套。则该种商品住宅需求的价格弹性为（   ）。

A. 2.33   B. 3.50   C. 9.52   D. 22.22

29. 现金流量中，（   ）是指由于投资项目实施而引起的资金收入的增加或资金支出的
减少。

A. 现金流出量   B. 净现金流量

C. 现金流入量   D. 时间流量

30. 房地产的（   ）一般不能反映房地产价格水平的高低。

A. 总价格   B. 单位价格

C. 楼面地价   D. 实际价格

31. 房地产价格中，把一笔房地产交易中交易双方实际达成的交易的价格称为（   ）。

A. 市场价格   B. 成交价格

C. 理论价格   D. 总价格

32. 某套商品期房面积 90 m²，尚需 10 个月才能入住。相似的商品住宅现房的市场价格为
4 500 元/m²，每月末的租赁净收益为 2 500 元/套。估计年折现率为 10%，风险补偿为
现房价格的 2%。则该期房目前的市场价格为（   ）元/m²。

A. 2 122   B. 3 158.70

C. 4 144.54   D. 4 500

33. 在房地产抵押贷款中，抵押权人一般为（   ）。

A. 个人   B. 银行

C. 企业   D. 法人

34. 商品房买卖合同中写明的价格一般就是（   ）。

A. 起价   B. 标价

C. 均价   D. 成交价

35. 按照(　　)，汇率分为基本汇率和套算汇率。
    A. 汇率制度的不同
    B. 汇率管理情况的不同
    C. 汇率的制定方法
    D. 外汇资金的性质与用途

36. 所谓的(　　)，是指以债务人或者第三人的动产或汇票、支票、本票、债券、存款单、仓单、提单、依法可以转让的股份、股票等权利作质押发放的贷款。
    A. 担保贷款
    B. 质押贷款
    C. 信用贷款
    D. 抵押贷款

37. 从风险的分析层次来看，可以分为(　　)。
    A. 可控风险和不可控风险
    B. 宏观风险和微观风险
    C. 静态贷款风险和动态贷款风险
    D. 信用风险、市场风险和操作风险

38. 某家庭购房抵押贷款 10 万元，贷款期限 30 年，贷款年利率 6%，借贷双方约定每年年初按当年 1 年期国库券利率加上 3% 的附加利率调整贷款利率。则该家庭第 1 年的月还款额为(　　)元。
    A. 599.55
    B. 622.40
    C. 792.71
    D. 953.24

39. 保险是分散风险、消化损失的一种(　　)。
    A. 权利义务关系
    B. 契约合同
    C. 经济制度
    D. 经济补偿形式

40. 从总体中抽取部分个体进行调查，部分个体中所含个体的数量称为(　　)。
    A. 样本容量
    B. 随机容量
    C. 个体容量
    D. 抽样容量

41. 统计调查方案中，(　　)是指调查所要达到的具体目标，是设计调查方案时首先要解决的问题。
    A. 调查项目
    B. 调查对象
    C. 调查目的
    D. 调查单位

42. 在变异指标中，由变量数列中最大值减去最小值所得的差称为(　　)。
    A. 方差
    B. 平均差
    C. 修正距
    D. 全距

43. 时间序列分析中，现象在不同时间上的观测值的表现形式不包括(　　)。
    A. 全数
    B. 绝对数
    C. 平均数
    D. 相对数

44. 把长期趋势、季节变动、循环波动和不规则波动同时间序列的关系用一定的数学关系式表示出来，就构成了时间序列的(　　)。
    A. 加法模型
    B. 乘法模型
    C. 分解模型
    D. 非数学模型

45. 房地产的统计指标中，报告期末已建成并达到入住和使用条件，含自有（私有）房屋在内的各类房屋建筑面积之和的称为(　　)。
    A. 实有住宅使用面积
    B. 实有房屋建筑面积
    C. 实有住宅套数
    D. 成套住宅建筑面积

46. 一个人受社会制约或在群体的影响下所形成的各种心理现象的总和，称为(　　)。
    A. 个性心理
    B. 心理过程
    C. 心理特征
    D. 心理倾向

47. 人们往往赋予一些商品社会意义，拥有某种商品可以使消费者得到某种心理上的满足，属于消费者需求中对（　　）。
    A. 商品情感功能的需要
    B. 享受良好服务的需要
    C. 商品社会象征性的需要
    D. 商品基本功能的需要

48. 青年消费者群体一般是指年龄在（　　）岁之间的消费者。
    A. 16～35
    B. 18～35
    C. 16～40
    D. 18～40

49. 下列选项中，不属于商品价值的心理功能内容的是（　　）。
    A. 习惯性心理
    B. 自我意识比拟功能
    C. 商品价值的认知功能
    D. 调节需求功能

50. 关于消费者对于营销人员的心理影响，下列表述不正确的是（　　）。
    A. 消费者的不同需要要求营销人员具有较强的分析判断能力
    B. 消费者的不同个性特征要求营销人员具有较强的适应能力
    C. 消费者的不同购买动机要求营销人员具有较强的注意力和语言表达能力
    D. 消费者的服务态度影响营销人员的情感过程

二、多项选择题（共 30 题，每题 2 分。每题的备选答案中有两个以上符合题意，请在答题卡上涂黑其相应的编号。错选不得分；少选且选项正确的，每选项得 0.5 分）

51. 中国现行的法律体系中，宪法与其他法律不同的特征表现在（　　）。
    A. 宪法的内容不同于其他法律
    B. 宪法是制定其他法律的依据
    C. 宪法具有最高的法律效力
    D. 宪法是由全国人民大会制定的
    E. 任何公民都得遵守宪法

52. 法律规定的违约责任的承担方式主要有（　　）。
    A. 赔偿损失
    B. 继续履行
    C. 订金罚则
    D. 承担民事责任
    E. 支付违约金

53. 物权除因种类不同而有各种不同的效力外，还具有（　　）。
    A. 自物效力
    B. 排他效力
    C. 优先效力
    D. 追及效力
    E. 公示效力

54. 建筑结构是指建筑物中由承重构件组成的体系，下列属于承重构件的有（　　）。
    A. 地板
    B. 墙体
    C. 柱
    D. 梁
    E. 楼板

55. 在有污水处理厂的城市中，生活或有害的工业污水、废水需先经过局部处理才能排放，其处理方式有（　　）。
    A. 净化系统
    B. 化粪池
    C. 消毒系统
    D. 水处理系统
    E. 中水道系统

56. 地图测绘中，房地产图是由（　　）组合构成的。

A. 交通图　　　　　　　　　　　B. 地形图

C. 地籍图　　　　　　　　　　　D. 宗地图

E. 房产图

57. 室内装饰装修风格主要分为(　　)。

A. 传统风格　　　　　　　　　　B. 现代风格

C. 田园风格　　　　　　　　　　D. 古代风格

E. 混合型风格

58. 木板类地面构造中,复合地板的施工方法主要包括(　　)。

A. 胶粘法　　　　　　　　　　　B. 打钉法

C. 悬浮法　　　　　　　　　　　D. 拼接法

E. 铺定法

59. 建筑材料中大部分无机非金属材料为脆性材料,下列属于无机非金属材料的是(　　)。

A. 陶瓷砖　　　　　　　　　　　B. 玻璃

C. 钢材　　　　　　　　　　　　D. 普通混凝土

E. 天然石材

60. 按照环境属性的不同,环境可以分为(　　)。

A. 人文环境　　　　　　　　　　B. 综合环境

C. 自然环境　　　　　　　　　　D. 人工环境

E. 社会环境

61. 下列对于氮氧化物及其危害的表述,正确的有(　　)。

A. 污染大气的氮氧化物主要是一氧化氮和二氧化氮

B. 一氧化氮对呼吸器官有刺激作用

C. 慢性二氧化氮中毒可引起支气管炎和慢性肺气肿

D. 吸附着二氧化氮的悬浮颗粒物最容易侵入肺部

E. 二氧化氮还是一种腐蚀剂,能使各种织物退色,损坏棉织品及尼龙织物

62. 环境噪声按照其产生的机理可以分为(　　)。

A. 机械噪声　　　　　　　　　　B. 稳态噪声

C. 空气动力噪声　　　　　　　　D. 电磁性噪声

E. 电力性噪声

63. 对工程建设产生严重影响的地质、地貌现象称为工程地质病害,下列属于工程地质病害的是(　　)。

A. 地震　　　　　　　　　　　　B. 冲沟

C. 滑坡　　　　　　　　　　　　D. 泥石流

E. 地下溶洞

64. 城市规划常用术语中,对于容积率的表述正确的有(　　)。

A. 容积率指一定地块内总建筑面积与建筑用地面积的比值

B. 容积率 $=\dfrac{\text{建筑用地面积}}{\text{总建筑面积}}$

C. 总建筑面积是地上所有建筑面积之和

D. 建筑用地面积是以城市规划行政主管部门批准的建设用地面积为准，含代征用地

E. 容积率是反映和衡量地块容量的一项重要指标

65. 城市总体规划是对一定时期内城市的（   ）以及各项建设的综合部署和实施措施。

A. 发展目标

B. 发展规模

C. 土地利用

D. 发展方向

E. 空间布局

66. 房地产市场的特点主要包括（   ）。

A. 交易的对象标准化

B. 容易出现垄断和投机

C. 较少地受法律、法规、政策的影响和限制

D. 交易金额较大，依赖于金融机构的支持与配合

E. 交易的房地产实物不能进行空间位置上的移动，只能是房地产权益的转移

67. 决定房地产供给量的因素主要有（   ）。

A. 该种房地产的价格水平

B. 该种房地产的开发成本

C. 该种房地产的开发技术水平

D. 房地产开发商对未来的预期

E. 现期房地产的价格

68. 房地产投资的阶段主要包括（   ）。

A. 估计相关现金流量

B. 计算有关的投资指标

C. 寻找投资机会

D. 评价投资机会

E. 选择投资方案

69. 房地产价格与一般物品的价格的相同之处表现在（   ）。

A. 都是价格，用货币表示

B. 都有波动，受供求因素的影响

C. 都是按质论价：优质价高，劣质低价

D. 都容易受交易者的个别情况影响

E. 既有交换代价的价格，又有使用代价的价格

70. 法定优先受偿款是假定实现抵押权时，法律规定优先于本次抵押贷款受偿的款额，包括（   ）。

A. 已抵押担保的债权数额

B. 拍卖费用

C. 估价费用

D. 变卖的费用和税金

E. 发包人拖欠承包人的建设工程价款

71. 房地产价格中，属于房地产拍卖活动中出现的价格有（   ）。

A. 评估价

B. 起价

C. 成交价

D. 标价

E. 保留价

72. 货币具有的职能包括（   ）。

A. 价值尺度

B. 流通手段

C. 贮藏手段

D. 支付手段

E. 国家货币

73. 申请个人住房贷款的条件主要有( )。
    A. 具有完全民事权利能力的人
    B. 有足够代偿能力的单位或个人作为保证人
    C. 在国内有有效居留身份
    D. 有贷款人认可的资产作为抵押或质押
    E. 具有真实合法有效的购买住房的合同或协议

74. 信托属于受人之托，履人之嘱，代人理财，其职能主要有( )
    A. 财产事务管理职能   B. 分配资金
    C. 融通资金职能   D. 代理和咨询职能
    E. 社会投资职能

75. 数据统计中，总体的形成必须具备( )的条件。
    A. 普遍性   B. 客观性
    C. 差异性   D. 同质性
    E. 有限性

76. 在选择调查项目时应注意( )。
    A. 选择调查目的所必需的项目
    B. 选择能够确切取得的项目
    C. 选择符合实际的项目
    D. 调查项目应有确切的含义和统一解释
    E. 项目与项目之间应相互衔接、相互联系，便于比较分析

77. 根据思维过程中的凭借物和不同的思维形态，思维可分为( )。
    A. 动作思维   B. 直觉思维
    C. 形象思维   D. 逻辑思维
    E. 抽象思维

78. 消费者的认知过程中，注意在营销工作中的作用包括( )。
    A. 利用有意注意和无意注意的关系，创造更多营销机会
    B. 注意力经济的效果直接决定其经济效益
    C. 发挥注意的心理功能
    D. 利用注意规律设计、发布广告
    E. 对活动进行监督和调节

79. 按照需要的起源，人的需要分为( )。
    A. 生理需要   B. 社会需要
    C. 物质需要   D. 精神需要
    E. 生存需要

80. 消费者群体的形成对企业生产经营和消费活动具有重要意义，包括( )。
    A. 消费者经常以群体的方式对市场运行产生影响
    B. 消费者群体的形成为企业提供明确的目标市场，减少生产的盲目性和经营风险
    C. 消费者群体并不是固定不变的，而是会随着时间、地点、环境条件的变化而不断发展变化

D. 消费者群体的形成有利于调节和控制消费，使消费活动向健康的方向发展

E. 消费者群体的形成有利于促进经济的增长，扩大消费需求

三、综合分析题（共20小题，每小题2分。每小题的备选答案中有一个或一个以上符合题意，请在答题卡上涂黑其相应的编号。错选不得分；少选且选择正确的，每个选项得0.5分）

（一）

某房地产开发公司通过摘牌方式，以1 800万元取得某宗住宅用地使用权，其土地面积为120 000 m²，规划容积率为1.5。该公司计划在1.5年内开发完成该住宅项目并将商品住宅全部售给甲集团公司。若开发成本为1 100万元（建筑面积），管理费用为土地取得成本和开发成本的3%，开发成本和管理费用在建设期内均匀投入。假设该项目的成本费用均为正常成本费用的水平。

81. 在规划与开发建设中，反映该住宅小区的居住环境质量的主要指标有（   ）。

    A. 停车率
    B. 建筑密度
    C. 绿地率
    D. 拆建比

82. 假设银行贷款年利率为7%，资本金比例为35%。项目建成后，甲集团公司委托某房地产估价机构对其计算价格进行评估，则其中的投资利息为（   ）万元。

    A. 295.34
    B. 298.43
    C. 301.24
    D. 410.11

83. 程某购买了该住宅项目中的一套住宅，其中套内房屋使用面积78.5 m²，套内墙、柱体面积12.5 m²。未封闭阳台水平投影面积6 m²，分摊共有建筑面积6 m²，按套内使用面积计算的价格为3 800元/m²，按住宅建筑面积计算的价格为（   ）元/m²。

    A. 2 896
    B. 2 983
    C. 3 075
    D. 3 173

84. 2004年10月初张某在该项目购买了一套住宅，建筑面积为125 m²。按售房合同约定，单价为3 200元/m²，首付款为16万元，余款分两次付清，其中，第一次支付60%，第二次支付40%，付款时间分别为半年后和一年后，月还款利率为0.4%。该套住宅实际价格为（   ）万元。

    A. 39.21
    B. 39.23
    C. 40.80
    D. 40.82

85. 若该项目住宅开发所需资金，除资本金解决40%外，其余60%的资金分别通过银行贷款和企业上市各取一半。该公司筹集资金的方式为（   ）。

    A. 直接融资
    B. 公募
    C. 间接融资
    D. 信托

（二）

某房地产开发公司2007年12月末以500万元的熟地价取得一宗面积为3 000 m²的房地产开发用地的土地使用权，于2009年5月末开发完成一商品住宅楼。该商品住宅楼的层数为6层，总建筑面积为7 000 m²。张某于2008年12月末购买了其中一套住房，建筑面积为105 m²，价格为4 500元/m²，付款方式为首付10万元，余款从移交日起在未来一年后付清。同期银行贷款年利率为5%。

86. 房地产开发公司取得该房地产开发用地的楼面地价为（   ）元/m²。

    A. 500.00
    B. 714.29
    C. 1 250.00
    D. 1 666.67

87. 张某购买该套商品住房的实际总价为（   ）万元。

A. 45.00　　　　　　B. 45.48　　　　　　C. 47.25　　　　　　D. 49.61

88. 张某原是这里的动迁户，原居住条件差，张某利用得到的拆迁补偿费购买了该套商品住宅，是为了满足基本需求，包括（　　）。
    A. 生理需求　　　　　　　　　　　B. 尊重需要
    C. 自我实现需要　　　　　　　　　D. 爱与归属需要

89. 确定张某应分摊的公有建筑面积方法为（　　）。
    A. 按整幢楼房各套内建筑面积比例分摊
    B. 按所处单元各套内建筑面积比例分摊
    C. 按所处楼层各套内建筑面积比例分摊
    D. 按整幢楼房总户数平均分摊

（三）

某建成于 2000 年 6 月末的临街商住两用商品房，共 6 层。一层为商业用房，为钢筋混凝土框架结构，其余各层均为住宅，为砖混结构。据了解，近几年来不少产权人对自己拥有的房屋进行出租和出售。

90. 为掌握该商品房的整体结构稳定性情况，房地产经纪人杨某在接受委托后查阅了原房屋工程图纸，获知在 2～6 层的楼板底部均设置了（　　）。
    A. 简支梁　　　　　B. 圈梁　　　　　C. 连续梁　　　　　D. 结构梁

91. 居民周小姐拥有该楼跃层住宅一套，套内使用面积 86 m²，套内维护、承重墙体面积 15 m²北面全封闭阳台投影面积 8 m²，南面未封闭阳台投影面积 6 m²，应分摊共有建筑面积 7.5 m²，则该套住宅的建筑面积为（　　）m²。
    A. 108.5　　　　　B. 112　　　　　C. 119.5　　　　　D. 122.5

92. 该商品房共有建筑面积的内容为（　　）。
    A. 人防地下室　　　　　　　　　B. 楼梯间
    C. 垃圾道　　　　　　　　　　　D. 顶层水箱间

93. 2008 年在该商住楼临街道路上架设了高架轻轨铁路，目前可能引起的该建筑物价值损失包括（　　）。
    A. 经济折旧　　　　　　　　　　B. 物质折旧
    C. 功能折旧　　　　　　　　　　D. 环境折旧

94. 商业用房部分几年来连续出租，其租金由业主结合市场需求与承租人在租赁合同中商定。此类租金属于（　　）。
    A. 成本租金　　　　　　　　　　B. 商品租金
    C. 合同租金　　　　　　　　　　D. 协议租金

（四）

朱某以正常市场价格 200 万元购买了一套建筑面积为 160 m² 位于一层的商品住宅，首付款 80 万元，余款向银行抵押贷款。朱某家庭收入 6 000 元，购房抵押贷款的月还款额为 1 600元。该商品住宅的物业管理费标准为每月 1.0 元/m²。

95. 朱某的月房产支出收入比为（　　）。

A. 26.67% B. 28.33% C. 29.33% D. 30.17%

96. 对于银行来说，朱某这类个人住房贷款的特点包括(   )。

A. 长期性 B. 分期偿还

C. 零售性 D. 流动性

97. 朱某取得贷款的贷款成数为(   )。

A. 15% B. 22% C. 40% D. 60%

98. 朱某为装修住宅中的卫生间和厨房墙面，到建材市场选购瓷砖，按照材质划分，瓷砖可分为(   )。

A. 陶瓷砖 B. 全瓷砖 C. 半瓷砖 D. 玻化瓷砖

99. 假设朱某购买该套住宅后可改造为餐馆，从收益法的观点看，决定朱某该房地产价值的主要因素为(   )。

A. 未来餐馆净收入的多少 B. 餐馆取得净收入的期限

C. 餐馆获取净收入的可靠性 D. 该套住宅的购买价格

100. 假设朱某为抵押该套住宅需要进行估价，选用市场法估价的条件为(   )。

A. 存在较多的类似房地产交易实例

B. 类似房地产交易实例均应在同一供求范围内

C. 类似房地产交易实例的成交日期应在估价时点1年之前

D. 房地产市场不会有大的变化

实战模拟试卷（四）参考答案

一、单项选择题

1. D	2. D	3. D	4. B	5. B
6. C	7. A	8. D	9. C	10. D
11. B	12. C	13. B	14. B	15. A
16. D	17. A	18. A	19. C	20. D
21. C	22. D	23. D	24. B	25. C
26. A	27. D	28. B	29. C	30. A
31. B	32. C	33. B	34. D	35. C
36. B	37. B	38. A	39. C	40. A
41. C	42. D	43. A	44. C	45. B
46. A	47. C	48. D	49. A	50. D

二、多项选择题

51. ABC	52. ABCE	53. BCD	54. BCDE	55. BE
56. CDE	57. ABE	58. ABC	59. ABDE	60. CDE
61. ADE	62. ACD	63. ABCE	64. AC	65. ABCE
66. BDE	67. ABCD	68. CDE	69. ABC	70. AE
71. ACE	72. ABCD	73. BDE	74. ACDE	75. BCD
76. ABDE	77. ACE	78. ACD	79. AB	80. BD

三、综合分析题

81. BC	82. C	83. B	84. A	85. AC
86. B	87. B	88. A	89. A	90. B
91. C	92. BCD	93. A	94. D	95. C
96. ABC	97. D	98. ABC	99. ABC	100. B

实战模拟试卷（五）

一、单项选择题（共50题，每题1分。每题的备选答案中只有一个最符合题意，请在答题卡上涂黑其相应的编号）

1. 在中国现行法律体系中，（   ）的内容涉及国家和社会生活的根本问题，规定国家的根本制度和根本任务、公民的基本权利和义务，是一切组织和个人的根本活动准则。
   A. 宪法　　　　　　　　　　　　　　　　B. 法律
   C. 行政法规　　　　　　　　　　　　　　D. 地方性法规

2. 在中国现行法律体系中，由全国人民代表大会常务委员会制定的其他法律或一般法律不包括（   ）。
   A. 土地管理法　　　　　　　　　　　　　B. 物权法
   C. 广告法　　　　　　　　　　　　　　　D. 城市房地产管理法

3. 由平等主体的自然人、法人、其他组织之间设立、变更、终止民事权利义务关系的协议称为（   ）。
   A. 承诺　　　　　　B. 买卖合同　　　　C. 代理　　　　　　D. 契约

4. 下列合同中，既可以是有偿合同也可以是无偿合同的是（   ）。
   A. 委托合同　　　　　　　　　　　　　　B. 居间合同
   C. 行纪合同　　　　　　　　　　　　　　D. 租赁合同

5. 物权与债权在权利性质上的不同表现为（   ）。
   A. 物权为绝对权，债权为相对权
   B. 物权为支配权，债权为请求权
   C. 物权具有支配力，债权的效力则是请求力
   D. 物权的发生实行法定主义，债权的发生实行任意主义

6. 在建筑物结构的分类中，（   ）结构建筑具有结构适应性强，抗震性能好，耐久年限较长的特点。
   A. 钢筋混凝土　　　B. 钢　　　　　　　C. 砖混　　　　　　D. 砖木

7. 当建筑场地的上部土层较弱、承载力较小，不适宜采用在天然地基上作浅基础时宜采用（   ）。
   A. 条形基础　　　　　　　　　　　　　　B. 桩基础
   C. 箱形基础　　　　　　　　　　　　　　D. 筏板基础

8. 适用于室外配水管网的水压、水量能终日满足室内供水的情况，供水方式简单、经济且安全的供水方式是（   ）。
   A. 分区、分压供水方式　　　　　　　　　B. 设置水箱的供水方式
   C. 直接供水方式　　　　　　　　　　　　D. 设置水泵、水箱的供水方式

9. 确定各主要承重构件相对位置的基准线称为（   ）。
   A. 比例线　　　　　B. 高程线　　　　　C. 定位轴线　　　　D. 标高线

10. 绘图是指将测量所获取的地球表面各种自然物体和人造物体的形状、大小、（　　）等信息，按一定规则客观反映到图纸上。
    A. 面积　　　　　　　　B. 空间位置　　　　　C. 权属　　　　　　　D. 界址

11. 西方传统风格中主要以豪华、壮丽为特色，在两柱之间形成一个券洞，通过券、柱结合以及极富兴味的装饰性柱式为特性的是（　　）风格。
    A. 古罗马　　　　　　　B. 哥特式　　　　　　C. 巴洛克　　　　　D. 意大利

12. 外墙面装饰构造中，中国传统的饰面做法是（　　）外墙装饰。
    A. 贴面类　　　　　　　B. 涂刷类　　　　　　C. 抹灰类　　　　　D. 铺钉类

13. 暗色系的墙面，家具一般选用（　　）。
    A. 暖色系　　　　　　　　　　　　　　　B. 暗色系
    C. 冷色系　　　　　　　　　　　　　　　D. 明亮色系

14. 建筑材料中，大部分无机非金属材料为（　　）材料。
    A. 脆性　　　　　　　　B. 硬性　　　　　　　C. 弹性　　　　　　D. 韧性

15. 对于环境是整个地球甚至包括太阳辐射等宇宙因素的表述是由环境的主体指向（　　）而言的。
    A. 地球　　　　　　　　B. 整个人类　　　　　C. 生物　　　　　　D. 居住区

16. 按照（　　），可将环境污染源分为工业污染、交通污染源、农业污染源和生活污染源等。
    A. 污染物发生的类型　　　　　　　　　　B. 污染物的性质
    C. 污染产生的原因　　　　　　　　　　　D. 污染的空间

17. 洁净的空气中，氧气一般占（　　）。
    A. 78%　　　　　　　　B. 55%　　　　　　　C. 32%　　　　　　D. 21%

18. 《城市区域环境噪声标准》（GB 3096—1993）规定，夜间突发的噪声的最大值不准超过标准值（　　）dB。
    A. 3　　　　　　　　　B. 7　　　　　　　　C. 10　　　　　　　D. 15

19. 城市水污染的主要来源于（　　）。
    A. 生活排水　　　　　　　　　　　　　　B. 农业生产
    C. 工业废水　　　　　　　　　　　　　　D. 无机化工废水

20. 居民点中，（　　）是国家或一定区域的政治、经济、文化中心。
    A. 城镇　　　　　　　　B. 乡镇　　　　　　　C. 集中市　　　　　D. 城市

21. 城市用地评价中，不适于作城市建设用地的主要类型不包括（　　）。
    A. 承载力小于60 kPa和厚度在2 m以上的泥炭层或流沙层的土类
    B. 坡度超过20%的坡地
    C. 经常被洪水淹没，且淹没深度超过1.8 m的土地
    D. 受冲沟、滑坡等工程地质病害严重影响的地段

22. 住宅的布置，通常以满足（　　）要求作为确定建筑间距的主要依据。
    A. 日照　　　　　　　　B. 通风　　　　　　　C. 视线干扰　　　　D. 防火

23. 在城市中，居住建筑面积一般占城市各类建筑面积的（　　）以上。
    A. 30%　　　　　　　　B. 40%　　　　　　　C. 50%　　　　　　D. 80%

24. 城市居住区内，一般用以划分组团的道路称为（   ）。

    A. 组团（级）路   B. 宅间小路

    C. 居住区（级）道路   D. 小区（级）路

25. 市场营销角度定义的市场，构成因素不包括（   ）。

    A. 商品   B. 人口   C. 购买能力   D. 购买动机

26. 房地产市场周期中，（   ）的主要特征有：新房销售困难；投资者纷纷设法将自己持有的房地产脱手，旧房交易量大；售价以比租金跌幅快得多的速度下降；房屋空置率上升。

    A. 上升期   B. 高峰期

    C. 衰退期   D. 低谷期

27. 在房租由市场决定及经济正常发展的情况下，房价与年房租（或月房租）有一个合理的倍数，一般为（   ）倍左右。

    A. 5   B. 10   C. 15   D. 20

28. 决定房地产供给量经常起作用的因素不包括（   ）。

    A. 该种房地产的开发成本   B. 该种房地产的价格水平

    C. 该种房地产的所在地   D. 该种房地产的开发技术水平

29. 以下每组的房地产中，为替代关系的是（   ）。

    A. 经济适用住房与普通商品住宅之间

    B. 宾馆与住宅

    C. 新建商品房和写字楼

    D. 大城市郊区的住宅和普通住宅

30. 所谓的（   ），是指收入每增加一个单元所引起的消费的变化，即新增加消费占新增加收入的比例。

    A. 居民消费价格指数   B. 生产资料价格指数

    C. 收益乘数率   D. 边际消费倾向

31. 市场价值来源于市场参与者的共同价值判断，是（   ）的价值。

    A. 主观的、非个人   B. 客观的、非个人

    C. 客观的、个人   D. 主观的、个人

32. 房产税的计税依据是房产原值一次减除（   ）后的余值或房产的租金收入。

    A. 10%～20%   B. 10%～30%

    C. 30%～40%   D. 20%～50%

33. 房地产价格中，把在某个城镇的一定区域范围内，对现状利用条件下不同级别或不同均质地域的土地，按照商业、办公、居住、工业等用途，分别评估确定的一定使用期限的建设用地使用权在某一时点的平均价格称为（   ）。

    A. 基准地价   B. 标定地价

    C. 房屋重置价格   D. 补地价

34. 某宗房地产的正常成交价格为 5 000 元/m²，卖方应缴纳的税费为正常成交价格的 7%，买方应缴纳的税费为正常成交价格的 2%。则卖方实际得到的价格为（   ）元/m²。

    A. 2 150   B. 2 325

    C. 4 345   D. 4 650

35. 现代国家金融体系中，居于核心地位的是(   )。
    A. 中国人民银行
    B. 商业银行
    C. 中央银行
    D. 政策性银行

36. 贷款人向借款人发放的用于购买、建造和大修理各类型住房的贷款称为(   )。
    A. 个人住房贷款
    B. 房地产开发贷款
    C. 商业用房贷款
    D. 土地储备贷款

37. 贷款的风险由贷款人承担，并由贷款人收回本金和利息的是(   )。
    A. 自营性贷款
    B. 委托性贷款
    C. 短期贷款
    D. 浮动利率贷款

38. 某家庭购房抵押贷款 10 万元，贷款年利率为 5%，贷款期限为 15 年，采用按月等额本息还款方式还款。则该家庭的月还款额为(   )元。
    A. 200
    B. 890.43
    C. 790.79
    D. 798.79

39. 在信托关系当事人中，按照合同规定对信托财产进行管理或处分的机构或个人，一般指的是(   )。
    A. 委托人
    B. 受益人
    C. 经纪人
    D. 受托人

40. 统计学中通常把所要研究的事物或现象的全体称为(   )。
    A. 统计总体
    B. 总体单位
    C. 个体
    D. 总体容量

41. 统计数据的图形显示中，能够直观地反映一个变量随时间而变动的特征、规律及趋势的是(   )图。
    A. 直方
    B. 圆形
    C. 折线
    D. 线形

42. 下列不属于统计指标的主要特点的是(   )。
    A. 数量性
    B. 事实性
    C. 综合性
    D. 具体性

43. 由两个性质不同的总体但具有一定联系的总量指标对比所形成的是(   )。
    A. 动态相对指标
    B. 比较相对指标
    C. 比例相对指标
    D. 强度相对指标

44. 中位数是在按大小顺序排列的变量数列中，处于(   )的变量值。
    A. 中间位置
    B. 最大位置
    C. 第二位置
    D. 最小位置

45. 在反映房屋交易状况的主要统计指标中，(   )是指报告期内向市、县房地产管理部门办理预售合同登记备案的预售商品房屋总套数。
    A. 商品房空置面积
    B. 商品房预售合同备案套数
    C. 商品房预售合同备案金额
    D. 商品房预售合同备案面积

46. 心理活动的表现形式称为(   )，它是一种不同于自然现象和社会现象的主观精神现象。
    A. 心理现象
    B. 心理过程
    C. 个性心理
    D. 心理感受

47. 动机是在(   )的基础上产生的，是由其所推动的。
    A. 需求
    B. 愿望
    C. 需要
    D. 意图

48. 具有某些共同消费特征的消费者所组成的群体称为(　　)。
    A. 消费者团体
    B. 消费者群体
    C. 代购团体
    D. 群体消费

49. 消费者对商品价格变动的反应程度,描述的是(　　)。
    A. 习惯性心理
    B. 敏感性心理
    C. 倾向性心理
    D. 感受性心理

50. 营销人员对消费者的心理影响主要表现在(　　)。
    A. 营销人员的仪表影响消费者对企业的认识过程
    B. 营销人员分析判断能力影响消费者的认知过程
    C. 营销人员的适应能力影响消费者的情感过程
    D. 营销人员较强的注意力和语言表达能力影响消费者对企业的认识过程

二、**多项选择题**(共 30 题,每题 2 分。每题的备选答案中有两个以上符合题意,请在答题卡上涂黑其相应的编号。错选不得分;少选且选项正确的,每选项得 0.5 分)

51. 民事法律关系的客体是指民事权利和民事义务所指向的对象,包括(　　)等。
    A. 物
    B. 行为
    C. 法人
    D. 自然人
    E. 智力成果

52. 《民法通则》规定,诉讼时效期间为 1 年的有(　　)。
    A. 身体受到伤害要求赔偿的
    B. 向人民法院请求保护民事权利
    C. 出售质量不合格的商品未声明的
    D. 寄存财物被丢失或者损毁的
    E. 延付或者拒付租金的

53. 物权是一种财产权,包括(　　)。
    A. 支配权
    B. 所有权
    C. 用益物权
    D. 担保物权
    E. 主动权

54. 建筑物耐火等级分类中,根据材料的燃烧性能,将材料分为(　　)。
    A. 非燃烧材料
    B. 难燃烧材料
    C. 易燃烧材料
    D. 燃烧材料
    E. 燃烧体

55. 给水系统按供水用途,可以分为(　　)给水系统。
    A. 排污
    B. 生活
    C. 生产
    D. 浇灌
    E. 消防

56. 土地面积测算的方法中,既适用于图上量算面积,也适用于实地量算面积的是(　　)。
    A. 坐标法
    B. 求积仪法
    C. 解析法
    D. 求积透明膜片法
    E. 几何图形法

57. 影响建筑装饰装修风格的外在因素包括(　　)。
    A. 社会生活　　　　　　　　　　B. 民族特性
    C. 文化体制　　　　　　　　　　D. 宗教信仰
    E. 科技发展

58. 建筑外立面的色彩要素主要包括(　　)。
    A. 色相　　　　　　　　　　　　B. 色差
    C. 明度　　　　　　　　　　　　D. 色调
    E. 纯度

59. 室内装饰装修构造中,室内墙体饰面主要起到(　　)的作用。
    A. 分割空间　　　　　　　　　　B. 保护墙体
    C. 改善墙体的物理性能　　　　　D. 装饰功能
    E. 美化功能

60. 气态污染物是指以气体形态进入大气的污染物,主要包括(　　)。
    A. 二氧化碳　　　　　　　　　　B. 氮氢化物
    C. 硫氧化物　　　　　　　　　　D. 碳氢化合物
    E. 二氧化氢

61. 建筑材料的室内污染中,塑料壁纸在使用过程中由于其中含有未被聚合以及塑料的老化分解,可向室内释放各种挥发性有机污染物,包括(　　)。
    A. 甲醛　　　　　　　　　　　　B. 氯乙烯
    C. 一甲苯　　　　　　　　　　　D. 甲酸
    E. 二甲苯

62. 景观是指一定地域内由(　　)及某些自然现象等形成的可供人观赏的景象。
    A. 景色　　　　　　　　　　　　B. 山水
    C. 花草、树木　　　　　　　　　D. 建筑物
    E. 人文印记

63. 城市规模是指城市的大小,包括(　　)。
    A. 发展规模　　　　　　　　　　B. 人口规模
    C. 经济规模　　　　　　　　　　D. 用地规模
    E. 行政规模

64. 气候是一定地区里经过多年观察所得到的概括性的气象情况。包括(　　)。
    A. 日照　　　　　　　　　　　　B. 温度
    C. 风象　　　　　　　　　　　　D. 降雪
    E. 降水

65. 在城市蓝线内禁止进行的活动主要有(　　)。
    A. 擅自建设各类排水设施
    B. 违反城市蓝线保护和控制要求的建设活动
    C. 擅自填埋、占用城市蓝线内水域
    D. 影响水系安全的爆破、采石、取土
    E. 其他对城市保护构成破坏的活动

66. 完全竞争市场是竞争不受任何阻碍和干扰的市场。完全竞争市场必须具备的条件包括（　　）。

  A. 所买卖的商品具有同质性　　　　　B. 有相当多的买者和卖者

  C. 市场信息完全　　　　　　　　　　D. 产品无相近的替代品

  E. 买者和卖者都可以自由进出市场

67. 房地产泡沫的形成原因有多种，归结起来主要有（　　）。

  A. 垄断企业的介入　　　　　　　　　B. 群体的非理性预期

  C. 商品的供大于求　　　　　　　　　D. 过度的投机炒作

  E. 攀比心理

68. 资金时间价值的观念及资金等值计算的原理和方法，是房地产（　　）等所必需的基础知识和基本技能。

  A. 投资分析　　　　　　　　　　　　B. 引进资金

  C. 估价　　　　　　　　　　　　　　D. 计算利息

  E. 计算贷款偿还额

69. 在房地产拍卖活动中出现的一组价格包括（　　）。

  A. 评估价　　　　　　　　　　　　　B. 保留价

  C. 起拍价　　　　　　　　　　　　　D. 成交价

  E. 标价

70. 《中华人民共和国城市房地产管理法》规定应当定期确定并公布的房地产价格包括（　　）。

  A. 政府定价　　　　　　　　　　　　B. 基准地价

  C. 房屋重置价格　　　　　　　　　　D. 标定地价

  E. 计税价值

71. 运用市场法估价的基本步骤一般可以分为（　　）。

  A. 收集交易实例

  B. 选取可比实例

  C. 对可比实例的成交价格进行适当处理

  D. 预测可比实例的未来价格

  E. 求取最终的比准价值

72. 金融是指货币资金的融通及有关的经济活动，包括（　　）等。

  A. 货币的发行、回笼和保管

  B. 存款的收回和提取

  C. 贷款的发放和吸收

  D. 货币与实物以及货币与货币之间的兑换和结算

  E. 有价证券的发行和转让

73. 决定利率水平的因素主要有（　　）。

  A. 平均利率　　　　　　　　　　　　B. 资金供求状况

  C. 通货膨胀率　　　　　　　　　　　D. 国家经济政策

  E. 国际支出状况

74. 房地产贷款的主要风险中，从贷款风险的性质来看，可以分为(   )。
    A. 静态贷款风险   B. 动态贷款风险
    C. 可控风险   D. 系统性风险
    E. 非系统性风险

75. 统计最初是一种计数活动，主要起(   )作用。
    A. 反映   B. 决策
    C. 控制   D. 指导
    E. 监督

76. 不同的调查方案虽然在内容和形式上会有某些差别，但都应包括(   )等内容。
    A. 调查目的   B. 调查数据
    C. 调查内容   D. 调查表
    E. 调查项目

77. 按照对商品的敏感性划分，可以分为对(   )等消费者群体。
    A. 价格敏感   B. 质量敏感
    C. 环境敏感   D. 服务敏感
    E. 态度敏感

78. 感觉在消费者购买活动和营销工作中的作用主要有(   )。
    A. 感觉使消费者获得对商品的第一印象
    B. 感觉是引起消费者某种情绪的通道
    C. 对消费者发出的刺激信号强度要适应人的感觉阈限
    D. 选择性帮助消费者确定目标
    E. 感觉的偶发性决定了消费者的购买欲

79. 一个人的记忆力是否优劣，可以通过记忆的品质去衡量。记忆品质的良好指的是(   )。
    A. 记忆的目的性   B. 记忆的持久性
    C. 记忆的敏捷性   D. 记忆的准确性
    E. 记忆的准备性

80. 消费者对价格的判断既受心理制约，又受到某些客观因素的影响，则影响消费者对价格判断的因素有(   )。
    A. 消费者的经济收入   B. 消费者的价格心理
    C. 生产的场地   D. 商品的用途和功能
    E. 消费者对商品需求的紧迫程度

三、综合分析题（共 20 小题，每小题 2 分。每小题的备选答案中有一个或一个以上符合题意，请在答题卡上涂黑其相应的编号。错选不得分；少选且选择正确的，每个选项得 0.5 分）

(一)

吴某欲购买甲公司所开发项目的一套住宅。首付款为总房价的 30%，余额以银行贷款方式解决，贷款期限 20 年，贷款年利率 6%，该居民家庭收入 8 000 元。

81. 该居民向银行申请个人住房贷款应具备的条件有（ ）。

    A. 具有完全民事行为能力

    B. 年龄在 18 周岁以上，不超过 65 周岁

    C. 购房合同尚未签订

    D. 具有偿还贷款本息的能力

82. 如果该居民以其家庭月收入的 25% 用于住房消费，假设该居民购房的首付款可以由原来的积蓄解决，则该居民可以购买价格为 3 500 元/m² 的住房面积为（ ）m²。

    A. 79.76   B. 113.94   C. 132.93   D. 189.91

83. 此项目广告宣传该楼盘起价 3 300 元/m²，则 3 300 元/m² 为（ ）。

    A. 最高价格   B. 标准楼层价格

    C. 最低价格   D. 平均价格

84. 一般来说，可能会使当期住房需求上升的原因有（ ）。

    A. 居民收入提高

    B. 对未来价格下降的共同预期

    C. 城市外来人口的增加

    D. 地区经济高速增长

85. 吴某经过仔细的权衡，考虑甲公司办事效率高，可以快速办理房屋产权证书，并及时入住，故决定购买该套住宅，该居民的心理需要是（ ）。

    A. 便利心理需要   B. 惠顾心理需要

    C. 优越心理需要   D. 从众需要

（二）

    某房地产开发公司拟在城市边缘地带开发建造一居住区，根据国家关于居住区规划设计和居住环境的要求进行规划设计。

86. 城市干道或自然分界线可围合的居住人口规模一般为（ ）。

    A. 25 000～40 000 人   B. 30 000～50 000 人

    C. 8 000～13 000 户   D. 10 000～16 000 户

87. 住宅用地是居住区用地的主要组成要素之一，下列用地中，属于住宅用地的有（ ）。

    A. 住宅组团（级）道路用地   B. 住宅建筑基底占地

    C. 宅间小路用地   D. 宅间绿化用地

88. 新建居住小区应具有良好的环境，其中各类绿地面积总和占居住区用地面积的比率应不低于（ ）。

    A. 25%   B. 30%   C. 35%   D. 40%

89. 居住区的居民汽车停车率是指居住区内居民汽车的停车位数量与居住户数的比率，该比率不应小于（ ）。

    A. 10%   B. 15%   C. 20%   D. 25%

90. 该居住区附近有高价轻轨铁路经过，但未设站口。针对此情况，为促进销售，开发商应该（ ）。

    A. 充分考虑居住区的噪声污染

B. 对面向轻轨铁路的住宅采用必要的隔间措施

C. 在住宅和城市铁路之间种植绿化林带

D. 在住宅和城市铁路之间种植草地

(三)

赵先生购买一套旧有住房，建筑面积 200 m²，每平方米售价 4 500 元。按规定，在交付首付款后，某商业银行与购房人签订合同，该市住房置业担保公司与购房人签订合同。该市住房置业担保公司要求赵先生以其自己合法所有的房屋提供抵押反担保，并签订书面房屋抵押合同。

91. 赵先生向置业担保公司申请住房置业担保应具备的条件是（   ）。

A. 具有完全民事行为能力

B. 基本具备偿还贷款能力

C. 已订立合法有效的住房销售合同

D. 已足额交纳购房首付款

92. 住房置业担保公司提供的是（   ）的行为。

A. 房地产贷款信用保险担保 B. 房地产贷款保证保险担保

C. 连带责任保证担保 D. 抵押财产担保

93. 赵先生的住房置业担保申请和其个人住房贷款在申请批准后，应由（   ）。

A. 商业银行与赵先生签订书面个人住房借款合同

B. 置业担保公司与赵先生签订书面保证合同

C. 商业银行与赵先生签订书面保证合同

D. 置业担保公司与赵先生签订书面个人住房借款合同

94. 赵先生依照借款合同还清全部贷款本息，借款合同终止，相应（   ）。

A. 保证合同依次终止后，房屋抵押合同再终止

B. 房屋抵押合同依次终止后，保证合同再终止

C. 房屋抵押合同依次终止后，保证合同继续履行

D. 保证合同与房屋抵押合同同时终止

95. 如果赵先生到期不能偿还贷款本息，按照合同约定，则可以有（   ）。

A. 赵先生无能力还款，保证合同自然终止

B. 置业担保公司按商业银行要求先行为其清偿债务

C. 保证合同终止后，职业担保公司有权就代为清偿的债务部分向借款人追偿

D. 保证合同终止后，商业银行有权向担保公司追要未清偿的债务

(四)

某六层写字楼建造 20 世纪 80 年代，为钢筋混凝土框架结构，设楼梯间两个，内外墙体由普通砖砌成，外墙黏轴面砖。采暖是由锅炉产生的热水，经输热管送到房间散热器中，放出热量后，经回水管道流回重新加热，循环使用。为适应现代化办公要求方便出租，2008年末对该写字楼以综合线系统为基础，利用现代技术手段进行楼宇智能化改造。经由专业技术人员对该写字楼在建筑结构、装饰、房屋设备等方面的现场观察与分析认为，该写字楼主

体结构装修完好，少数部件、设备虽然有破损，但不严重，经维修后就能恢复。

96. 该写字楼在当时建造时可能采用的施工方法有（　　）。

    A. 现浇现砌式　　　　　　　　　　　B. 现浇装配式

    C. 预制装配式　　　　　　　　　　　D. 现砌装配式

97. 该写字楼如果按结构形式可采用（　　）类型。

    A. 板式楼梯　　　　　　　　　　　　B. 梁式楼梯

    C. 双分楼梯　　　　　　　　　　　　D. 直跑式楼梯

98. 该写字楼主要采用（　　）采暖的方式。

    A. 集中　　　　　　B. 局部　　　　　　C. 区域　　　　　D. 分部

99. 该写字楼实现了（　　）管理。

    A. 人工智能　　　　　　　　　　　　B. 通信自动化

    C. 楼宇自动化　　　　　　　　　　　D. 办公自动化

100. 按照房屋完损等级划分，该写字楼属于（　　）。

    A. 完好房　　　　　　　　　　　　　B. 基本完好房

    C. 九成新房屋　　　　　　　　　　　D. 一般损坏房

实战模拟试卷（五）参考答案

一、单项选择题

1. A	2. B	3. D	4. A	5. B
6. A	7. B	8. C	9. C	10. B
11. A	12. C	13. A	14. A	15. B
16. C	17. D	18. D	19. C	20. D
21. C	22. A	23. C	24. D	25. A
26. C	27. B	28. C	29. A	30. D
31. B	32. B	33. A	34. D	35. C
36. A	37. A	38. C	39. D	40. A
41. C	42. B	43. D	44. A	45. B
46. A	47. C	48. B	49. B	50. A

二、多项选择题

51. ABE	52. ACDE	53. BCD	54. ABD	55. BCE
56. AE	57. BDE	58. ACE	59. BCD	60. CD
61. ABE	62. BCD	63. BCD	64. ACE	65. BCD
66. ABCE	67. BD	68. ACE	69. ABC	70. BCD
71. BC	72. ACDE	73. BD	74. AB	75. ABCE
76. ADE	77. ABD	78. ABC	79. BCDE	80. ABDE

三、综合分析题

81. ABD	82. A	83. C	84. ACD	85. A
86. BD	87. BCD	88. B	89. A	90. BC
91. ABCD	92. B	93. C	94. D	95. BC
96. D	97. AB	98. A	99. C	100. B

实战模拟试卷（六）

一、单项选择题（共 50 题，每题 1 分。每题的备选答案中只有一个最符合题意，请在答题卡上涂黑其相应的编号）

1. 《合同法》规定，合同无效的情形不包括（　　）。

    A. 一方以欺诈、胁迫手段订立合同，损害国家利益的

    B. 恶意串通，损害国家、集体或者第三人利益的

    C. 以合法形式掩盖非法目的的

    D. 损害社会公民利益的

2. 公民下落不明满（　　）年的，利害关系人可以向人民法院申请宣告其为失踪人。

    A. 4　　　　　　　　B. 3　　　　　　　　C. 2　　　　　　　　D. 1

3. 合同生效应具备一定的条件，不包括（　　）。

    A. 内容具体确定　　　　　　　　　　　　B. 不违反法律和社会公共利益

    C. 当事人具有相应的民事行为能力　　　　D. 意思表示真实

4. 租赁期限为（　　）的，可以由当事人自由选择合同的形式。无论采用书面形式还是口头形式，都不影响合同的效力。

    A. 4 个月以下　　　　　　　　　　　　　B. 6 个月以下

    C. 7 个月以下　　　　　　　　　　　　　D. 10 个月以下

5. 下列对于抵押权的表述不正确的是（　　）。

    A. 抵押权是在债务人或第三人的财产上设定的权利，是一种他物权

    B. 抵押权是担保物权

    C. 抵押权是指不转移标的物占有的物权

    D. 抵押权人有权就抵押财产卖得价款优先受偿

6. 在建筑物构件中，处于二级的防火墙，其燃烧性能和耐火极限不应低于（　　）h。

    A. 3.00　　　　　　　B. 2.50　　　　　　　C. 1.50　　　　　　　D. 1.00

7. 在有地震的地区，通常采用（　　）。

    A. 木楼板　　　　　　　　　　　　　　　B. 砖拱楼板

    C. 混凝土楼板　　　　　　　　　　　　　D. 现浇钢筋混凝土楼板

8. 当排水不能以重力流排至室外排水管中时，必须设置（　　）来排除内部污水、废水。

    A. 污水处理设备　　　　　　　　　　　　B. 气压输水设备

    C. 局部污水抽升设备　　　　　　　　　　D. 污水泵

9. 下列选项中，属于本层共有建筑面积的是（　　）。

    A. 本层的公有电梯　　　　　　　　　　　B. 本层的共有走廊

    C. 本层的共有楼梯间　　　　　　　　　　D. 本层的共有大堂

10. 房产分丘图以丘为单位绘制，是房产分幅图的局部明细图，比例尺一般为（　　）。

    A. 1∶100～1∶500　　　　　　　　　　B. 1∶200～1∶1 000

C. 1：100～1：1 000   D. 1：1 000～1：1 500

11. 风格派的室内装饰装修，在建筑与室内常以(   )为基础，对建筑室内外空间采用内部空间与外部空间穿插统一构成为一体的手法。

    A. 几何方块   B. 新型材料

    C. 不对称图块   D. 异常的空间组织

12. 幕墙的填缝密封材料中，目前使用较多的密封固定材料是(   )。

    A. 聚硫橡胶封缝材料   B. 橡胶密封条

    C. 硅酮封缝材料   D. 聚苯乙烯泡沫胶

13. 顶棚又称天花，是室内饰面构件之一，表面应光洁、美观，且能起(   )作用，以调节室内的亮度。

    A. 折射   B. 反射

    C. 装饰   D. 映射

14. 建筑材料的物理性质中，可用含水率来反映的是材料的(   )。

    A. 吸湿性   B. 吸水性   C. 密度   D. 耐水性

15. 无污染自然环境空气中的一氧化碳浓度约为(   )ppm。

    A. 1   B. 10   C. 50   D. 100

16. 交通污染源中，汽车排放的铅占大气中铅含量的(   )。

    A. 43%   B. 65%   C. 68%   D. 97%

17. 居住区环境景观设计时，应注意整体性、实用性、(   )和趣味性的结合。

    A. 地域性   B. 自然性   C. 艺术性   D. 经济性

18. 下列景观美学特征中，不属于景观正向美学特征的有(   )。

    A. 有序而又不整齐划一   B. 尺度的过大或过小

    C. 景观要素的运用与生命的活力   D. 清洁性

19. 下列不属于景观调查要素的是(   )。

    A. 文化   B. 建筑

    C. 地貌   D. 人的心理

20. 下列选项中，属于一类工业用地的是(   )用地。

    A. 电子工业   B. 医药制造工业

    C. 食品工业   D. 建材工业

21. 人感到舒适的气温范围一般为(   )℃。

    A. 15～20   B. 18～20

    C. 20～22   D. 18～26

22. 对城市发展全局有影响的、城市规划中确定的、必须控制的城市基础设施用地的控制界线，称为城市(   )。

    A. 黄线   B. 红线   C. 紫线   D. 绿线

23. 下列布局形式中，不属于居住区的规划布局形式的是(   )。

    A. 居住区—小区—组团   B. 小区—组团

    C. 居住区—小区   D. 独立式组团

24. 人脑对直接作用于人的感觉器官的客观事物个别属性的反映，最简单的心理活动

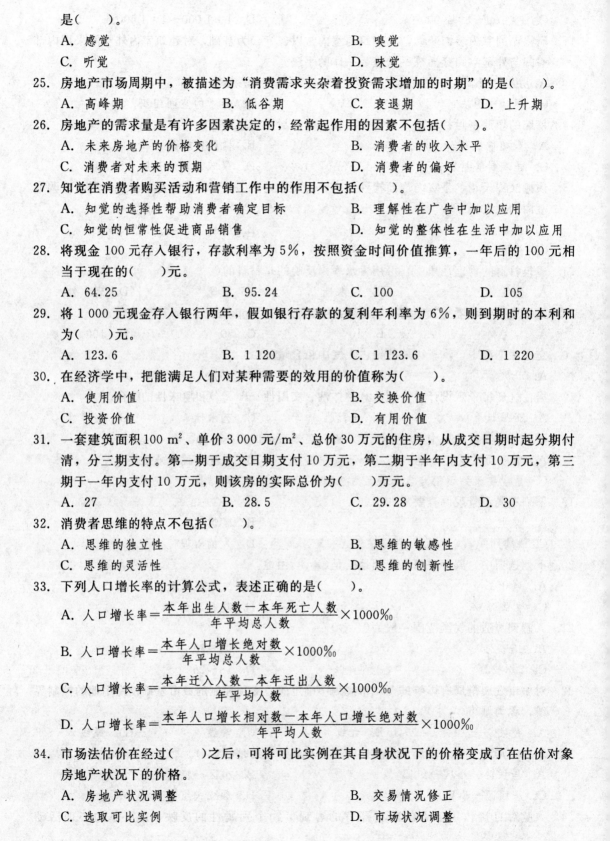

是（　　）。

A. 感觉   B. 嗅觉

C. 听觉   D. 味觉

25. 房地产市场周期中，被描述为"消费需求夹杂着投资需求增加的时期"的是（　　）。

A. 高峰期   B. 低谷期   C. 衰退期   D. 上升期

26. 房地产的需求量是有许多因素决定的，经常起作用的因素不包括（　　）。

A. 未来房地产的价格变化   B. 消费者的收入水平

C. 消费者对未来的预期   D. 消费者的偏好

27. 知觉在消费者购买活动和营销工作中的作用不包括（　　）。

A. 知觉的选择性帮助消费者确定目标   B. 理解性在广告中加以应用

C. 知觉的恒常性促进商品销售   D. 知觉的整体性在生活中加以应用

28. 将现金 100 元存入银行，存款利率为 5%，按照资金时间价值推算，一年后的 100 元相当于现在的（　　）元。

A. 64.25   B. 95.24   C. 100   D. 105

29. 将 1 000 元现金存入银行两年，假如银行存款的复利年利率为 6%，则到期时的本利和为（　　）元。

A. 123.6   B. 1 120   C. 1 123.6   D. 1 220

30. 在经济学中，把能满足人们对某种需要的效用的价值称为（　　）。

A. 使用价值   B. 交换价值

C. 投资价值   D. 有用价值

31. 一套建筑面积 100 m²、单价 3 000 元/m²、总价 30 万元的住房，从成交日期时起分期付清，分三期支付。第一期于成交日期支付 10 万元，第二期于半年内支付 10 万元，第三期于一年内支付 10 万元，则该房的实际总价为（　　）万元。

A. 27   B. 28.5   C. 29.28   D. 30

32. 消费者思维的特点不包括（　　）。

A. 思维的独立性   B. 思维的敏感性

C. 思维的灵活性   D. 思维的创新性

33. 下列人口增长率的计算公式，表述正确的是（　　）。

A. $人口增长率 = \dfrac{本年出生人数 - 本年死亡人数}{年平均总人数} \times 1000‰$

B. $人口增长率 = \dfrac{本年人口增长绝对数}{年平均总人数} \times 1000‰$

C. $人口增长率 = \dfrac{本年迁入人数 - 本年迁出人数}{年平均人数} \times 1000‰$

D. $人口增长率 = \dfrac{本年人口增长相对数 - 本年人口增长绝对数}{年平均人数} \times 1000‰$

34. 市场法估价在经过（　　）之后，可将可比实例在其自身状况下的价格变成了在估价对象房地产状况下的价格。

A. 房地产状况调整   B. 交易情况修正

C. 选取可比实例   D. 市场状况调整

35. 企业之间以赊销商品和预付货款等形式提供的信用，称为（　　）。
    A. 银行信用 　　　　　　　　　　　　B. 商业信用
    C. 消费信用 　　　　　　　　　　　　D. 长期信用

36. 在房地产贷款中，为房地产贷款当事人提供专业服务的机构称为（　　）。
    A. 担保机构 　　　　　　　　　　　　B. 保险机构
    C. 中介服务机构 　　　　　　　　　　D. 政府有关部门

37. 贷款金额最高不得超过抵押房地产价值的（　　）。
    A. 50% 　　　　　B. 60% 　　　　　C. 70% 　　　　　D. 80%

38. 下列对提前还款作出特殊规定要求的表述，错误的是（　　）。
    A. 要求借款人提前 10 d 或 30 d 提出书面申请
    B. 整个还款期内提前还款次数不得超过两次
    C. 部分还款的余额必须是 1 万元的整数倍或不小于 3 个月的还款额
    D. 按照一定比例或数额收取手续费或罚金

39. 注意是心理活动对一定事物的指向和集中，注意的功能不包括（　　）。
    A. 选择功能 　　　　　　　　　　　　B. 保持功能
    C. 持续功能 　　　　　　　　　　　　D. 对活动进行监督和调节的功能

40. 离散型变量的变量值需要用计数的方法获得，其取值数目是有限的，而且只能取（　　）。
    A. 分数 　　　　　　　　　　　　　　B. 整数
    C. 乘数 　　　　　　　　　　　　　　D. 小数

41. 统计数据的图形显示中，主要用来反映单项式离散型变量数列的是（　　）。
    A. 条形图 　　　　　B. 象形图 　　　　　C. 线形图 　　　　　D. 折线图

42. 下列选项中，通常以绝对数形式来表现的有（　　）。
    A. 平均工资 　　　　　　　　　　　　B. 人口密度
    C. 人均住房使用面积 　　　　　　　　D. 人口数

43. 变量数列中出现次数最多的变量值为（　　）。
    A. 众数 　　　　　B. 中位数 　　　　　C. 均数 　　　　　D. 算术平均数

44. 在 2 200，2 300，2 400，2 600，2 750，2 800 这组数值中，中位数为（　　）。
    A. 2 100 　　　　　B. 2 300 　　　　　C. 2 500 　　　　　D. 2 075

45. 在变异指标中，可以反映变量值变动范围的大小的是（　　）。
    A. 全距 　　　　　B. 平均差 　　　　　C. 标准差 　　　　　D. 方差

46. 平均增长量是时间序列中各逐期增长量的序时平均数，反映现象在一段时期内平均每期增加或减少的数量，一般用（　　）计算。
    A. 平均法 　　　　　　　　　　　　　B. 最小二乘法
    C. 标准差 　　　　　　　　　　　　　D. 简单算术平均法

47. 在消费者的气质与购买行为的内在联系中，（　　）消费者对广告、营销人员等外界刺激反应灵敏，对购物环境和周围人物适应快，但容易随着环境的改变而转变自己的观点。
    A. 多血质 　　　　　B. 胆汁质 　　　　　C. 黏液质 　　　　　D. 抑郁质

48. 下列属于青年消费者的心理特征表现的是（　　）。

A. 购买有主见，不受外界影响   B. 理智性胜于冲动性

C. 追求科学与实用   D. 计划性多于盲目性

49. 应以优异的商品性能为后盾、优秀的销售服务为保障、优越的营销环境为条件、厂商的信心为基础，体现的是商品定价心理方法中的（   ）。

A. 高价法   B. 低价法

C. 尾数法   D. 折价法

50. 对于选择性购买，消费者的购买愿望是（   ）。

A. 求便利，花费尽可能少

B. 买到信誉高，质量有保证的商品

C. 买到质量好，又合适的商品

D. 购买到适合自己需要的商品

二、多项选择题（共30题，每题2分。每题的备选答案中有两个以上符合题意，请在答题卡上涂黑其相应的编号。错选不得分；少选且选项正确的，每选项得0.5分）

51. 宣告死亡会引起与生理死亡同样的法律后果，其后果包括（   ）。

A. 民事行为能力终止

B. 财产转变为遗产，继承开始

C. 婚姻关系消灭

D. 之前的民事行为被撤销

E. 自人民法院宣告死亡之日，被宣告死亡人即丧失了民事主体资格

52. 导致委托合同终止的特有原因，主要包括（   ）。

A. 当事人一方解除委托合同

B. 委托事务处理完毕

C. 当事人一方死亡、丧失民事行为能力或破产

D. 委托合同的存续期间届满

E. 合同丢失

53. 《消费者权益保护法》规定，消费者和经营者发生消费者权益争议的，可以通过（   ）解决。

A. 与经营者协商和解

B. 请求消费者协会调解

C. 向有关民事部门申诉

D. 向人民法院提起公诉

E. 根据与经营者达成的仲裁协议提请仲裁机构仲裁

54. 担保物权具有的特征是（   ）。

A. 担保物权以确保债务的履行为目的

B. 担保物权具有优先受偿的效力

C. 担保物权具有从属性和可分性

D. 担保物权是在债务人或第三人的财产上设定的权利，是一种他物权

E. 担保物权是以担保物的交换价值为债务履行提供担保的，是以对所有人的处分权能加以限制而实现这一目的

55. 楼宇智能化中的现代 4C 技术包括（　　）。
    A. 现代计算机技术
    B. 现代通信技术
    C. 现代控制技术
    D. 现代图形显示技术
    E. 现代声控触摸技术

56. 施工图的设计总说明一般包括（　　）。
    A. 工程项目的设计依据和建筑面积
    B. 施工图的设计依据
    C. 工程项目的绝对标高与总平面图相对标高的对应关系
    D. 工程地质、水文、气象、地震等资料
    E. 墙身防潮层、屋面、室内外装修等的构造做法及文字说明

57. 西方古典建筑中，罗马人利用混凝土建造大跨度的拱券，创造出（　　）多层建筑形式。
    A. 三角形
    B. 直线条
    C. 柱式
    D. 尖塔
    E. 叠柱式

58. 《消费者权益保护法》从保护消费者合法权益的需要出发，针对消费者的权利相应地规定了经营者具有的义务包括（　　）。
    A. 守法义务
    B. 质量保证义务
    C. 商品保管义务
    D. 真实信息告知义务
    E. 接受监督义务

59. 楼层地面在建筑中主要起（　　）的作用。
    A. 分隔空间
    B. 承受各种荷载
    C. 对中间层的加强和保护
    D. 隔声、保温、找平、防水、防潮、防渗
    E. 满足人们的使用要求

60. 环境污染源按照污染物排放的空间，可分为（　　）。
    A. 点源
    B. 高架源
    C. 面源
    D. 地面源
    E. 移动源

61. 对于景观与环境的关系，下列表述正确的是（　　）。
    A. 环境既可以实体形式存在，也可以非实体形式存在
    B. 景观则指构成人们周围环境的实体部分
    C. 景观影响环境的形成和发展变化
    D. 环境又往往能反映景观的某些方面
    E. 环境质量直接影响到人们的心理、生理以及精神生活

62. 景观的评价方法主要包括（　　）。
    A. 定量分析法
    B. 民意测验法
    C. 综合概括法
    D. 调查分析法
    E. 认知评价法

63. 从城市化中心来考察城市的发展过程，城市化可以分为（　　）。

    A. 郊外化城市化   B. 集中型城市化

    C. 逆城市化   D. 外延型城市化

    E. 分散型城市化

64. 地形是指地面起伏的形状，对（　　）有影响。

    A. 城市的选址   B. 道路交通

    C. 城市的空间形态   D. 景观

    E. 城市设施

65. 人以（　　）等形式反映客观事物的性质、联系及其对人的意义时，就是认识过程。

    A. 感觉   B. 知觉

    C. 回忆   D. 思维

    E. 想象

66. 房地产市场结构按照同一市场上竞争程度的不同，可划分为（　　）。

    A. 竞争市场   B. 完全竞争市场

    C. 垄断竞争市场   D. 寡头垄断市场

    E. 完全垄断市场

67. 根据思维时是否遵循明确的逻辑形式和逻辑规则，可分为（　　）。

    A. 直觉思维   B. 逻辑思维

    C. 动作思维   D. 形象思维

    E. 抽象思维

68. 现金流量图有其习惯的表示方法，主要表现在（　　）。

    A. 用一水平线表示时间，将该水平线划分为长短相同的间隔，每一间隔代表一个时间单位

    B. 划分了时间间隔后的水平线，表示一个从 0 开始到 n 结束的时间序列

    C. 用带箭头的垂直线段代表现金流量

    D. 箭头向下表示现金流入

    E. 箭头向上表示现金流出

69. 从重新构建价格的概念中，可以概括出（　　）。

    A. 重新构建价格是客观的价格

    B. 重新构建价格也称重新构建成本

    C. 重新构建价格是必要支出的价格

    D. 重新构建价格是估价时点时的价格

    E. 建筑物的重新构建价格是全新状况下的价格

70. 根据建筑物折旧的原因，可将建筑物折旧分为（　　）。

    A. 物质折旧   B. 功能折旧

    C. 性能折旧   D. 市场折旧

    E. 经济折旧

71. 对于直线法计算公式的基本说明，下列表述正确的是（　　）。

    A. S 为建筑物的重新购建价格

B. C 为建筑物的净残值

C. N 为建筑物的经济寿命

D. R 为建筑物的净残值率

E. D_i 为第 i 年的折旧额，或称做第 i 年的折旧

72. 商品价格是消费者比拟（　　）的途径。

A. 社会地位　　　　　　　　　　　B. 经济地位

C. 文化修养　　　　　　　　　　　D. 生活情操

E. 兴趣爱好

73. 根据房地产信托投资的特点，信托投资公司开展房地产信托业务应遵循的原则包括（　　）。

A. 有明确的投资目标、投资策略及投资风险控制措施

B. 公开、公平进行

C. 委托政策性银行担任房地产信托资金的保管人

D. 维护委托人和受益人的最大利益

E. 不得损害国家利益和社会公共利益

74. 保险代理人一般具有（　　）的特征。

A. 必须以保险人的名义进行保险活动

B. 必须在保险人授权的范围内进行保险活动

C. 不得利用自身权力及其他不正当手段限定投保人订立保险合同

D. 在办理保险业务中的过错，给投保人造成损失的，由保险代理人自行承担

E. 根据保险人的授权代为办理保险业务的行为由保险人承担责任

75. 按照变量值是否连续，变量分为（　　）。

A. 确定性变量　　　　　　　　　　B. 连续性变量

C. 随机变量　　　　　　　　　　　D. 离散型变量

E. 不确定性变量

76. 询问调查是调查者与被调查者直接或间接接触，从而获得所需要的数据的调查方法，包括（　　）。

A. 派员调查　　　　　　　　　　　B. 数据调查

C. 电话调查　　　　　　　　　　　D. 电脑辅助调查

E. 市场调查

77. 广告的心理过程可概括为（　　）。

A. 形成良好的商品形象，产生对商品积极的评价，进而产生购买意向，诉诸购买行为

B. 通过广告传授出的信息，使消费者对广告商品增加了解

C. 进一步产生记忆、表象与想象、联想交互作用的心理过程

D. 引起消费者的兴趣，诱发情感，增强购买商品的欲望和作出购买决策的动力

E. 通过广告引起消费者的注意，使消费者的意识转向贵重商品，并对有关信息加以注意

78. 消费者的购买能力是为了尽量达到满意甚至完美的消费效果而形成的一种能力，基本消费能力包括（　　）。

A. 感知和辨别商品的能力　　　　　　B. 分析评价商品的能力

C. 购买决策能力　　　　　　　　　　D. 记忆力和想象力

E. 创造力和再造能力

79. 消费者购买动机的具体表现有（　　）。

A. 求利动机　　　　　　　　　　　　B. 求实动机

C. 求名动机　　　　　　　　　　　　D. 求美动机

E. 求癖动机

80. 招牌的表现方式也会给客户留下不同的印象，商店应选择适当的招牌。商店的招牌主要有（　　）。

A. 广告塔式招牌　　　　　　　　　　B. 遮蓬式招牌

C. 横置招牌　　　　　　　　　　　　D. 直柱式招牌

E. 立式招牌

三、综合分析题（共20小题，每小题2分。每小题的备选答案中有一个或一个以上符合题意，请在答题卡上涂黑其相应的编号。错选不得分；少选且选择正确的，每个选项得0.5分）

(一)

某开发商为促销楼盘，在醒目位置贴出告示："新房上市，11月1日开始出售，预购从速。有2室1厅标准20套，全价60万元一套，在开售日当天（11月1日）以6折优惠价售给最先到场的10位顾客。"吴小姐见到告示后于10月31日晚前往售楼处排队，排在第七位。11月1日晨，吴小姐在办理购房手续时被告知：告示有误，应是最早入场的10位顾客可以8折优惠价购房。随后，吴小姐将开发商告上法庭。

81. 就法律性质来说，开发商的告示应是（　　）。

A. 无效的商业宣传　　　　　　　　　B. 普通广告

C. 要约　　　　　　　　　　　　　　D. 邀约

82. 如法院认定开发商的告示是普通广告，则下列表述正确的是（　　）。

A. 开发商必须以告示写明的优惠价卖房给吴小姐

B. 开发商无须以告示写明的优惠价卖房给吴小姐

C. 吴小姐欲购房须与开发商重谈价格

D. 吴小姐可申请法院，强制开发商按告示写明的价格卖房给吴小姐

83. 如法院认定告示是要约，则下列表述正确的是（　　）。

A. 开发商必须以告示写明的优惠价卖房给吴小姐

B. 开发商无须以告示写明的优惠价卖房给吴小姐

C. 吴小姐欲购房须与开发商重谈价格

D. 吴小姐可申请法院，强制开发商按告示写明的价格卖房给吴小姐

84. 有关合同订立程序，下列说法正确的是（　　）。

A. 承诺是根据要约邀请做出的

B. 承诺是根据要约作出的

C. 承诺到达要约人时生效

D. 承诺一经做出就要生效

（二）

某房地产开发公司通过拍卖出让方式获得了一宗 20 hm² 的土地，用来进行居住小区的开发建设，经批准的规划设计方案为：居住用地面积 14 hm²，住宅用地面积 10 hm²，总建筑面积 40 万 m²，住宅建筑面积 30 万 m²，其中多层 4 幢，高层 2 幢，预计总投资 6 000 万元。

85. 城市规划部门列出的规划设计条件中属于控制性指标的是（　　）。

    A. 停车率   B. 容积率

    C. 人口容量   D. 绿地率

86. 按照规定，城市居住区规划布局应符合（　　）要求。

    A. 新建小区的绿地率不应低于 30%

    B. 居住区内地面停车率不应少于 10%

    C. 居民停车场的服务半径不宜大于 150 m

    D. 面街布置的住宅，其出入口应避免直接开向居住区（级）道路

87. 在城市规划中，根据最小风频原则对居住用地进行（　　）布局是合理的。

    A. 布置在全年最小风频风向的上风侧

    B. 布置在全年最大风频风向的上风侧

    C. 布置在全年最小风频风向的下风侧

    D. 布置在全年最大风频风向的下风侧

88. 该居住小区的住宅建筑面积净密度为（　　）。

    A. 3.0（hm²/hm²）   B. 2.14（hm²/hm²）

    C. 50%   D. 33%

89. 如果预计总投资 6 000 万元建立在初步设计图纸的基础上，则这一造价属于（　　）。

    A. 投资估算   B. 合同价

    C. 预算造价   D. 概算造价

90. 下列属于建筑安装工程费的是（　　）。

    A. 财务费用   B. 土地使用费

    C. 涨价预备费   D. 营业税

（三）

某房地产开发公司拟开发一商品住宅楼，2007 年 6 月末以 337.50 万元的熟地价格取得土地使用权，于 2008 年 5 月末开发完成并全部售出。该住宅占地总面积 2 250 m²，建筑楼层为 6 层，钢筋混凝土框架结构，总建筑面积 3 060 m²。根据开发建设进度并经房产行政主管部门批准，该房地产开发公司在 2007 年 8 月末开始预售该商品住房。

91. 该商品住宅楼的楼面地价为（　　）元/m²。

    A. 1 102.94   B. 1 301.47   C. 1 500   D. 6 617.65

92. 该地铁的建筑密度为（　　）。

    A. 0.17   B. 0.23   C. 0.74   D. 1.36

93. 王某在 2007 年 8 月末购买商品住房一套，建筑面积 85 m²，单价为 3 000 元/m²，按售房合同，首付款 7.65 万元，其余分两次付清，每次支付 50%，付款时间分别为 2007

年11月末和2008年5月末，月还款利率为0.35％。该套商品住房的实际价格为（　　）万元。

A. 24.95　　　　　　B. 25.13　　　　　　C. 25.31　　　　　　D. 25.50

94. 购房人张女士购买商品住宅一套，在交完首付款后，其余购房款通过银行长期贷款解决。贷款后她一般可以采取的分期还款方式有（　　）。

A. 按贷款限额还款

B. 等额本息还款

C. 前5年采用等额本息还款，后5年采用等额本金还款方式

D. 等额本金还款

95. 如果李某想购买该商品住宅用于出租，则该需求属于（　　）。

A. 消费性需求　　　　　　　　　　　B. 投资性需求

C. 投机性需求　　　　　　　　　　　D. 盲目性需求

（四）

某开发公司通过拍卖方式获得一块土地进行住宅开发建设，总地价8 000万元，拟建设高层住宅。该用地土质较差，地下水位较高，在住宅建设时，需采取排水措施，并对地基采取人工加固措施。工程建设过程中，因资金缺乏，开发公司以在建工程抵押贷款，银行为避免贷款风险，不仅自己购买了保险，还要求开发公司购买保险。该住宅建成后，销售情况良好，其中90％的住宅全部销售完毕，剩余10％用作出租用房，并且还清了所有贷款。

96. 按照城市用地的适用性评价，该用地属于（　　）。

A. 非常适宜城市建设用地　　　　　　B. 基本适宜城市建设用地

C. 适宜城市建设用地　　　　　　　　D. 不适宜城市建设用地

97. 根据题意，本例中的基础采用（　　）比较适宜。

A. 条形基础　　　　　　　　　　　　B. 独立基础

C. 筏板基础　　　　　　　　　　　　D. 箱形基础

98. 在建工程抵押贷款属于（　　）。

A. 信用贷款　　　　　　　　　　　　B. 担保贷款

C. 质押贷款　　　　　　　　　　　　D. 保证贷款

99. 如果开发公司为股份有限公司，则申请贷款时应提交（　　）的借款决议。

A. 股东大会　　　　　　　　　　　　B. 董事会

C. 职代会　　　　　　　　　　　　　D. 委员会

100. 总地价8 000万元属于（　　）。

A. 建筑安装工程费　　　　　　　　　B. 工程建设其他费用

C. 预备费　　　　　　　　　　　　　D. 直接工程费

实战模拟试卷（六）参考答案

一、单项选择题

1. D	2. C	3. A	4. B	5. A
6. A	7. D	8. C	9. B	10. C
11. A	12. B	13. B	14. A	15. A
16. D	17. C	18. B	19. D	20. A
21. B	22. D	23. C	24. A	25. D
26. A	27. D	28. B	29. C	30. A
31. C	32. D	33. B	34. A	35. B
36. C	37. D	38. B	39. C	40. B
41. C	42. D	43. A	44. C	45. A
46. D	47. A	48. C	49. A	50. D

二、多项选择题

51. BC	52. AC	53. ABE	54. ABDE	55. ABCD
56. BD	57. CE	58. ABDE	59. ADE	60. BD
61. ABE	62. BDE	63. BE	64. ABCD	65. ABDE
66. BCDE	67. AB	68. ABC	69. ADE	70. ABE
71. CDE	72. ABCD	73. ABDE	74. ABE	75. BD
76. CD	77. ABCD	78. ABCD	79. BCDE	80. ABCE

三、综合分析题

81. C	82. BC	83. AD	84. BC	85. BCD
86. ACD	87. C	88. A	89. D	90. AD
91. A	92. B	93. B	94. BD	95. B
96. B	97. D	98. B	99. B	100. B

第四部分　历年考题

2011年度全国房地产经纪人执业资格考试试卷
《房地产经纪相关知识》

一、单项选择题（共50题，每题1分。每题的备选答案中只有1个最符合题意，请在答题卡上涂黑其相应的编号）

1. 下列法律法规中，属于部门规章的是（　　）。
   A. 物权法
   B. 城市房地产管理法
   C. 物业管理条例
   D. 房地产经纪管理办法

2. 无民事行为能力的人的年龄是（　　）。
   A. 未满10周岁
   B. 未满12周岁
   C. 未满16周岁
   D. 未满18周岁

3. 关于民事法律行为成立条件的说法，错误的是（　　）。
   A. 行为人具有相应的民事行为能力
   B. 意思表示真实
   C. 必须采用书面形式
   D. 不违反法律或者社会公共利益

4. 关于代理的说法，错误的是（　　）。
   A. 代理人应在代理权限内进行民事活动
   B. 代理人应以被代理人的名义进行民事活动
   C. 代理人的民事活动结果由被代理人承受
   D. 代理人的民事活动结果由代理人与被代理人书面约定承受人

5. 租赁期限为（　　）个月以上的租赁合同，应当采用书面形式。
   A. 3
   B. 6
   C. 9
   D. 12

6. 下列房地产权利中，属于担保物权的是（　　）。
   A. 所有权
   B. 抵押权
   C. 地役权
   D. 租赁权

7. 下列权利中，不属于《消费者权益保护法》规定的消费者权利的是（　　）。
   A. 安全保障权
   B. 自主选择权
   C. 真情知悉权
   D. 被选举权

8. 下列建筑物中，不属于构筑物的是（　　）。
   A. 烟囱
   B. 泵房
   C. 水井
   D. 水塔

9. 对建筑物的基本要求是安全、适用、经济、美观，下列对建筑物的要求中，属于适用方面的要求是(　　)。
   A. 没有环境污染
   B. 空间布局合理
   C. 维护费用低
   D. 地基和基础稳固

10. 下列房屋状况中，最不受建筑影响的是(　　)。
   A. 保温
   B. 日照
   C. 通风
   D. 采光

11. 一幢 7 层楼的住宅，属于(　　)。
   A. 低层住宅
   B. 多层住宅
   C. 中高层住宅
   D. 高层住宅

12. 用来表示场地内的建筑物、道路、绿化等总体布置的建筑施工图是(　　)。
   A. 总平面图
   B. 平面图
   C. 立面图
   D. 屋顶平面图

13. 下列房地产图中，用作房屋所有权证的附图是(　　)。
   A. 分幅图
   B. 分丘图
   C. 分户图
   D. 宗地图

14. 房地产经纪人张某建议客户对购买的房屋进行装修时，不要片面追求气派豪华。这符合装饰装修的(　　)。
   A. 时代性原则
   B. 地域性原则
   C. 经济性原则
   D. 大众性原则

15. 涂刷类外墙面装饰与贴面类外墙面装饰相比，其优点是(　　)。
   A. 造价较低
   B. 坚固耐用
   C. 不易变色
   D. 容易清洗

16. 内墙面层需要防水的房间是(　　)。
   A. 起居室
   B. 书房
   C. 厨房
   D. 卧室

17. 某居住小区旁建筑工地施工，对居民造成的污染最常见的是(　　)。
   A. 大气污染
   B. 环境噪声污染
   C. 辐射污染
   D. 固体废物污染

18. 城市垃圾、污水属于(　　)。
   A. 工业污染源
   B. 农业污染源
   C. 生活污染源
   D. 交通污染源

19. 可能导致人体过敏的室内装饰材料是(　　)。
   A. 大理石材
   B. 花岗石材
   C. 纯羊毛壁纸
   D. 实木地板

20. 由人造板材做成的家具在室内释放较高深度的有害气体主要是(　　)。
   A. 甲醇
   B. 甲酸
   C. 甲烷
   D. 甲醛

21. 下列居住小区内设置的景观中，属于软景观的是(　　)。

A. 修剪整齐的草坪   B. 雕塑

C. 凉亭   D. 座椅

22. 城市功能分布中，CBD的中文含义是(　　)。

A. 中心商务区   B. 居住区

C. 商业区   D. 综合区

23. 城市化率＝(　　)。

A. 农业人口/非农业人口   B. 乡村人口/总人口

C. 乡村人口/城市人口   D. 城镇人口/总人口

24. 居住区用地内各类绿地面积的总和占居住区用地面积的比率为(　　)。

A. 容积率   B. 绿化覆盖率

C. 绿地率   D. 空地率

25. 下列指标中，说明居住区较好的是(　　)。

A. 容积率高   B. 建筑密度大

C. 建筑间距大   D. 人口密度大

26. 反映地块开发强度的重要指标是(　　)。

A. 建筑限高   B. 容积率

C. 建筑密度   D. 用地性质

27. 将房地产市场分为一级市场、二级市场和三级市场的划分依据是(　　)。

A. 房地产流转次数   B. 房地产交易方式

C. 房地产市场区域范围   D. 房地产档次

28. 下列房地产中，最可能成为"炫耀性产品"的是(　　)。

A. 普通电梯公寓   B. 小户型公寓

C. 大户型公寓   D. 独幢别墅

29. 当前实施的商品住房限购措施，主要是为了抑制(　　)。

A. 消费需求   B. 自住需求

C. 投机需求   D. 跟风需求

30. 房地产供给缺乏价格弹性是指(　　)。

A. 房地产供给变化小于房地产价格变化

B. 房地产供给不受其价格变化的影响

C. 房地产供给变化与房地产需求变化不同步

D. 房地产供给不能随其价格上涨而及时增加

31. 李某在银行存入1 000元，若年利率为5％，按复利计息，则10年后这笔钱的累计总额为(　　)元。

A. 1 450.00   B. 1 500.00

C. 1 551.33   D. 1 628.89

32. 计算财务净现值时设定的折现率，通常为投资者可接受的最低收益率，一般应取(　　)。

A. 行业基准收益率   B. 国债利率

C. 银行存款利率   D. 银行贷款利率

33. 某套住宅的卖方，其最低要价为 38 万元，而买方愿意支付的最高价格为 42 万元，则该套住宅成交价格可能（　　）。

　　A. 低于 38 万元 　　　　　　　　　　B. 位于 38～42 万元之间

　　C. 高于 42 万元 　　　　　　　　　　D. 不存在

34. 下列新建商品房价格中，最低的是（　　）。

　　A. 起价 　　　　　　　　　　　　　　B. 标价

　　C. 成交价 　　　　　　　　　　　　　D. 均价

35. 房地产抵押估价时点通常是（　　）。

　　A. 抵押权设立日期

　　B. 抵押权实现日期

　　C. 贷款约定还款日期

　　D. 估价师完成估价对象实地查勘日期

36. 某宗房地产的成交价格为 4 000 元/m^2，卖方缴纳的税费为成交价格的 8%，买方缴纳的税费为成交价格的 5%。卖方的净得为（　　）元/m^2。

　　A. 3 680 　　　　　　　　　　　　　B. 3 800

　　C. 4 200 　　　　　　　　　　　　　D. 4 320

37. 下列房地产中，适用收益法估价的有（　　）。

　　A. 公园 　　　　　　　　　　　　　　B. 行政办公楼

　　C. 旅馆 　　　　　　　　　　　　　　D. 图书楼

38. 根据直接标价法，汇率越高，表明本币的价值（　　）。

　　A. 越高 　　　　　　　　　　　　　　B. 越低

　　C. 不变 　　　　　　　　　　　　　　D. 变动方向不明朗

39. 目前个人住房贷款中，贷款期限最长为（　　）年。

　　A. 10 　　　　　　　　　　　　　　　B. 20

　　C. 30 　　　　　　　　　　　　　　　D. 50

40. 目前房地产贷款中，最主要的贷款形式是（　　）。

　　A. 信用贷款 　　　　　　　　　　　　B. 抵押贷款

　　C. 保证贷款 　　　　　　　　　　　　D. 质押贷款

41. 在个人住房贷款等额本金还款中，每期还款额（　　）。

　　A. 不变 　　　　　　　　　　　　　　B. 递减

　　C. 递增 　　　　　　　　　　　　　　D. 酌情调整

42. 保险合同的关系人有（　　）。

　　A. 保险人和投保人 　　　　　　　　　B. 承保人和保户

　　C. 保险经纪人和保险公估人 　　　　　D. 被保险人和受益人

43. 某房地产经纪机构为调查某市中学教师的购房意向，从该市中学教师中随机选取了 50 名教师进行调查，这种调查方式是（　　）。

　　A. 抽样调查 　　　　　　　　　　　　B. 重点调查

　　C. 典型调查 　　　　　　　　　　　　D. 访问调查

44. 下列统计指标中，反映房屋交易状况的指标是（　　）。

A. 人均住宅使用面积   B. 房屋新开工面积

C. 实有住宅使用面积   D. 商品房登记销售面积

45. 商品房空置面积是指（　　）。

 A. 当年竣工的可供销售的商品房屋建筑面积中，尚未销售的商品房屋建筑面积

 B. 当年及以前年度竣工的可供销售的商品房屋建筑面积中，尚未销售的商品房屋建筑面积

 C. 当年竣工的可供销售或出租的商品房屋建筑面积中，尚未销售或出租的商品房屋建筑面积

 D. 当年及以前年度竣工的可供销售或出租的商品房屋建筑面积中，尚未销售或出租的商品房屋建筑面积

46. 关于消费者的需要、动机和行为的说法，错误的是（　　）。

 A. 消费者的需要、动机和行为之间有内在联系

 B. 消费者的需要是其行为的最初原动力

 C. 消费者的动机是其需要的直接驱动力

 D. 消费者的行为是在其需要和动机的基础上产生的

47. 根据马斯洛需要层次理论，最高层次的需要是（　　）。

A. 安全需要   B. 爱与归属需要

C. 生理需要   D. 自我实现需要

48. 下列消费者群体中，属于按照消费者购买动机划分的是（　　）。

A. 低收入消费者群体   B. 农村消费者群体

C. 求廉消费者群体   D. 对价格敏感的消费者群体

49. 房地产经纪人员在工作中可能感到心理压力很大，关于消除心理压力的做法，错误的是（　　）。

A. 向自己信任的人寻求帮助   B. 培养良好的生活方式

C. 给自己一些时间来放松自己   D. 要对过去的不足耿耿于怀

50. 下列消费者的心理特征中，通常不属于 18～40 岁之间的消费者群体的心理特征是（　　）。

 A. 冲动性购买多于计划购买

 B. 追求自我成熟的表现和消费个性心理实现

 C. 购买行为有主见，不受外界影响

 D. 追求时尚与新颖

二、**多项选择题**（共 30 题，每题 2 分。每题的备选答案中有 2 个或 2 个以上符合题意，请在答题卡上涂黑其相应的编号。错选不得分；少选且选择正确的，每个选项得 0.5 分）

51. 合同具有的特征包括（　　）。

 A. 合同是平等主体之间的民事法律关系

 B. 合同是两方以上当事人的法律行为

 C. 合同是从法律上明确当事人之间特定权利与义务关系的文件

 D. 合同是具有相应法律效力的协议

 E. 合同当事人的法律地位平等，但政府可以将自己的意志强加给其中一方

52. 房屋租赁合同包括的主要内容有租赁物的(   )。
    A. 名称与面积
    B. 用途与租赁期限
    C. 租金与支付方式
    D. 维修服务与物业管理
    E. 租金的房地产税率与计税基数

53. 物权变动中，物权公示的方式有(   )。
    A. 登记
    B. 交付
    C. 占有
    D. 抵押
    E. 转让

54. 消费者的权利包括(   )。
    A. 安全保障权
    B. 自主选择权
    C. 定价权
    D. 公平交易权
    E. 依法结社权

55. 按照建筑物使用性质，住宅套型设计的室内基本空间包括(   )。
    A. 卧室
    B. 保姆间
    C. 起居室
    D. 卫生间
    E. 厨房

56. 房屋完损等级划分是根据房屋主要项目的完好或损坏程度来划分的，这些项目包括(   )。
    A. 房屋结构
    B. 房屋产权
    C. 房屋价格
    D. 房屋装修
    E. 房屋设备

57. 测算房屋建筑面积时，需要全部计算建筑面积的有(   )。
    A. 未封闭的阳台
    B. 全封闭的阳台
    C. 地下室及其相应出入口，层高在 2.20 m 以上
    D. 屋顶花园
    E. 作为房屋外墙的玻璃幕墙

58. 住宅室外装饰装修的原则有(   )。
    A. 奢华性原则
    B. 经济性原则
    C. 时代性原则
    D. 地域性原则
    E. 大众性原则

59. 住宅室内装饰装修中，常见的内墙面材料包括(   )。
    A. 涂料
    B. 瓷砖
    C. 铝扣板
    D. 壁纸
    E. 防水卷材

60. 环境噪声污染的特征包括(   )。
    A. 环境噪声污染是感觉公害
    B. 环境噪声污染具有局限性
    C. 环境噪声污染具有分散性
    D. 环境噪声污染是大气污染
    E. 环境噪声污染是能量污染

61. 景观评价的方法有(　　)。

    A. 调查分析法　　　　　　　　　　　　B. 仪器测量法

    C. 民意测验法　　　　　　　　　　　　D. 心理测试法

    E. 认知评判法

62. 地震震级分为 9 级，能造成破坏的地震震级包括(　　)。

    A. 2 级　　　　　　　　　　　　　　　B. 3 级

    C. 4 级　　　　　　　　　　　　　　　D. 6 级

    E. 7 级及以上

63. 城市详细规划包括(　　)。

    A. 城市居住区规划　　　　　　　　　　B. 城市分区规划

    C. 城镇体系规划　　　　　　　　　　　D. 控制性详细规划

    E. 修建性详细规划

64. 城市居住区综合技术经济指标的必要指标包括(　　)。

    A. 公建面积　　　　　　　　　　　　　B. 居住区户数

    C. 高层住宅比例　　　　　　　　　　　D. 停车位

    E. 拆建比

65. 房地产市场中，垄断竞争市场的特点有(　　)。

    A. 只有一个卖者，而买者很多

    B. 买者和卖者都可以自由进出市场

    C. 买者和卖者都比较多

    D. 市场信息比较完全

    E. 新生产者不能进入市场

66. 可以减少房地产当前需求的情形包括(　　)。

    A. 该种房地产的替代品价格较低

    B. 该种房地产的互补品价格较低

    C. 消费者收入增加

    D. 消费者对该种房地产的偏好增强

    E. 消费者预期该种房地产的价格会下降

67. 资金存在时间价值的原因不包括(　　)。

    A. 资金增值　　　　　　　　　　　　　B. 经济增长

    C. 生产力水平提高　　　　　　　　　　D. 承担风险

    E. 通货膨胀

68. 关于资金时间价值换算中的假设条件的说法，正确的有(　　)。

    A. 资金时间价值换算中采用的是复利

    B. 利率的时间单位与计息周期一致

    C. 现值是在当前年度开始时发生的

    D. 将来值是在当前以后的某一年年初发生的

    E. 年金是在每年年初发生的

69. 下列影响因素中，可能推动房价上涨的有(　　)。

A. 居民收入增加　　　　　　　　　　B. 城市化进程加快

C. 利率上升　　　　　　　　　　　　D. 利率下降

E. 家庭规模小型化

70. 现有一沿街商铺建筑面积为 39 m²，需要评估其市场价值。下列沿街商铺交易实例中，适合选为可比实例的有（　　）。

A. 同一商业区内，建筑面积为 36 m²，三年前出售，售价为 53 万元

B. 同一商业区内，建筑面积为 120 m²，近期出售，售价为 180 万元

C. 同一商业区内，建筑面积为 50 m²，近期出售，售价为 72 万元

D. 同一商业区内，使用面积为 36.55 m²，使用面积与建筑面积比率为 85%，近期出售，售价为 66 万元

E. 1 km 外一居住区内，建筑面积为 120 m²，近期出售，售价为 180 万元

71. 采用收益法估价时，可能导致估价结果偏高的原因有（　　）。

A. 净收益取值偏高　　　　　　　　　B. 运营费用取值偏高

C. 收益期限长于实际情况　　　　　　D. 报酬率取值偏高

E. 收益逐年增长率取值偏高

72. 下列费用中，属于房地产价格构成中开发成本的有（　　）。

A. 勘察设计费　　　　　　　　　　　B. 前期工程费

C. 开发利润　　　　　　　　　　　　D. 开发建设过程中的税费

E. 房屋建筑安装工程费

73. 关于固定利率贷款的说法，正确的有（　　）。

A. 固定利率贷款在整个贷款期限内，贷款利率不受市场利率变化的影响

B. 贷款人采用固定利率贷款，可以避免利率风险

C. 借款人采用固定利率贷款，可以准确测算未来的利息支出

D. 贷款人采用固定利率贷款，通常情况下会将贷款利率固定在一个较高水平

E. 借款人采用固定利率贷款，有可能要承担比当前市场利率要高的贷款利率

74. 个人住房贷款具有的特点包括（　　）。

A. 固定性　　　　　　　　　　　　　B. 长期性

C. 零售性　　　　　　　　　　　　　D. 分期偿还

E. 安全性

75. 申请个人住房贷款时所需提供的材料包括（　　）。

A. 申请人的收入证明　　　　　　　　B. 申请人的身份证件

C. 服务单位同意书　　　　　　　　　D. 家庭成员同意书

E. 购房合同

76. 下列统计指标中，反映房屋建设状况的指标有（　　）。

A. 房屋施工面积　　　　　　　　　　B. 成套住宅建筑面积

C. 房屋新开工面积　　　　　　　　　D. 竣工房屋面积

E. 房屋销售面积

77. 在年末统计房地产总量时，可引起房屋建筑面积减少的原因包括（　　）。

A. 拆除　　　　　　　　　　　　　　B. 倒塌

C. 泥石流掩埋　　　　　　　　　　　D. 出售

E. 出租

78. 房地产经纪人员应具备的心理素质结构包括（　　）。
    A. 思维方式
    B. 认知过程
    C. 知识储备
    D. 人际关系
    E. 职业道德

79. 为迎合购房者的心理，商品房定价的心理方法包括（　　）。
    A. 高价法
    B. 低价法
    C. 尾数法
    D. 整数法
    E. 折价法

80. 商品住宅销售活动中，针对老年消费者群体介绍住宅的信息主要有（　　）。
    A. 住宅设计新颖、时尚
    B. 环境安静
    C. 住宅周边交通、就医方便
    D. 科技含量高
    E. 引领消费潮流

三、综合分析题（共20小题，每小题2分。每小题的备选答案中有1个或1个以上符合题意，请在答题卡上涂黑其相应的编号。错选不得分；少选且选择正确的，每个选项得0.5分）

（一）

谭某拥有一套建筑面积为 140 m² 的住宅，位于一幢钢筋混凝土结构高层住宅楼的 12 层。该套住宅的套内房屋使用面积为 95 m²，套内墙体面积为 20 m²，套内未封闭阳台的水平投影面积为 10 m²，谭某所在楼层单元楼梯间的建筑面积为 20 m²。一个月前谭某委托乙房地产经纪机构（以下简称乙机构）代理销售该套住宅，购房者徐某获知此信息后，在乙机构协助下查看了该套住宅，查验了房屋权属证书，经多轮商谈后双方签订了房屋买卖合同。

81. 谭某与徐某签订的房屋买卖合同为（　　）。
    A. 有偿合同
    B. 双务合同
    C. 实践合同
    D. 要式合同

82. 交易成立后，徐某不仅对住宅专有部分享有所有权，对专有部分以外的共有部分也享有共有和共同管理的的权利，这种权利是（　　）。
    A. 建筑物区分所有权
    B. 用益物权
    C. 地役权
    D. 担保物权

83. 通常情况下，该幢高层住宅楼的建筑结构为（　　）。
    A. 框架结构
    B. 框架剪力墙结构
    C. 简体结构
    D. 空间结构

84. 该套住宅的套内建筑面积为（　　）m²。
    A. 115
    B. 120
    C. 125
    D. 130

85. 若该套住宅原室内装修采用保温、隔热、隔声、质感好的材料，其室内墙体装修的作用为（　　）。
    A. 保护墙体
    B. 改善墙体物理功能
    C. 增加坚固性
    D. 装饰功能

（二）

甲房地产开发企业（以下简称甲企业）在市区开发建设一居住区，紧邻一所中学和一座公路的高架桥。该居住区用地面积为 25 万 m^2，绿地面积为 10 万 m^2，其中公共绿地面积为 万 m^2。住宅楼的供水管网分为上下两个区，下区由室外配水管网直接供水，上区由水泵加压后直接与水箱联合供水。甲企业在该项目论证时，分别使用财务净现值和财务内部收益率方法进行了投资项目经济评价。

86. 该居住区的绿地率为（　　）。

A. 30%

B. 32%

C. 40%

D. 80%

87. 该居住区的供水方式为（　　）。

A. 直接供水方式

B. 设置水箱的供水方式

C. 设置水泵、水箱的供水方式

D. 分区、分压供水方式

88. 该居住区可能受到的噪声污染类型为（　　）。

A. 工业噪声

B. 交通噪声

C. 社会生活噪声

D. 建筑施工噪声

89. 关于财务内部收益率法和财务净现值法主要区别的说法，正确的为（　　）。

A. 财务净现值是一个数额，财务内部收益率是一个比率

B. 财务净现值比财务内部收益率有更直观的吸引力

C. 财务净现值法需要预先设定一个折现率，而财务内部收益法不需要

D. 财务净现值法和财务内部收益率法得出的结果总是一致的

90. 财务内部收益率通常与（　　）相比较，以判断项目是否可行。

A. 银行贷款利率

B. 行业发布的基准收益率

C. 评价人员设定的基准收益率

D. 投资者最低期望收益率

（三）

某售房广告详细介绍了一待售商业用房的基本状况，以及购房的程序、方法、相关税费及销售电话和地址。甲公司根据该售房广告提供的信息，以 10 000 元/m^2 的价格购置了该商业用房，企业自筹资金 700 万元，其余 800 万元向银行贷款取得。该商业用房建筑面积为 1 500 m^2，通过出租摊位每年可获得净收益 80 万元，报酬率为 10%。该商业用房使用年限为 40 年，甲公司购置时剩余使用年限为 30 年。王某承租了其中一个摊位。由于市政规划需要，政府拟紧临该商业用房修建一条全封闭的高速公路。

91. 该商业用房的收益价格为（　　）万元。

A. 595.95

B. 754.15

C. 782.32

D. 800.00

92. 近半年来，王某各月的经营收入分别为 1.90、2.30、3.00、2.70、2.40、2.30 万元，则其半年来经营收入的中位数为（　　）万元。

A. 2.30

B. 2.35

C. 2.40

D. 2.85

93. 若修建高速公路的规划被批准实施，可能导致该商业用房的价值损失包括（　　）。

    A. 物质折旧
            B. 功能折旧

    C. 经济折旧
            D. 设备折旧

94. 收益法计算中，求取报酬率的方法为（　　）。

    A. 直接资本化法
            B. 累加法

    C. 累乘法
            D. 市场提取法

95. 成功售房广告注重针对消费者的心理，该售房广告打动购房者的心理方法为（　　）。

    A. 真实适时
            B. 实用有效

    C. 方便可行
            D. 创造信誉

（四）

    张某以贷款方式购买了一套建筑面积为 120 m² 的商品住宅，采用按月等额本息还款方式，每月还款 8 320 元，为了规避风险，张某以自己的信用风险为保险标的向保险公司投保。双方在订立保险合同时，仅约定了保险金额，而将保险标的的实际价值估算留待保险事故发生后，需要确定保险赔偿金额时进行。张某月收入为 20 000 元。该套住宅每月的物业管理费为 3 元/ m²。张某在确定购买该套住宅前，对拟购买住宅楼所在位置的交通、环境、基础与公用设施、住宅平面布置，以及市场供求等情况进行了全面、详细的分析。

96. 张某的月房产支出与收入比为（　　）。

    A. 39.80%
            B. 41.60%

    C. 42.40%
            D. 43.40%

97. 假设张某在还款 3 年后将贷款全部还清，由此对银行产生的违约行为属于（　　）。

    A. 被迫违约
            B. 理性违约

    C. 恶意违约
            D. 欺诈违约

98. 中国银行业监督管理委员会规定，供款人住房贷款的月房产支出与收入比不能超过（　　）。

    A. 50%
             B. 55%

    C. 60%
             D. 65%

99. 确定房地产贷款额度的基本依据是（　　）。

    A. 抵押房地产的市场价值
            B. 抵押房地产的开发成本

    C. 抵押房地产的原始价值
            D. 抵押房地产的投资价值

100. 根据性格差异划分，张某在购房过程中的行为反映出其性格类型为（　　）。

    A. 外向型
             B. 情结型

    C. 顺从型
            D. 理智型

2011 年度全国房地产经纪人执业资格考试试卷
《房地产经纪相关知识》参考答案

一、单项选择题

1. D	2. A	3. C	4. D	5. B
6. B	7. D	8. B	9. B	10. A
11. C	12. A	13. C	14. C	15. A
16. C	17. B	18. C	19. C	20. D
21. A	22. A	23. D	24. C	25. B
26. B	27. A	28. D	29. C	30. A
31. D	32. A	33. B	34. A	35. D
36. A	37. C	38. B	39. C	40. B
41. B	42. D	43. A	44. D	45. D
46. C	47. D	48. C	49. D	50. C

二、多项选择题

51. ABCD	52. BC	53. ABC	54. ABDE	55. ACDE
56. ADE	57. BCE	58. BCDE	59. AD	60. ABCE
61. ACE	62. DE	63. DE	64. DE	65. CD
66. AB	67. ADE	68. ABCE	69. AC	70. CD
71. ACE	72. ABDE	73. ADE	74. BCD	75. ABE
76. ACD	77. ABC	78. ABCD	79. ABCE	80. BC

三、综合分析题

81. B	82. B	83. AB	84. B	85. BD
86. B	87. D	88. BC	89. AC	90. BCD
91. B	92. B	93. ABC	94. BD	95. ACD
96. D	97. B	98. A	99. ACD	100. ABD